Larousse

la bière

C P
C P
J. Wely
'09

Annie Perrier-Robert et Aline Mbaye

Larousse
la bière

Ont participé à cet ouvrage :
Christian Clair
Pierre-André Dubois
Charles Fontaine de Ghelin
Brigitte Gabbaï
Christine Graffard-Lenormand
Dominique Marc
Charles Masson
Maurice Meuleau
Maria Ridelberg-Lemoine
Marie-Thérèse Simoutre
Philippe Voluer

Larousse
17, RUE DU MONTPARNASSE - 75298 PARIS CEDEX 06

Les auteurs tiennent à témoigner toute leur gratitude aux nombreux professionnels de la brasserie qui ont accepté de leur prêter leur concours pour la réalisation de cet ouvrage. Elles remercient également Les Artisans de la Bière (Paris), le Musée de la Bière de Stenay (Meuse) et la revue belge « Bière Magazine » pour leurs apports documentaires et iconographiques. Enfin, elles adressent leurs plus vifs remerciements à Mesdames Valérie Einhorn et Suzanne Delfortrie, ainsi qu'à Messieurs Jean Cinquin, Pascal Quehen et Raoul Perrier-Robert pour leur collaboration.

Conception et réalisation :
Annie Perrier-Robert,
assistée de Jürg Roth

Maquette : Jürg Roth

Dessins :
Étienne Dachez
Jean-Paul Deketelaere
Fabienne Thorin
Danièle Molez

Cartes : Denis Horvath

Iconographie : Annie Perrier-Robert

Photocomposition : Rosay, Vincennes

I.S.B.N. 2-03-506-306-X

Avant-propos

Elle est de tous lieux et de tous pays. Et même si en certaines régions, son rituel s'efface devant celui du vin, elle n'en est pas moins présente. Boisson appréciée de chacun, qui, d'Asie en Afrique et d'Amérique en Europe, demeure depuis des siècles la plus répandue au monde. Chantée par les poètes, célébrée par les peintres, elle participe au quotidien autant qu'à l'exceptionnel. C'est précisément dans ce lien étroit avec la fête que puise son imagerie « gourmande », constante référence à son roi, Gambrinus, à ses saints patrons ou au mieux-vivre dont elle est la messagère.

La bière se boit, se déguste, se savoure... Elle est multiple et changeante. D'un territoire l'autre, elle pâlit ou s'assombrit, s'allège ou s'intensifie, gagne en douceur ou se pare d'amertume. Ces mille et une facettes nous sont aujourd'hui d'autant plus perceptibles que les frontières s'estompent et que l'évolution des goûts s'accompagne d'une dilection pour l'inconnu, pour l'exotisme...

À cette découverte des bières d'ici et d'ailleurs souhaite contribuer ce livre. Son propos ne prétend certes pas être exhaustif. Le sujet est ample et sans cesse renouvelé par disparitions et créations. Toutefois, son intention est d'éclairer l'amateur de bière sur les choix qui lui sont offerts et sur les spécificités des principales bières qu'une flânerie touristique peut lui faire « rencontrer ». Sélection que d'aucuns trouveront sans doute arbitraire, mais qui a le mérite de refléter fidèlement l'écho recueilli par notre enquête auprès des professionnels de la brasserie.

À travers ce périple dans le temps et l'espace, cette incursion dans les arcanes de sa fabrication et cette appréhension de ses rapports profonds avec l'Art peut-être le lecteur trouvera-t-il matière à mieux connaître la bière et, par là, à mieux la goûter. Le but qui a été le nôtre en réalisant cet ouvrage serait alors atteint.

Annie Perrier-Robert

Lithographie du XIXe siècle. Phot. C.B.B., Bruxelles.

Sommaire

Un lieu de débit autrefois.
Coll. Musée de la Bière, Pilsen, Tchécoslovaquie.
Phot. J. Klein / A. Perrier-Robert.

Une brasserie au XVIIIe siècle.
Coll. Musée de la Bière, Pilsen, Tchécoslovaquie.
Phot. J. Klein / A. Perrier-Robert.

II. La bière de A à Z

De A à Z, l'industrie brassicole à travers ses multiples facettes. Du contexte historique aux spécificités des différentes bières. Des musées tournés vers le passé aux brasseries en activité. Des traditions d'hier et d'aujourd'hui aux clés du savoir-consommer.

Coll. « Bière Magazine », Musée Européen de la Brasserie, Romedenne (Philippeville), Belgique.
Phot. J. Klein / A. Perrier-Robert.

Les textes consacrés à la France, à la Grande-Bretagne, à l'Europe du Sud, au continent américain, à l'Afrique, à l'Asie et à l'Océanie sont placés sous la responsabilité d'*Aline Mbaye.*

Les textes consacrés à la Belgique, au Luxembourg, aux Pays-Bas, à l'Allemagne, à l'Autriche, à la Suisse, aux pays nordiques, à l'U.R.S.S. et aux pays de l'Est sont placés sous la responsabilité d'*Annie Perrier-Robert.*

Les recettes du chapitre « Bière et Gastronomie » ont été réunies par *Annie Perrier-Robert,* à l'exception des recettes de cocktails de « La Chope d'Or » et du Guinness Cake apportées par *Aline Mbaye.*

I Au secret de la bière

La fabrication de la bière, méconnue du grand public, laisse souvent planer une impression de mystère sur le visiteur qui pénètre pour la première fois dans une brasserie. Le cuivre ou l'acier inoxydable utilisés pour le matériel de brasserie cachent, en effet, des matières premières invisibles, des mécanismes mystérieux, des secrets de fabrication inviolables. Pourtant, le maître-brasseur, mis en confiance, rassurera rapidement le visiteur perdu au milieu des chaudières rutilantes : la fabrication de la bière ne suit aucune recette de cuisine, ne se cache derrière aucune préparation alchimique.

La fabrication de la bière est une suite de longs procédés scientifiques mis au point en laboratoire, patiemment éprouvés et améliorés par le brasseur afin d'obtenir un produit parfait, à la fois complexe et fragile. Cette fabrication ne peut, d'autre part, être entreprise que dans le cadre légal. Le législateur a, de fait, réglementé très tôt la technique de brassage (dès 1625), afin de prélever un impôt, certes, mais aussi pour éviter le développement des fraudes, toujours possibles. Ainsi le décret du 28 juillet 1908 définit-il la bière comme « une boisson obtenue par la fermentation alcoolique du moût fabriqué avec du houblon et du malt d'orge pur, ou associé à 15 % de son poids au plus avec des malts provenant d'autres céréales, des produits amylacés, du sucre inverti et du glucose ». Ce pourcentage de matières associées a été porté de 15 à 30 % par la circulaire du 5 juin 1950.

Actuellement, en France en particulier, on utilise toujours le malt d'orge. Cependant, de nombreux brasseurs se servent de grains crus, dans une proportion de 30 % environ. Si le riz a été pratiquement abandonné, le maïs entre souvent dans la composition de la bière et l'emploi du froment retrouve peu à peu sa faveur d'autrefois.

La bière est avant tout une boisson fabriquée, qui résulte du *brassage*, longue série d'opérations délicates. Pour obtenir un produit constant, le brasseur doit suivre, en permanence, avec des moyens scientifiques efficaces, les matières premières mises en oeuvre et les différents stades de la fabrication.

La technique et la science jouent donc un grand rôle dans une industrie où les investissements sont très élevés, mais où l'homme intervient continuellement pour choisir, contrôler, régler, etc.

Le Bock *(Portrait de Sabartès), Pablo Picasso (1901, Moscou, Musée Pouchkine). Phot. Lauros-Giraudon. © by S.P.A.D.E.M.*

Ci-contre:
Les Buveurs de bière, *Marcel Gromaire (1924, Paris, Musée municipal d'Art Moderne). Phot. Lauros-Giraudon. © by S.P.A.D.E.M.*

La bière et ses composants

Le houblon et son support

Au début, le houblon était cultivé sur des perches de bois. Il fallait donc traiter les perches et les enlever, ce qui impliquait une manutention coûteuse. Aussi fut-on amené à utiliser des fils tendus en guise de support. À la différence des perches, ces fils ont pour avantage de ne pas attirer les insectes du bois, de permettre, du fait de l'espace entre eux, de mieux protéger le houblon par les insecticides et de lui éviter de trop souffrir du vent. En outre, par suite d'une meilleure exposition à l'air et à la lumière, les cônes mûrissent plus tôt et sont plus verts. Leur développement est, par conséquent, plus uniforme et, du même fait, cela assure une régularité non négligeable à la production.

Les recherches sur les matières premières remontent relativement loin dans le temps. Ces matières, bien connues des brasseurs qui les utilisaient quotidiennement et, d'autre part, facilement maîtrisables, furent étudiées dès le XVIe siècle. Les moyens de les conserver et de les transformer furent souvent découverts dès 1820-1840.

Le *houblon,* d'utilisation très ancienne (dès l'époque gallo-romaine), fut cultivé à partir du XVIe siècle par les Anglais, qui introduisirent ensuite sa culture en Lorraine (à Dieulouard) en 1608. Grâce aux nombreux traités d'agriculture du XVIIIe, cette plante indispensable fut l'objet d'une attention particulière : en 1800 fut inventé le cylindre de conservation (Grande-Bretagne) et en 1840 apparaissait l'extrait de houblon (Société Heck et Compagnie, de Bischwiller et Nancy). Le houblon comprimé est dû à Lorentz, de Nancy. À partir de 1850, on assiste, d'après les Anglais, au « passage du jardin de houblon à la culture du houblon ». De nouvelles régions houblonnières virent le jour, de nouvelles variétés furent créées, de nouvelles méthodes de culture furent étudiées. La mécanisation était en marche (1878 : machine à faire les trous pour planter le houblon ; 1883 : machine à effeuiller le houblon ; 1907: machine à récolter le houblon).

La *levure* fut étudiée bien avant les recherches de Pasteur et de Hansen : le britannique Felton Mathew en avait mis au point la séparation et la conservation dès 1796. En 1825, on parvint à dessécher la levure pour améliorer sa conservation. En 1847, et surtout en 1849, le français Mariotte proposa un moyen de conserver la levure. En 1866, Madiot inventa un procédé d'épuration. En 1901, le français Jacquemin mit sur le marché une levure de fermentation basse fermentant à haute température. Cependant, à l'heure actuelle, la levure utilisée par le brasseur n'a toujours pas livré tous ses secrets...

Mais les progrès les plus notables se rapportent aux *céréales :* utilisation du maïs, à partir de 1890, et mécanisation du maltage. Les premières transformations concernèrent la touraille, étuve de séchage de l'orge germée. Simple construction avec un foyer de « haire » au XVIe siècle, celle-ci devint plus complexe au XVIIIe siècle : la haire fut remplacée par des carreaux de brique creuse; une pyramide renversée surmontait un fourneau et répartissait la chaleur. La haire allait être remplacée, vers 1830, par un plateau de tôle perforée, puis, vers 1840, par du fil tressé. C'est à cette époque qu'apparut la touraille à double plateau (1845).

Le développement de la fermentation basse, demandant du malt de très bonne qualité, devait susciter les grandes inventions françaises. La première est due à l'ingénieur Galland : son maltage pneumatique par tambour (1874), fondé sur des études anglaises de 1842 et sur les travaux de Baud à Tantonville en 1869, permit à la germination de sortir de l'artisanat. Son collègue

La cueillette du houblon à la fin du XIXe siècle (gravure sur un dessin de Lix). Coll. A.P.-R. Phot. J. Klein/A.Perrier-Robert.

Saladin devait proposer, trois ans plus tard, le maltage mécanique en cases, encore utilisé de nos jours.

Les matériels suivants servirent surtout à améliorer les techniques anciennes : cuves métalliques (1875 et 1879), tourailles à plusieurs plateaux (1889), tambour de germination et de touraillage (1897), tambour de touraillage (1899), etc.

Il est à noter également que Gruber mit sur le marché une nouvelle orge, l'orge Chevalier (1861), et que les brasseurs fondèrent, à l'initiative de leur président Philippe Kreiss, la SECOBRA (Société d'Encouragement de la Culture des Orges de Brasserie) dont le but initial était de fournir aux brasseurs des orges de qualité.

De l'orge au malt

Céréale à paille originaire du Proche-Orient, l'orge (*Hordeum vulgare*) est une graminée millénaire. Déjà cultivée par l'homme aux temps néolithiques, elle est pauvre en gluten et ne peut donc être panifiée comme le blé. Elle se prête davantage à l'alimentation du bétail et à la fabrication de galettes ou de bouillies. De ces bouillies est peut-être né, au hasard des découvertes « culinaires », ce pain-boisson qu'était la bière dans la civilisation

À des fins de coopération scientifique : l'European Brewery Convention

Créée en 1946, l'E.B.C. (*European Brewery Convention*) a pour objectif de promouvoir la coopération scientifique en matière de malterie et de brasserie. En sont membres quinze pays européens : Allemagne de l'Ouest, Autriche, Belgique, Danemark, Espagne, Finlande, France, Grande-Bretagne, Italie, Luxembourg, Norvège, Pays-Bas, Portugal, Suède, Suisse.

À travers ses comités et groupes de travail, à travers ses congrès (tenus tous les deux ans depuis 1947) et son symposium annuel, tout comme à travers des études publiées sous ses auspices, cette Convention vise à coordonner et à stimuler la recherche technologique, à favoriser les échanges entre scientifiques des différents pays et à contribuer, par là, aux progrès de l'industrie brassicole, en Europe et même au-delà des frontières de celle-ci.

Son siège est à Zoeterwoude, aux Pays-Bas.

sumérienne. Au fil des siècles, même si la bière utilise parfois d'autres ingrédients de base, orge et bière restent étroitement liées, la qualité de la seconde dépendant de celle de la première.

Morphologiquement, on distingue principalement deux types d'orges* :

- les orges à six rangs, dont les grains sont disposés tout autour de la tige, ou rachis, à raison de six par niveau; l'épi est dense et serré, un peu comme celui du blé ;
- les orges à deux rangs, dont les grains sont placés symétriquement de part et d'autre du rachis, à raison de deux par niveau ; l'épi est aplati.

Par ailleurs, selon la date du semis, on définit :

- l'orge d'hiver, semée en octobre et qui a besoin d'être soumise au froid pour pouvoir pousser ultérieurement ;
- l'orge de printemps, semée début mars et qui n'exige pas de basses températures pour que soit déclenchée sa croissance.

Les variétés d'orge d'hiver sont souvent à six rangs et celles de printemps à deux rangs.

Toutefois, toutes les variétés d'orge ne conviennent pas à la fabrication de la bière, l'orge de brasserie devant répondre à un certain nombre de critères (pouvoir germinatif, pureté variétale, calibrage, teneur modérée en protéines).

La germination est à la base de la première étape de la fabrication de la bière : le *maltage*. Une orge de brasserie doit donc avoir un pouvoir germinatif** de 95 %. Or deux grains d'orge de variétés différentes ne germent pas forcément en même temps. Le malteur, traitant des lots de 50, 100, voire 300 tonnes de graines par cycle de fabrication, doit disposer de lots homogènes, un mélange variétal donnant des résultats de germination hétérogènes. De plus, il doit répondre au cahier des charges défini par le brasseur, chaque bière nécessitant une qualité de malt bien précise. En France, la Chambre Syndicale de la Malterie Française publie une liste des variétés préférées par les malteurs. Par exemple, pour 1987, les variétés en faveur sont : pour l'orge de printemps à deux rang, Triumph, Menuet, Natasha et Kym; pour l'orge d'hiver à deux rangs, Flamenco, Mogador et Magie; pour l'orge d'hiver à six rangs, Plaisant.

Le grain d'orge, riche en amidon (environ 65 % du poids), doit être gros (calibré à 90 % au-dessus du tamis de 2,5 mm), uniforme, jaune pâle, bien protégé par son enveloppe fine et lisse. Ni brisé, ni cassé, il doit avoir une faible teneur en protéines, un excès de protéines posant des problèmes techniques au brasseur.

* Il existe des orges à quatre rangs, trop riches en protéines pour être utilisées en brasserie.

** Le pouvoir germinatif, pour un échantillon de grains, est le pourcentage de semences germées au bout du temps normalement nécessaire à la germination de l'ensemble de l'échantillon.

L'orge (Hordeum vulgare).

Grains crus et sucres

Les « grains crus » (grains non maltés) sont utilisés au brassage à la place du malt pour économiser ce dernier, plus cher, et pour modifier sensiblement la bière fabriquée, qui est ainsi plus légère. Les brasseurs emploient facilement (dans des proportions de 10 à 30 %) les brisures de riz et surtout les gruaux ou « grits » de maïs, très riches en amidon. Le froment, quant à lui, entre dans le brassage du lambic, qui donne la gueuze ou des bières blanches, belges ou allemandes ; sa proportion peut atteindre 50 %. Certains brasseurs français le redécouvrent à l'heure actuelle et l'utilisent dans une proportion de 10 %.

En revanche, le manioc et le sorgho connaissent toujours peu d'adeptes, sauf en Afrique et en Amérique, car leur emploi est plus difficile et les résultats obtenus sont moins bons. De même, le soja est rarement utilisé, et uniquement pour améliorer la fermentation. Quant à l'avoine, on en a perdu l'usage régulier depuis la fin du XIXe siècle, époque où elle entrait dans la composition de la bière de Paris (pour 25 %); elle a néanmoins participé à la fabrication de certaines bières au cours de la Seconde Guerre mondiale. Pour ce qui est, enfin, de la bière de seigle, appelée *kwasz* en U.R.S.S., sa fabrication est très limitée.

On peut également ajouter à la bière du sucre - pour activer la fermentation secondaire - ou du sucre caramélisé, qui lui confère une coloration plus importante et un arôme plus prononcé.

Qui dit bière, dit alcool, donc fermentation alcoolique à partir de sucres. Or si l'amidon est bien un glucide (sucre), sa molécule est trop complexe pour pouvoir être directement fermentée par la levure de bière. Elle doit être préalablement décomposée en molécules de glucides « plus simples » (dextrine, puis maltose) par des enzymes (diastases). Dans la nature, cette décomposition se produit quand un grain germe. Le maltage, germination contrôlée, amorce ce processus. Sans que l'aspect extérieur du grain s'en trouve beaucoup modifié, il rend friable l'amidon compact et dur du grain, permet la production de diastases à l'intérieur du grain - diastases qui transformeront l'amidon au moment du brassage - et entame la dégradation des protéines. Le cycle de fabrication du malt s'étale sur une dizaine de jours et comporte quatre étapes ; nettoyage, trempe, germination, touraillage.

Les grains d'orge sélectionnés, regroupés par variétés, sont débarrassés des impuretés, des graines étrangères, des grains

L'Europe, la bière et le droit*

Le 12 mars 1987, la République Fédérale d'Allemagne fut condamnée par un arrêt de la Cour de Justice des Communautés Européennes pour entrave à la libre circulation de la bière. Outre son retentissement médiatique, cette affaire posait donc le problème de la libre circulation des marchandises au sein de l'espace économique européen, ainsi que celui des pouvoirs respectifs des institutions communautaires et des états membres en ce domaine. Et cela cinq ans avant l'échéance du marché intérieur communautaire, en 1992.

Il existait un précédent juridique : l'arrêt « Cassis de Dijon ». En effet, les alcools de table devant, aux termes de la réglementation allemande, titrer au minimum 32°, l'administration fédérale avait refusé à une société l'autorisation d'importer de France le cassis de Dijon, d'une teneur en alcool comprise entre 15° et 20°. Cette décision ayant été contestée, la Cour de Justice des Communautés Européennes fut finalement saisie et rendit un arrêt affirmant que « tout produit légalement fabriqué et commercialisé dans l'un des états membres doit, en principe, pouvoir être introduit dans d'autres états membres », indiquant toutefois que « les obstacles à la circulation intercommunautaire (...) doivent être acceptés dans la mesure où ces prescriptions peuvent être reconnues comme étant nécessaires à des exigences impératives, notamment (...) à la protection de la santé publique (...) et à la défense des consommateurs. »

Par ailleurs, l'industrie brassicole allemande est soumise à une réglementation dont l'origine remonte à l'adoption, en 1516, en Bavière, de la *loi de pureté*. Réactualisée par des textes, celle-ci précise aujourd'hui que la dénomination "bière" ne peut concerner qu'une boisson fermentée fabriquée à partir d'orge malté, de houblon, de levure et d'eau, l'usage d'additifs étant formellement prohibé. L'importation de bières en provenance d'autres états membres se trouve, par là même, interdite, dans la mesure où celles-ci comportent des additifs ou un ajout de grains crus (riz, maïs ou autres céréales).

À la suite d'une plainte déposée, en 1981, par un brasseur français, la Commission des Communautés Européennes engagea une procédure en manquement contre la R.F.A., laquelle fonda son argumentation d'une part sur l'article 36 du Traité de Rome qui laisse à chaque état membre la liberté d'aller au-delà des normes communautaires dans l'intérêt de la santé publique et, d'autre part, sur l'exception à la règle de libre circulation prévue par l'arrêt « Cassis de Dijon » et concernant la protection des consommateurs allemands, ces derniers pouvant être induits en erreur par la dénomination « bière ». Or du fait de la forte consommation de cette boisson en R.F.A., l'absorption répétée d'additifs pouvait engendrer un risque. Cependant, la Cour considéra que la dénomination « bière » présentait un caractère générique pour désigner une boisson fermentée à base de malt d'orge utilisé exclusivement ou concurremment avec d'autres céréales. Elle en déduisit que l'acceptation allemande « bier » et les dénominations correspondantes dans les diverses langues des autres états membres ne pouvaient être réservées aux bières fabriquées selon les règles en vigueur en R.F.A., le consommateur pouvant être informé sur la nature du produit par « l'apposition obligatoire d'un étiquetage adéquat ».

Le problème des additifs était plus complexe et l'opinion publique allemande, attachée au mode traditionnel de brassage de la bière, y fut très sensible. La Cour se trouva confrontée au double problème du respect de la souveraineté des états membres et de l'élimination des entraves non justifiées à l'importation de produits d'autres états membres. À la lumière d'une importante jurisprudence, elle conclut que « dès lors, dans la mesure où le régime allemand des additifs à la bière comporte une exclusion générale des additifs, son application aux bières importées d'autres états membres n'est pas conforme aux exigences du droit communautaire telles qu'elles ont été mises en évidence par la juridiction de la Cour. »

Cette condamnation ne signifie nullement que les bières ne satisfaisant pas à la « loi de pureté » peuvent être importées librement en R.F.A.. Un état membre de la Communauté pouvant interdire un ou plusieurs additifs autorisés par un autre état membre, les procédures pourraient durer des années si, pour chaque additif, l'autorisation était soumise à un examen. Les brasseurs allemands ne seraient, en aucun cas, obligés de renoncer à la « loi de pureté » pour la production d'une bière destinée au marché national ; quant aux bières d'exportation, ils ont déjà recours à des additifs.

Il y aura donc deux sortes de bières sur le marché national allemand : la bière conforme à la « loi de pureté » et la bière d'importation comportant certains additifs autorisés ou d'autres grains crus.

* D'après *Du cassis de Dijon à la bière ou de la difficulté de créer un espace européen sans frontière*, Lise Funck-Brentano (*La Semaine Juridique*, 9 avril 1987).

cassés, etc. Ils subissent un trempage dans l'eau de cuves à trempe cylindro-coniques ou coniques. La trempe dure environ quarante-huit heures, l'humidité du grain atteignant 45 à 50 %. Puis, les grains sont placés en couches de 0,7 à 1 m d'épaisseur, dans des cases de germination rectangulaires ou circulaires, dont la contenance varie de 100 à 300 tonnes d'orge. Ils sont continuellement aérés, refroidis et humidifiés. La germination dure de cinq à sept jours. On obtient alors le « malt vert », qui, pour enrayer la germination, subit le touraillage. Il s'agit là d'un séchage à l'air chaud (60 °C) pendant douze à trente heures. Suit une aromatisation (»coup de feu ») à 80 °-100 °C durant quatre à cinq heures. Le malt obtenu présente une humidité d'environ 4,5 %. Selon la température du « coup de feu », le malteur peut proposer au brasseur un malt caramélisé, ambré ou torréfié, qui pourra servir à fabriquer des bières blondes, rousses ou brunes. Il faut compter quelque 133 kg d'orge pour obtenir 100 kg de malt.

Autrefois, la malterie était un simple « atelier » de la brasserie. Aujourd'hui, c'est une industrie à part entière. La France produit annuellement de 1 200 000 à 1 250 000 tonnes de malt et en exporte environ 800 000 tonnes. Quatrième ou cinquième pays producteur dans le monde, elle tient la première place comme pays exportateur.

À l'origine de son arôme : le houblon

Vers 603 av. J.-C., le houblon, enroulant ses tiges dans les jardins de Babylone, aromatisait de ses cônes la *sikaru*, sorte de boisson fermentée à base de céréales. Plus tard, dans la Rome de Pline l'Ancien, où régnait la vigne, il n'était plus reconnu que comme plante potagère dont on consommait les jeunes pousses au printemps, à la manière des asperges. Croissant entre les saules, à l'état sauvage, il avait pour nom *Lupus salictarius* (« loup dans les saules »), expression dont dérive son appellation latine *Humulus lupulus*.

Parfuma-t-il parfois la cervoise gauloise (boisson fermentée à base d'orge, généralement aromatisée au cumin) et les bières des « envahisseurs barbares » venus du Nord? Nous n'en avons aucune preuve. Quoi qu'il en soit, il faut attendre l'an 768 pour retrouver témoignage du houblon; Pépin le Bref, roi des Francs, en sa grande bienveillance, offrit à l'abbaye de Saint-Denis des houblonnières pour fabriquer la « cervoise au houblon ».

Siècle après siècle, le houblon apparut peu à peu dans les bières des monastères, puis dans celles de nombreuses brasseries laïques. La Bavière lui donna ses lettres de noblesse avec la célèbre « loi de pureté » de 1516 (*v. p. 14*), qui précisait que le houblon devait être désormais la seule plante aromatique de la bière. Légalisé et reconnu dans presque toute l'Europe, il fut toutefois fort mal accueilli en Angleterre, pays de l'*ale* et de la cervoise non houblonnée. Ce n'est qu'à partir du milieu du XVIe siècle qu'il parvint à s'implanter chez les Anglo-Saxons. Au XVIIe siècle, il fut introduit en Amérique du Nord, où il allait prospérer remarquablement. Au milieu du XIXe siècle, enfin, son commerce se développa grâce au chemin de fer et aux wagons spécialement conçus pour son transport. Aujourd'hui, il est universellement apprécié comme le maître de l'arôme de la bière.

Le houblon est une plante vivace de la famille des Cannabinacées. Enfoncée dans le sol, la souche, qui peut vivre plus de cinquante ans, donne, chaque année, au printemps, des pousses qui s'enroulent progressivement (dans le sens des aiguilles d'une montre) autour d'un support vertical. Ces tiges peuvent atteindre de 7 à 9,5 m de hauteur. En culture, on laisse plusieurs tiges par souche. Chaque souche produit pendant une vingtaine d'années.

RIGUEUR ET QUALITÉ

Si le touraillage du houblon, pour le sécher, fut effectué à partir de 1653, le traitement consistant à le mettre en balle et à le presser pour en améliorer la durée de conservation n'intervint que plus tard. De plus, c'est en 1833 que la ville de Saaz commença à certifier l'origine des houblons, par apposition de plombs, inaugurant ainsi la pratique de l'appellation des origines.

Quant à la fragilité de la plante, peu résistante au vent, et à la nécessité de ne cultiver que des plants femelles, loin de tout plant mâle, elles ne furent pas toujours bien comprises. Ainsi, bien que, dès 1882, des communes aient pris, en France et en Belgique, des mesures pour exclure les pieds mâles, une certaine tolérance en ce domaine, associée à des implantations néfastes, en des lieux au climat marin (donc riches en moisissures), tendit à ternir l'image de marque de cultivateurs de l'ouest de la Belgique et de France.

Poperinge, capitale belge du houblon

Au sud-ouest de la Flandre occidentale, dans le Westhoek, cette ancienne cité drapière s'inscrit au milieu de quelque 480 hectares de houblonnières qui, à elles seules, fournissent 75 % de la production nationale. Culture de longue date, puisque déjà en 786 Pépin le Bref en encourageait la pratique et que les moines-brasseurs du Moyen-Âge en assurèrent l'extension. Toutefois, si aujourd'hui la culture demeure, le folklore qu'elle suscitait s'est hélas ! perdu. Et n'étaient les *Fêtes internationales du Houblon* qui, chaque année, en septembre, se déroulent à Poperinge, qui se souviendrait du temps où une dizaine de milliers de cueilleurs affluaient vers cette ville pour y récolter les cônes de houblon ? Un cortège du houblon haut en couleur, une démonstration de cueillette à la main, une fête de la bière - survivance du « hommelap » qui autrefois célébrait la fin de la récolte -, etc. perpétuent une tradition que le machinisme a fait disparaître à la fin des années 1950 et dont un musée abrite désormais les divers témoignages.

Installé dans un bâtiment du siècle dernier (*Stadsschaal*), où le houblon était officiellement contrôlé, pesé, séché et mis en ballots cachetés, ce Musée national du Houblon, unique en Europe, retrace, à travers instruments, machines et documents, le calendrier séculaire de la culture houblonnière.

Phot. C.B.B., Bruxelles.

Du fait que le houblon est une espèce dioïque, fleurs mâles et fleurs femelles croissent sur des plants distincts et seuls les pieds femelles sont cultivés. Les pieds mâles sont éliminés, les fleurs fécondées produisant des graines au détriment des principes utiles au brasseur. Les fleurs femelles, composées de folioles et de bractées foliacées, sont groupées en cônes ovoïdes verdâtres (20 à 60 fleurs femelles par cône). À la base des bractées les plus fines, des glandes pédicellées, résineuses, jaunes, sécrètent une oléo-résine, la lupuline.

Les cônes sont récoltés manuellement ou mécaniquement, en août-septembre, lorsqu'ils deviennent jaunes. Des cônes suffisamment mûrs donnent le maximum de lupuline, des cônes trop mûrs ont un pouvoir aromatique plus faible. Les cônes récoltés présentent une humidité relative de 70 à 80 %; pour pouvoir être conservés sans risque d'oxydation, ils subissent un séchage à l'air chaud, en touraille, qui ramène l'humidité à 7-8 %. Pour cette opération, qui dure de sept à huit heures, la température ne doit pas excéder 40 °C, sous peine de dégrader les résines contenues dans la lupuline.

À des fins de brassage, le houblon séché peut subir différentes préparations. Ainsi distingue-t-on :
- les poudres ou les granulés de houblon, obtenus par simple broyage et agglomération ;
- les poudres ou les granulés de houblon enrichi, obtenus par broyage et concentration par séparation mécanique des pétales ;
- les extraits de houblon, résultant de la dissolution des résines amères dans des solvants organiques et de la distillation de la solution ;
- les poudres ou les granulés de houblon spéciaux, obtenus par mélange de poudre et d'extrait ou par isomérisation de la poudre ;
- les extraits de houblon spéciaux, résultant du mélange d'extraits et de silice ou de l'enrichissement des extraits en huile essentielle ;
- l'huile de houblon, mélange d'huiles essentielles extraites par entraînement à la vapeur.

Sans doute le houblon pourrait-il être remplacé par d'autres plantes. Toutefois, il a le privilège, à travers les substances bactéricides que contient la lupuline extraite des cônes non arrivés à maturité, de favoriser la fermentation de la bière, tout en empêchant les microbes indésirables de s'y installer. De plus, ses cônes apportent au moût d'orge : des acides alpha au pouvoir amérisant, des essences participant à l'arôme, des tanins ayant une influence sur la clarification. Mais d'une variété de houblon à l'autre, l'amertume obtenue est différente. La variété Northern Brewer, cultivée dans les Flandres et en Allemagne de l'Ouest, est

* En Grande-Bretagne, on utilise des fleurs fécondées, car elles ne posent pas de problème en fermentation haute. De plus, la maturité est plus précoce chez certaines espèces de houblon quand la fécondation a eu lieu.

Le houblon (Humulus lupulus).

Les principaux pays producteurs de houblon sont (avec leur récolte en 1985) ; l'Allemagne de l'Ouest (36 365 t), les États-Unis (22 549 t), la Tchécoslovaquie (12 570 t), la Grande-Bretagne (6 550 t), la Yougoslavie (5 159 t), l'Allemagne de l'Est (3 248 t), l'Espagne (3 248 t), la Pologne (2 676 t), l'Australie (1 885 t), la France (1 262 t) et la Belgique (1 160 t). La production du reste du monde est évaluée à quelque 26 891 t.

très riche en acide alpha et offre un arôme assez particulier. La variété Brewer's Gold, produite en Allemagne de l'Ouest, en Grande-Bretagne et en France, est également très riche en acide alpha, tout comme la variété Record, connue pour son arôme agréable. Les variétés les plus cultivées en Allemagne de l'Ouest ont nom Hallertau, et Hersbruck. Quant au houblon de Saaz en Tchécoslovaquie, il est le plus fin d'arôme et le plus réputé. Certaines variétés sont très aromatiques, telles Spalt et Tennang.

Omniprésente à tous les stades : l'eau

L'eau est présente en malterie comme en brasserie. Humidifiant les grains d'orge qui deviendront le malt, indispensable au brassage, elle alimente aussi les circuits de nettoyage, les générateurs, les réfrigérants, etc. Ainsi, pour obtenir un hectolitre de bière, il faut dix à douze hectolitres d'eau. Cette eau, répondant aux normes de

Certificat de houblon allemand (1928).
Coll. Musée de la Bière, Stenay (Meuse).
Phot. J. Boulanger/A.Perrier-Robert.

La bière de nénuphar

La bière du couvent des Capucins de Saint-Jean-Les Marville (aujourd'hui, Saint-Jean-Les-Longuyon, dans la Meurthe-et-Moselle) était réputée dans toute la contrée avant la Révolution. Et les cultivateurs qui venaient payer leur fermage la buvaient à volonté. Toutefois, le retour à la maison n'était pas aussi joyeux qu'on pourrait le supposer. En effet, cette bière, brassée avec de l'eau d'un ruisseau contenant des nénuphars, les rendaient, aux dires de leurs épouses, impuissants*. Les cultivateurs devaient alors jurer de ne plus en boire, serment qu'ils oubliaient bien vite devant les chopes que leur offraient les moines.

* Les vertus anaphrodisiaques du nénuphar sont connues depuis longtemps. Cette plante aquatique est, d'ailleurs, communément appelée « herbe aux moines » et on la reconnaît toujours comme « destructrice des plaisirs et poison de l'amour ».

potabilité, apporte à la bière des sels minéraux (0,3 à 0,5 g par litre), lesquels ont une faible influence sur le goût, mais peuvent intervenir lors des réactions diastasiques et colloïdales qui jalonnent la brassage. Le sulfate et le carbonate de calcium jouent un rôle dans la floculation et la sédimentation des levures. Le sulfate de magnésium peut donner un goût désagréable...

Nombre de bières tirent, en quelque sorte, leur célébrité de la qualité de l'eau utilisée ; c'est le cas de la *Pilsen* et de la *Munich*. Les brasseurs d'Édimbourg parlent toujours de leur eau riche en carbonates et en chlorures, essentielle pour la fabrication des meilleures *pale ales* et *lagers*. En effet, la composition chimique de l'eau et le mode de brassage sont étroitement liés à tel ou tel type de bière. À l'heure actuelle, on adapte, d'ailleurs, parfaitement la composition de l'eau à la qualité de la bière recherchée.

Rigoureusement sélectionnées : les levures

Champignon unicellulaire, la levure est la « pierre maîtresse » du brasseur. Au cours de la fermentation, elle se multiplie et transforme les sucres du moût en alcool, par l'intermédiaire de différents enzymes. Sans la levure, la bière ne peut exister.

Le terme générique *levure* recouvre deux espèces différentes, *Saccharomyces cerevisiae* et *Saccharomyces Carlsbergensis*, au sein desquelles on distingue de nombreuses variétés. En brasserie, ces différentes variétés sont connues et classées selon leurs aptitudes et leurs caractéristiques. C'est à Pasteur que l'on doit la première explication scientifique de l'action des levures.

À chaque type de fabrication correspond un type de levure. Ainsi considère-t-on :

- les levures hautes (*Saccharomyces cerevisiae*), qui sont actives à des températures de 15-20 °C et montent à la surface de la bière en fin de fermentation ;
- les levures basses (*Saccharomyces Carlsbergensis*), qui sont actives à des températures de 6,5-8,5 °C et se déposent au fond de la cuve.

La régularité des fermentations et la constance parfaite de la qualité de la bière, jour après jour, exigent l'emploi de levures rigoureusement sélectionnées.

Pot à levure en carton paraffiné,
destiné à la consommation à domicile.
Coll. « Bière Magazine », Musée Européen de la Brasserie, Romedenne (Philippeville), Belgique.
Phot. J. Klein/A.Perrier-Robert.

Cuisine ou alchimie?

Ce n'est ainsi qu'au terme de plusieurs semaines de lentes transformations de l'eau, de l'orge et du houblon (auxquels vient bientôt s'ajouter la levure) que le maître-brasseur peut mettre à la disposition du consommateur un produit vivant et fragile, mais rafraîchissant et reconstituant. Long processus qui, par delà les immenses progrès de la technique et de la science, fait appel à l'intervention incessante de l'homme et à son inégalable savoir-faire.

Le versement de l'orge, préambule au processus de brassage. Phot. C.B.B., Bruxelles.

La préparation des matières premières

Avant le brassage, certaines opérations doivent transformer ou préparer les matières premières.

L'orge, universellement répandue, répond le mieux aux besoins du brasseur et facilite son travail. Les différentes variétés existantes, strictement contrôlées, permettent la fabrication d'un produit irréprochable. La transformation de l'orge en malt (*maltage*) est faite en malterie. Longtemps, les brasseries ont possédé leurs propres malteries. Depuis quelques années, ces malteries intégrées ont été progressivement fermées, au profit de malteries indépendantes. Et aujourd'hui, en France, seule la brasserie du Pêcheur, à Schiltigheim, possède sa propre malterie.

L'orge fraîchement récoltée ne peut germer de suite ; elle ne retrouve une énergie germinative qu'après une période de *dormance.* Au terme de différentes opérations de nettoyage, triage, dépoussiérage, pesage, on procède au *trempage des grains* : ceux-ci, au contact de l'eau, de l'oxygène et à température suffisante (12-14 °C) commencent à « vivre », ce qui amène un début de germination. Au bout de 50 à 60 heures, le trempage doit être arrêté.

La *germination* prépare le grain pour le brassage. Les modifications que celui-ci subit alors influenceront le travail du brasseur, au cours des étapes ultérieures, et, par là même, le produit fini. La germination, qui dure 8 jours, est une transformation délicate qui voit le grain respirer et s'échauffer : il faut donc l'aérer et l'humidifier, tout en surveillant la température pour avoir une germination régulière. Il convient également de le retourner régulièrement pour l'aérer et éviter son étouffement par l'acide carbonique. La germination, qui se pratiquait autrefois dans de grandes caves voûtées (*germoirs*), s'est mécanisée à la fin du XIXe siècle. Sont utilisés, à l'heure actuelle, soit des « tambours système Galland », tambours qui subissent une rotation lente, soit des cases système Saladin. Les cases, les plus employées, se composent de deux murs parallèles sur lesquels circulent les « retourneurs » à hélices remplaçant les pelles en bois de jadis. Le malt est stocké sur un faux-fond de tôle perforée permettant l'évacuation de l'eau et la circulation de l'air de refroidissement.

Lorsque toutes les transformations morphologiques sont terminées, en particulier la formation des enzymes, il reste au malteur

L'intérieur d'une brasserie au XIXe *siècle. Gravure sur un dessin d'Ulysse Parent (Musée des Familles, juillet 1861). Coll. A.P.-R. Phot. J. Klein/A.Perrier-Robert.*

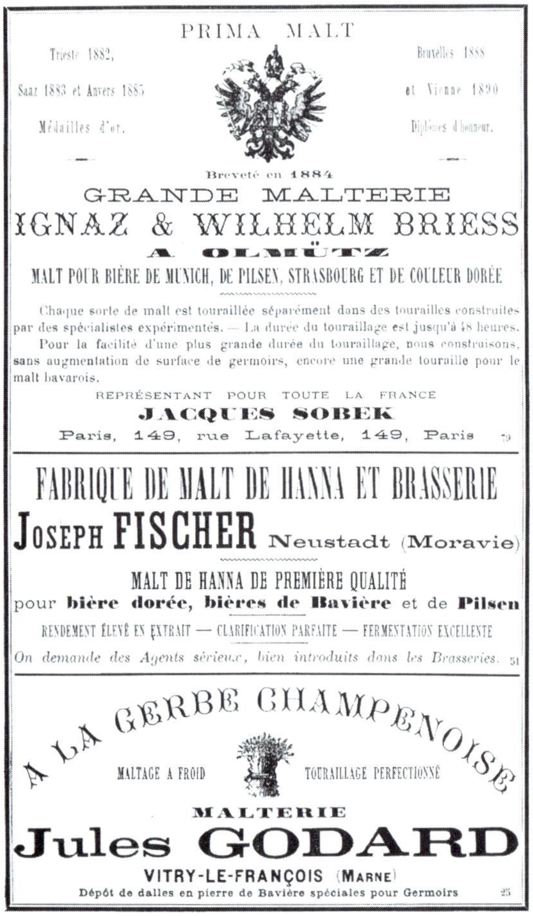

Publicité pour des malteries parue dans le Catalogue Officiel *de l'Exposition de Brasserie qui eut lieu à Paris en 1891. Phot. B.N., Paris.*

à arrêter la germination et à sécher le grain qui contient jusqu'à 45 % d'eau : c'est le *touraillage*.

Le touraillage se pratique dans des constructions en forme de tour surmontées de cheminées d'aération (*tourailles*). Le « malt vert », issu de la germination, est placé sur des plateaux perforés au travers desquels circule un courant d'air chaud. Le touraillage apporte au malt une couleur plus ou moins prononcée, ce qui donne des bières plus ou moins colorées, et un goût particulier, qui se retrouve dans la bière. Ainsi, pour un malt pâle ou blond, servant à la fabrication de la bière blonde, le touraillage s'effectue à une température de 70 °C. Pour un malt brun, de type *Munich* par exemple, destiné à des bières plus brunes,la température est de 90 °C. Des malts plus bruns sont, quant à eux, touraillés aux environs de 120-140 °C. Le malt le plus foncé, appelé *malt torréfié*, voit sa température de touraillage monter à 225 °C ; on l'utilise en de très petites quantités pour certains types de bières.

Le malt, régulièrement retourné, reste dans la touraille pendant 48 heures environ. Le travail en malterie se termine par différentes opérations mineures : dégermage (suppression des radicelles, inutiles et nuisibles pour la bière) et élimination des grains durs (grains non germés), opérations qui précèdent un stockage minimum de trois semaines.

Une suite d'opérations rigoureuses : le brassage

La fabrication de la bière commence par ce qu'on appelle généralement *brassage*, mais qui correspond, en fait, à une suite d'opérations fort différentes : concassage du grain, empâtage, brassage et filtration, cuisson et houblonnage, refroidissement.

Avant toute chose, le maître-brasseur a choisi les matières

premières qu'il va mettre en oeuvre : trois ou quatre types de malts, deux ou trois types de houblons entrent régulièrement dans la fabrication d'une même bière.

Le *concassage* du malt réduit le grain en farine qui va se dissoudre dans l'eau du brassage. Le grain conserve son enveloppe intacte ; celle-ci sera utile comme assise filtrante lors de la filtration du moût. Les grains de malt, bien secs, calibrés et pesés, passent entre les cylindres d'un concasseur, où ils sont simplement écrasés, juste avant leur utilisation au brassage. Certains concasseurs actuels pratiquent la mouture humide, pour éviter de déchirer l'enveloppe du malt.

Avec le brassage, le maître-brasseur va chercher à extraire la farine du grain, grâce à l'eau, à une élévation progressive de la température et au brassage proprement dit, c'est-à-dire au mouvement imprimé à la *maische,* formée du malt et des grains crus. Les enzymes du grain transforment l'amidon en maltose qui deviendra, au cours de la fermentation, alcool et gaz carbonique.

La salle de brassage est véritablement l'âme de la brasserie. Seule partie visible de l'extérieur de l'usine, c'est souvent un bâtiment et une salle où règne un semblant de luxe, où se mêlent l'éclat du cuivre des chaudières, la luminosité des vitraux, le chatoiement des carrelages, etc. Elle porte, d'ailleurs, souvent le surnom de « salle des fêtes » ou « salle des mariages ». Ces appellations ne viennent pas seulement de la richesse des installations : c'est, en effet, ici même que le brasseur procède au mélange de l'eau, du malt et du houblon. Pratique séculaire, voire empirique, que la technique n'a pu faire disparaître. Même si la salle de brassage ne représente qu'une petite partie de l'usine, pourtant en son sein se joue l'avenir de la bière.

L'*empâtage*, qui précède le brassage proprement dit, consiste à humidifier le malt concassé avec de l'eau (2 à 4 hectolitres d'eau pour 100 kilogrammes de grain), pour faciliter le début du brassage. Il se pratique dans une chaudière spéciale (*cuve d'empâtage*). Selon le matériel utilisé et le type de bière qu'il souhaite obtenir, le maître-brasseur dispose de deux grandes méthodes de brassage : la *méthode par infusion* (méthode traditionnelle utilisée surtout pour les bières de fermentation haute en Angleterre et, dans une certaine mesure, en Belgique et dans le nord de la France) et la *méthode par décoction* (pour les bières de fermentation basse, qui sont les plus consommées sur le continent européen et dans le monde en général).

L'*infusion* se pratique en chauffant progressivement le mélange grains plus eau (*brassin*), soit par chauffage direct à la vapeur, soit par addition d'eau chaude dans la cuve-matière. On élève généralement la température à 45 °C, température maintenue pendant une demi-heure environ, pour obtenir une dissolution des matières azotées. Une nouvelle pause d'une demi-heure est faite ensuite à 62-63 °C, pour la formation de sucres fermentescibles,

La fabrication de la bière

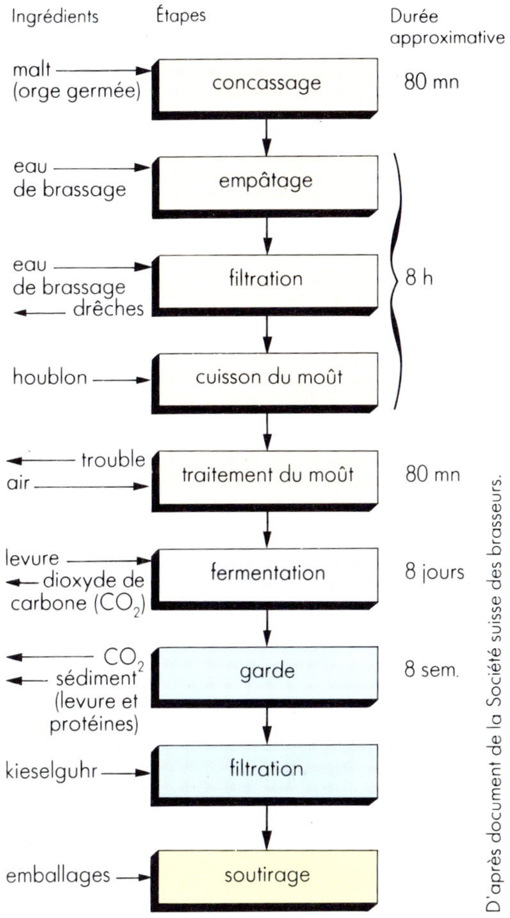

D'après document de la Société suisse des brasseurs.

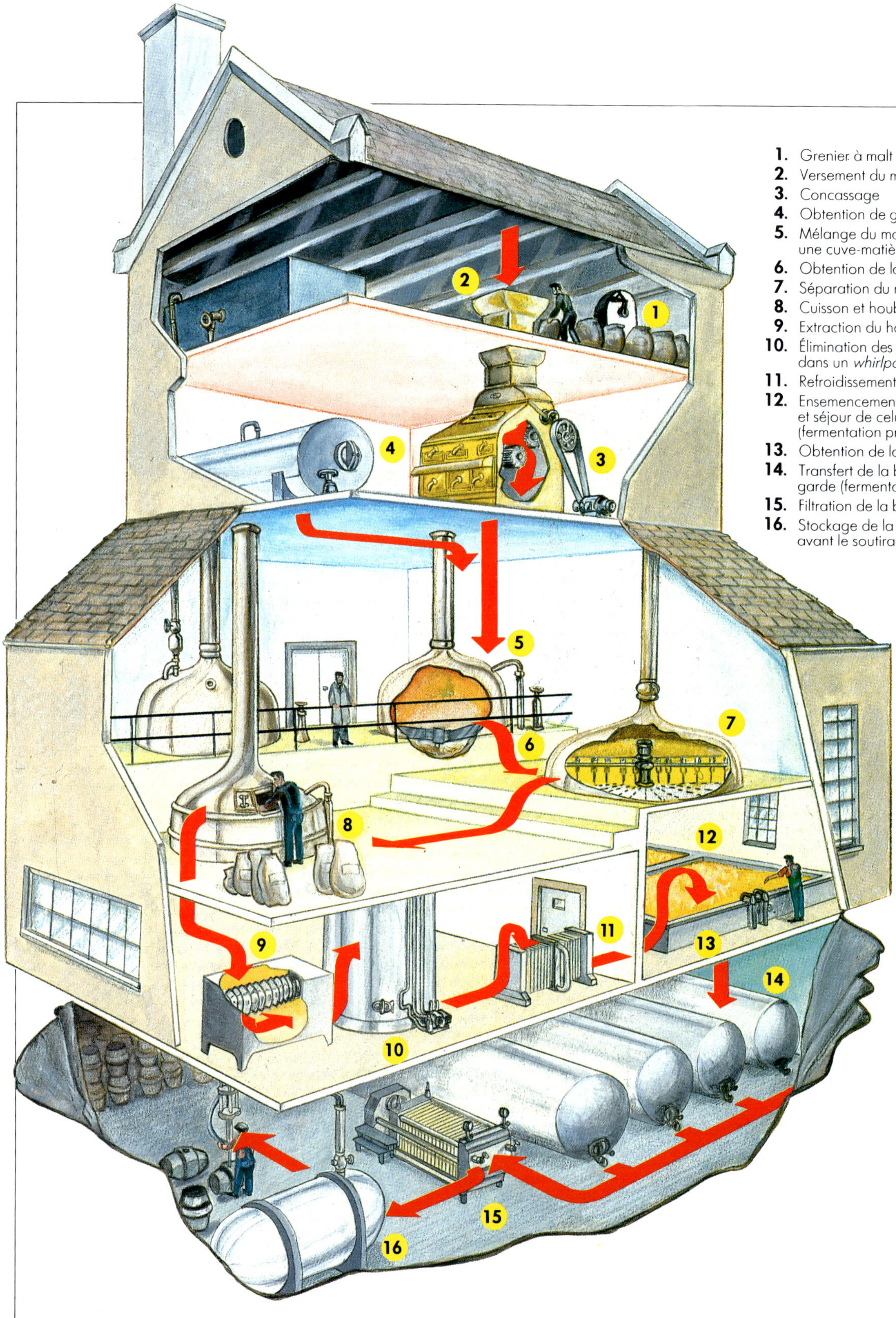

1. Grenier à malt et à houblon
2. Versement du malt dans le concasseur
3. Concassage
4. Obtention de gruau
5. Mélange du malt et de l'eau chaude dans une cuve-matière
6. Obtention de la moûture
7. Séparation du moût et des drêches
8. Cuisson et houblonnage du moût
9. Extraction du houblon
10. Élimination des particules insolubles du moût dans un *whirlpool*
11. Refroidissement du moût
12. Ensemencement du moût par adjonction de levure et séjour de celui-ci en cuve de fermentation (fermentation principale)
13. Obtention de la bière jeune
14. Transfert de la bière jeune dans des tanks de garde (fermentation secondaire et maturation)
15. Filtration de la bière
16. Stockage de la bière, quelques durant, avant le soutirage

puis à 70 °C (formation de dextrines). Le brassage par infusion se termine à 75 °C.

Plus longue et plus difficile, la *décoction* nécessite plus de matériel. Après un empâtage à froid et une élévation à la température à 35 °C en cuve-matière, on prélève environ un tiers du brassin que l'on chauffe dans une autre chaudière à 70 °C avant de le faire bouillir. On ajoute généralement les grains crus pendant cette première ébullition, qui se pratique la plupart du temps en cuve d'empâtage. Ce mélange bouillant est pompé sur la cuve-matière, ce qui a pour effet de faire monter la température du brassin à 50-55 °C. Un deuxième et un troisième prélèvements permettent d'obtenir des températures de 62-63 °C, puis 75 °C. Le brassin contient maintenant deux matières qu'il faut séparer : le *moût*, jus sucré qui deviendra la bière, et les *drêches*, qui contiennent encore, à ce moment-là, 80 % d'eau et d'extrait. Le moût se filtre sur les drêches elles-mêmes, d'une façon tout à fait naturelle, soit dans la cuve de brassage, soit dans un filtre-presse.

Dans la cuve-matière, suivant la méthode ancestrale, les drêches se déposent sur le faux-fond en fin de brassage. La cuve est ensuite vidée par le bas, si bien que le moût traverse les drêches : refiltré tant qu'il coule trouble, il devient rapidement clair et on le pompe directement dans la chaudière en cuivre. Puis les drêches sont lavées à l'eau chaude pendant deux à trois heures pour récupérer le maximum d'extrait. Le filtre à moût se compose de cadres métalliques creux, séparés par des toiles de coton ou de Nylon; là aussi, le moût traverse les drêches* qui le filtrent. Celles-ci sont ensuite lavées comme précédemment. Le moût, d'abord recueilli dans un *réverdoir,* est ensuite pompé dans la chaudière à cuire où l'ébullition va le stabiliser et le stériliser. Enfin, il va recevoir le houblon qui lui donnera son amertume et son parfum.

La chaudière à cuire, en cuivre ou plus généralement en acier inoxydable, surmontée d'un dôme et d'une cheminée, est chauffée soit par un feu nu (les flammes sont au contact direct avec le fond de la chaudière), soit par un serpentin de vapeur. À l'intérieur, une hélice maintient une agitation continue pendant l'ébullition qui dure au minimum deux heures. La quantité de houblon dépend du type de houblon utilisé et du type de bière souhaité. Une bière blonde de consommation courante peut en recevoir jusqu'à 200 grammes par hectolitre. Les bières fortement houblonnées, comme la *Pilsen,* en reçoivent jusqu'à 500 grammes. Quant aux bières anglaises, la quantité de houblon peut atteindre 800 à 1 000 grammes. Les cônes sont mis en plusieurs fois dans le

Chaudière d'empâtage à la brasserie de l'abbaye de Chimay (Belgique). Phot. Philippe Voluer/Musée de la Bière, Stenay.

La drêche et la pisciculture

Si l'on sait que la drêche de brasserie est un aliment de premier choix pour les animaux tels que vaches, moutons, porcs et même chevaux, son emploi en pisciculture est moins connu. Pourtant, elle constitue un complément nutritionnel appréciable pour les poissons des étangs surpeuplés, dont la nourriture se raréfie, à condition de la leur fournir bien fraîche, en un point de la nappe où le risque qu'elle se mêle à la vase est moindre et uniquement d'avril à octobre (à l'exception des périodes de forte chaleur), lorsque la température de l'eau est supérieure à 10 °C.

Nombreux sont, d'ailleurs, les pêcheurs à la ligne qui, connaissant cet emploi de la drêche, y ont recours pour appâter le poisson. Pure, mêlée à de la pomme de terre ou de la chapelure, ou encore additionnée de grains de blé gonflés à la cuisson, elle s'avère très efficace. Des inconvénients toutefois : son poids, lorsqu'elle est humide, et la difficulté de la conserver (à moins de la faire sécher à l'air et au soleil).

* La drêche, très humide, est vendue aux cultivateurs pour l'alimentation du bétail. On estime que 5 kilogrammes correspondent à 1 kilogramme d'orge en valeur nutritive. Elle est donc très prisée pour les vaches, en particulier en période de lactation, et ce malgré son manque de vitamines.

Pour un processus immuable, une salle de brassage marquée au sceau du modernisme.
Phot. Brasserie Belle-Vue, Belgique.

moût bouillant, puis sont récupérés, au moment de la vidange de la chaudière, dans un bac, ou panier à houblon, qui joue le rôle de filtre. Le traitement du moût peut également être effectué avec une centrifugeuse ou un appareil appelé *whirlpool* qui, par un tourbillon, entraîne toutes les impuretés. Le moût clarifié est refroidi à l'abri de l'air. Le bac refroidissoir à l'air libre et le réfrigérant tubulaire de type Baudelot ont maintenant fait place aux échangeurs de chaleur à plaques, où le moût chaud est en contact, au travers de minces plaques d'acier inoxydable, avec de l'eau très froide. Il passe ainsi, en quelques instants, de sa température d'ébullition à la température idéale de fermentation : aux environs de 8 °C. Enfin, il est artificiellement saturé d'oxygène ou d'air stérile pour favoriser le travail de la levure pendant la fermentation.

La fermentation : la phase la plus délicate

La *fermentation* est sans aucun doute la phase la plus délicate de la fabrication de la bière. La levure dont dépend cette fermentation est un organisme vivant, unicellulaire, très fragile. Il en existe de très nombreuses variétés qui peuvent se multiplier par scission. La qualité essentielle de la levure de brasserie est d'être issue de culture pure. Son rôle est de transformer les sucres fermentescibles du moût en alcool et en gaz carbonique.

Il existe deux sortes de levures, desquelles dépendent les appellations de « bière haute » et de « bière basse ».

Les bières de *fermentation basse* fabriquées industriellement, sont actuellement les plus répandues ; les techniques de fermentation ont bien évolué au cours des dernières années et les brasseries tendent à utiliser la fermentation continue, qui permet de fermenter plus rapidement des masses plus importantes de moût. Cependant, la fermentation tradionnelle, en cave réfrigérée à environ 5 °C, existe encore dans certaines brasseries. Le moût refroidi et aéré est placé dans de grandes cuves réfrigérées par des serpentins, puis ensemencé avec de la levure (environ 1 demi-litre par hectolitre). On peut également l'injecter dans le moût au cours de son passage dans une conduite. On se sert pour celà d'un appareil jadis appelé *œuf à levure,* en raison de sa forme particulière. Au bout de quelques heures, une première mousse apparaît, mais la fermentation débute véritablement le deuxième jour, avec l'apparition d'une mousse bien plus importante (*Kraüsen*), qui se maintiendra au-dessus du moût pendant toute la durée de la fermentation, soit 7 à 8 jours. C'est au cours de cette période que se forment le goût, l'arôme et le gaz carbonique. Lorsque la fermentation est terminée, on refroidit le liquide à 0 °C : la levure se dépose alors au fond des cuves, mais la « bière verte » ou « bière jeune » ne peut être livrée au consommateur. Chargée de sucre et de levure, manquant de gaz carbonique et de limpidité, elle doit encore mûrir, c'est-à-dire subir la *garde*.

Au cours de la garde, ou fermentation secondaire, sucres et levure continuent de travailler, tout en produisant du gaz carbonique à une température voisine de 0 °C. À cette température, le trouble de la bière disparaît presque entièrement. Les caves de garde, bien isolées, sont maintenues à une température de 0 °C. Les tanks qu'elles contiennent, en aluminium ou en acier inoxydable, sont mis sous pression. Les premiers jours, la bière continue à fermenter ; progressivement, elle se clarifie, se sature en gaz carbonique (que l'on récupère également quand il est en excédent). La garde de fermentation basse dure de 4 à 10, voire 12, semaines, suivant la qualité de la bière que l'on veut obtenir et le pourcentage initial d'extrait du moût.

La *fermentation haute* semble peu différer de la méthode précédente, mais les levures utilisées et les températures nécessaires modifient sensiblement la fabrication. La température, 12 à 20 °C, accélère la fermentation, qui ne dure souvent que 3 à 6 jours ; de plus, la quantité de levure utilisée est moins importante qu'en fermentation basse : environ 20 centilitres par hectolitre. Rapidement, les levures montent en surface, puis s'effondrent lorsque la fermentation touche à sa fin. La plupart du temps, cette « bière haute » subit une courte garde, ou fermentation secon-

Au secret de la fabrication de la bière : la fermentation principale. Phot. Brasserie Schützengarten, St-Gall, Suisse.

À l'échelle d'une brasserie industrielle de notre époque, « les tanks extérieurs » de la brasserie Carlsberg, au Danemark.
Phot. United Breweries Ltd., Copenhague.

daire, pour améliorer la teneur en acide carbonique; il est quelquefois nécessaire d'ajouter à la bière soit de la levure, soit du sucre pour relancer l'activité. Les bières hautes, dites « de garde », peuvent être conservées en cave pendant deux à trois mois.

Enfin, plusieurs brasseries pratiquent une nouvelle fermentation en bouteilles, stockées dans des salles dont la température est maintenue aux environs de 16 °C. C'est, en particulier, la technique suivie pour fabriquer la gueuze-lambic et les bières trappistes. Ces dernières subissent, d'ailleurs, souvent un houblonnage cru pendant la seconde fermentation : celle-ci se déroule sur un lit de houblon cru (100 à 150 grammes par hectolitre), ce qui augmente l'arôme du houblon dans la bière, ainsi que son amertume.

La fermentation en cuves cylindro-coniques, quant à elle, s'effectue dans des cuves dont la capacité moyenne est de plusieurs milliers d'hectolitres, pouvant atteindre parfois 10 000 hectolitres. Au lieu d'être installées dans des caves réfrigérées, ces cuves sont installées à l'air libre (d'où leur nom de *tanks out-door*, c'est-à-dire « tanks extérieurs »). Elles sont réfrigérées de l'intérieur, ce qui permet d'importantes économies d'énergie. Leur autre avantage est qu'on peut y effectuer à la fois la fermentation et la garde ; à la fin de la fermentation, la température est brusquement abaissée à 0 °C, ce qui fait tomber la levure à la partie inférieure de la cuve, en forme de cône. Il suffit alors de l'extraire, avant de poursuivre la garde dans la même cuve.

Cette fermentation, très pratiquée dans les pays chauds, est maintenant parfaitement au point en Europe, où elle permet de gagner du temps : une bière peut ainsi être terminée au bout de 17 à 21 jours.

La filtration : une nécessité

Bien que l'action de la garde soit bénéfique pour la bière, celle-ci est loin de posséder toutes les qualités recherchées par le consommateur : elle est encore légèrement trouble et contient toujours des cellules de levure en suspension. Pour améliorer sa limpidité et sa stabilité, il est nécessaire de la filtrer.

L'ancien « filtre à masse », constitué de plaques de bronze séparées par de la »masse » (fibres de coton), est pratiquement abandonné au profit du filtre à kieselguhr. Ce kieselguhr, ou terre de diatomée, est une poudre minérale constituée de micro-organismes marins fossilisés. La poudre est injectée, grâce à un alluvionneur, dans la bière à filtrer. Les deux produits passent ensuite dans le filtre où des toiles métalliques (ou bien des plaques de carton) arrêtent le kieselguhr et les matières en suspension dans la bière. Celle-ci sort du filtre entièrement filtrée.

Les cuves de fermentation... où réside le « mystère » de la bière.
Phot. Brasserie Feldschlösschen, Rheinfelden, Suisse.

À l'ère de l'automatisme, le conditionnement

C'est peut-être à ce stade de la fabrication qu'apparaît le plus le modernisme de l'industrie brassicole actuelle. Nulle part ailleurs, on ne trouve autant de machines, autant d'automatismes, autant d'opérations. Pourtant, la bière filtrée est toujours fragile et risque de s'oxyder, de s'infecter au contact de l'air ou de micro-organismes, ou encore de perdre une partie de son gaz carbonique. D'autre part, elle va quitter la brasserie et ne sera plus sous la haute surveillance des laboratoires, pour être être corrigée. Elle doit enfin être prête à subir les attaques de ses ennemis extérieurs : chaleur, lumière, vibrations, etc.

Pour l'instant, la bière est stockée sous pression à 0 °C dans un tank d'attente, d'où elle partira progressivement vers les salles de soutirage, en fonction des besoins. Les opérations de soutirage doivent s'effectuer, bien évidemment, dans des conditions d'hygiène maximale : le matériel est lavé et stérilisé afin d'éviter la formation de micro-organismes dangereux pour la bière et même pour la brasserie.

Le soutirage des bouteilles est précédé par de nombreuses opérations préparatoires, entièrement automatisées dans les grandes brasseries : arrivée des palettes, passage sur dépaletiseur

Il y a moins d'un siècle, avant le conditionnement moderne: les canettes, que l'on allait remplir au débit de boissons. Coll. « Bière Magazine », Musée Européen de la Brasserie, Romedenne (Philippeville), Belgique. Phot. J. Klein/A. Perrier-Robert.

(qui enlève les caisses des palettes) et, enfin, décaisseuse (qui sort les bouteilles vides des caisses). Les caisses vides retrouveront les bouteilles à la fin de la chaîne après un lavage. La machine trie ensuite les bouteilles et rejette automatiquement celles qui sont endommagées ou d'un type différent. Les bouteilles jugées conformes sont acheminées vers la laveuse dont le rôle est, certes, de les laver intérieurement et extérieurement, mais aussi de les stériliser et d'ôter les étiquettes. Les bouteilles passent successivement dans différents bains d'eau et de soude maintenus à différentes températures avant d'être rincées à l'eau froide, si possible stérile.

Elles arrivent aussitôt sur la soutireuse, chargée de les remplir rapidement, afin d'éviter toute nouvelle oxydation. On utilise, pour cela, le soutirage « isobarométrique », qui permet de remplir les bouteilles sous pression pour empêcher la bière de mousser.

La soutireuse est une sorte de carrousel pouvant atteindre la rapidité de 60 000, voire 80 000, bouteilles à l'heure. Elle est constituée d'un réservoir de bière et de robinets tournant à très grande vitesse. Certaines soutireuses perfectionnées permettent simultanément de faire le vide dans la bouteille, de la remplir de gaz carbonique, puis de la remplir de bière.

On termine le soutirage en faisant déborder la mousse du col de la bouteille : l'air ambiant ne peut ainsi entrer en contact avec la bière. La bouteille est aussitôt bouchée sur mousse, généralement à l'aide d'une capsule métallique, puis contrôlée par un appareil optique qui vérifie le niveau.

Le soutirage des fûts et des boîtes s'effectue sensiblement de la même façon. Le remplissage en est facilité par le fait que l'ouverture de ces deux contenants est plus grande que celle des bouteilles. Le soutirage des fûts, actuellement entièrement automatisé, s'effectue, lui aussi, à l'abri de l'air. Les fûts, en acier inoxydable ou en aluminium, à plongeur incorporé, sont d'abord nettoyés : injections de soude caustique, d'eau chaude, de vapeur se succèdent rapidement et permettent de stériliser les fûts, qui sont ensuite remplis de bière avant d'être pesés et stockés.

Les boîtes, après un lavage rapide, sont remplies sous un jet de gaz carbonique, toujours pour éviter l'oxydation ; leur large ouverture permet une cadence plus rapide de 100 000 et même 120 000 boîtes à l'heure.

Une garantie de conservation : la pasteurisation

La pasteurisation permet d'assurer la bonne conservation de la bière après sa sortie de la brasserie. Pour détruire définitivement toute trace de levure et micro-organismes, on chauffe la bière pendant environ 15 à 20 minutes à 60 °C.

Deux méthodes sont actuellement utilisées, car on ne peut

Là où règne l'automatisation: la salle d'embouteillage de la brasserie.
Phot. Brasserie Eichhof, Lucerne, Suisse.

traiter de la même façon la bière en bouteille et la bière en fût. Les bouteilles sont généralement traitées dans un pasteurisateur, longue machine dans laquelle les bouteilles sont déplacées lentement et passent successivement sous des jets d'eaux plus ou moins chaudes, avant d'être arrosées d'eau froide. Cette pasteurisation peut durer de 45 à 60 minutes.

La « flash-pasteurisation » est beaucoup plus économique et plus rapide. Elle utilise le même genre d'appareils que l'échangeur à plaques refroidissant la bière après l'ébullition; s'effectuant à l'abri de l'air, elle évite toute oxydation du liquide. Les différents compartiments de l'échangeur, contenant de l'eau plus ou moins chaude, permettent d'atteindre progressivement la température de pasteurisation avant de refroidir le liquide. La bière ainsi pasteurisée peut être dirigée vers le soutirage des fûts ou vers la soutireuse des bouteilles, si le matériel est maintenu à l'état stérile.

À la sortie du pasteurisateur, la bouteille reçoit son habillage définitif - étiquette et capsule - avant de gagner l'encaisseuse, le paletiseur et le magasin de stockage où elle attendra d'être livrée au consommateur.

Les différents types de bières

Cette variété de recettes, de matières premières, de matériels donne obligatoirement des produits divers que ne peut définir strictement le cadre légal.

La densité

Le moût est le liquide recueilli à l'issue du brassage. Il contient en son sein toutes les substances extraites à partir des matières premières. Il pèse davantage qu'un litre d'eau. Il est plus dense. En France, on évalue cette augmentation de poids grâce à un densimètre dit *Régie*. Le degré Régie (°R) est le seul degré légal français et la réglementation française a classé les bières suivant leur degré Régie.

On peut également évaluer cette densité grâce aux saccharomètres, méthode souvent employée en Belgique ou en Allemagne, notamment grâce au saccharomètre de Balling. Un degré Régie vaut environ 2,5 °B (Balling).

Cette présence de plusieurs échelles de degrés ne simplifie pas la lecture des étiquettes et le consommateur risque d'être souvent abusé. Une des bières les plus fortes du monde *EKU 28* est donnée pour 28 °B, soit, en fait, pour 11 °R.

La teneur en alcool

L'extrait du moût est en majeure partie constitué de produits sucrés (glucides), que la fermentation transformera en alcool par la fermentation. Plus une bière est dense, plus elle a de chances d'être riche en alcool. Mais cela n'est pas absolu. Certains glucides ne sont pas fermentescibles (dextrines) et, si la fermentation s'arrête (volontairement ou non), il peut y avoir présence de sucres non fermentés, dits « sucres restants ».

Mais dans des conditions normales pour des bières classiques, le degré d'alcool est voisin - sensiblement inférieur - au degré Régie. Ainsi une bière dite « de luxe », d'une densité Régie de 5 °R, a souvent un degré d'alcool compris entre 4,5° et 4,8° d'alcool (ce qui exprime le pourcentage par volume).

Dénomination	Degré alcool (Gay-Lussac)
Bière sans alcool	Moins de 1°
Petite bière	Moins de 1,2°
Bière de table	2° à 2,2°
Bière bock	3,3° à 3,9°
Bière de luxe	4,4° à 5,4°
Bière spéciale	5,5° et plus

La bière sans alcool peut s'obtenir de deux façons soit en arrêtant la fermentation avant le 1° fatidique, soit en extrayant l'alcool d'une bière alcoolisée.

Quant aux bières fortement alcoolisées, au-dessus de 7 - 8° alcool, on peut soit ajouter de l'alcool (provenant de la fabrication de bière sans alcool, etc.), soit congeler une partie de la bière (l'eau gèle en premier, ce qui laisse une bière plus épaisse et plus alcoolisée).

Quelques bières sans alcool. Phot. J. Klein/A. Perrier-Robert.

Bières et matières premières

Le type de bière est avant tout lié aux matières premières utilisées : eau de brassage plus ou moins « douce », malts plus ou moins colorés, travaillés différemment, houblons plus ou moins amers, plus ou moins aromatiques, levures de souches différentes, etc.

À l'origine, des types de bières dépendant des matières premières se sont créés dans des villes brassicoles célèbres et ont pris le nom de leur ville de naissance. Ainsi sont nées les appellations *Dortmund*, *Kölsch* (de Cologne), *Munich*, *Pilsen*, *Vienne*, etc. Ces « appellations d'origine » sont même passées dans le langage courant. Les bières blondes consommées actuellement sont presque toutes de type *pils*, proche cousin du type *lager*.

Trois types de fermentation

La fermentation et surtout le type de fermentation jouent également un grand rôle dans l'élaboration de la bière. Les levures employées et la marche de la fermentation donnent les bières de *fermentation basse* ou de *fermentation haute*.

Les bières de fermentation basse sont généralement des bières blondes ou pâles, mais parfois brunes comme à Munich, fabriquées avec des levures basses. Ces bières de grande consommation sont souvent, peu alcoolisées (bières de luxe). Leur goût est assez neutre ou peu houblonné, leur brillance est remarquable.

En fermentation haute, on obtient des bières plus typées :

À chaque type de bière, son verre. Phot. Durobor, Belgique.

utilisation de matières premières en plus grande quantité, levures plus aromatiques, etc. Leur particularité est de subir également une « garde » longue, notamment dans le nord de la France. Ce type de bières reprend vigueur en Belgique. En Angleterre, on les trouve partout. Elles portent le nom de *porter*, de *stout*, de *ale*. Le type *scotch* est plus aromatisé et plus alcoolisé.

La Belgique se caractérise, pour sa part, par le brassage de bières qui fermentent sans adjonction de levure. C'est ce qu'on appelle la fermentation spontanée, qui donne un produit nommé *lambic*. Au terme d'une fermentation en foudres qui dure au moins deux ans, on obtient la *gueuze* après coupage. On peut également fabriquer de la *kriek* en faisant macérer des cerises dans du lambic, de la framboise ou du cassis selon le même processus en employant les fruits correspondants.

D'autres critères de classement ?

Certains spécialistes classent aussi les bières suivant leur amertume. Les bières peu amères ont de 16 à 19 unités, les moyennement amères, de 19 à 28, et les plus amères, de 29 à 45. Classification de spécialistes qu'on ne peut obtenir qu'en laboratoire. On est ici loin de la classification populaire opérée suivant la couleur : les qualifications *bière blonde*, *bière brune* ou *bière ambrée* (ou *rousse*) s'avèrent très insuffisantes.

Il existe, en fonction de ce que nous venons de voir, de véritables crus de bière qu'il convient de ne pas ignorer. Leur particularité peut venir du matériel utilisé :
- chauffage à feu nu, où la flamme lèche directement la chaudière, comme pour la *Bonne Espérance* ou la véritable *Pilsen* ;
- fermentation en foudres de bois, comme pour la *Rodenbach* et, encore, la *Pilsen*.

Les levures jouent également un grand rôle, de même que les épices qu'on peut ajouter au brassage, avec le houblon (bières de Hoegaard, en Belgique). Il faut ici noter que toute addition d'épices est prohibée par la législation française.

Certains brasseurs utilisent des malts spéciaux, séchés au feu de bois, ce qui leur donne un goût de fumé (*Rauchbier* allemande), ou séchés à la tourbe, comme le malt du whisky (*Adelscott* en France). D'autres font cuire le moût en ajoutant dans la chaudière des pierres chauffées au rouge (*Steinbier* allemande). Pratiques ancestrales qui donnent des bières inoubliables.

Enfin, outrepassant la loi de pureté de 1516, qui régit dans leur pays la fabrication de la bière, les Allemands brassent une « bière de blé » (*Weissbier* à Berlin et *Weizen Bier* en Bavière. Ces bières, de fermentation haute, toujours à base de blé (ou froment) et de malt, sont souvent vendues sur levure. Elles peuvent se rapprocher des bières blanches traditionnelles de Belgique qui avaient presque disparu et dont la fabrication a repris à Hoegaard, Bruges, etc.

Une tradition millénaire

Cruche étrusque en argile polychrome datant du Ve siècle av. J.-C.
Phot. U.G.B., Paris.

« La bière est le produit de la fermentation du moût de bière, liquide sucré qu'on obtient en faisant macérer dans de l'eau, à température convenable, de la farine de malt (ou orge germée) en séparant le liquide de la matière solide insoluble (ou drêche) et en faisant bouillir ce liquide avec du houblon ».

Si l'on pose ainsi les étapes essentielles de la fabrication de la bière (ici selon la définition de l'École de Brasserie de Nancy), on retrouve, tant bien que mal, chacune d'elles dans les techniques suivies par les hommes de l'Antiquité, plus ou moins soignées, plus ou moins expédiées, avec des produits plus ou moins bons. Une étape seulement en est absente : l'adjonction du houblon qui donne au liquide une légère amertume et qui aide à sa conservation. De l'âge de la cueillette des graminées sauvages, des premières cultures céréalières (entre le VIIIe et le IIe millénaire av. J.-C. pour l'Ancien Monde) aux XIIIe-XIVe siècles de notre ère, la bière provient d'une céréale fermentée (orge, froment, millet, etc.) au goût renforcé, selon les cas, par des plantes aromatiques. Elle est plus ou moins alcoolisée, elle pétille ou elle écume ; elle porte des noms très variés ; seul le vin en est distingué, très nettement chez les Grecs et les Romains, moins fermement ailleurs : tout cela n'est-il pas boisson fermentée ?

Les lignes qui suivent sont consacrées au monde européen continental, au monde méditerranéen et au Proche-Orient. La Chine et l'Inde ont eu aussi leurs boissons de céréales fermentées, comme l'Afrique noire des savanes. Force nous est de nous limiter et, aussi, d'utiliser les sources les plus abondantes et les plus expressives, celles que nous fournissent les monuments, les représentations et les écrits de l'Égypte et de la Mésopotamie anciennes, celles du monde gréco-romain parlant sur lui-même et sur les barbares des steppes et des forêts de l'Europe d'autrefois.

Le « vin d'orge méprisé », le sanglier à la cervoise

En lisant auteurs grecs et latins, on découvre, avec une grande variété de termes, l'usage de la bière chez les Barbares des alentours. On la reconnaît dans la *korma* des sauvages Crétois, dans le *bruton* des Phrygiens et des Thraces et dans le *sabaium* des Illyriens (qui ont peut-être donné son nom au délicieux dessert mousseux de l'Italie moderne, le *sabaione*). Espagnols, Lusitaniens, Arméniens et bien d'autres boivent de la bière. L'Europe du Nord en est déjà consommatrice : « les Germains (selon Tacite) boivent une liqueur faite d'orge ou de froment, à laquelle la fermentation donne une ressemblance avec le vin ». Aux Celtes d'Europe centrale on prête les beuveries de *kerbèsia*, dans laquelle on reconnaît sans peine le mot « cervoise ». Dieux germains, celtes ou scandinaves boivent avec la soif des Immortels des torrents de bière et d'hydromel.

Les Grecs et les Romains les regardent, avec mépris. Quand les

Relief de stèle funéraire représentant une salle de brassage gallo-romaine (IIIe s. apr. J.-C.).
Phot. Philippe Voluer/Musée de la Bière, Stenay.

ambassadeurs byzantins atteignent le camp d'Attila, en 448 apr. J.-C., dans l'actuelle plaine hongroise, ils doivent bien se plier aux usages de leurs hôtes : ils ingurgitent hydromel et bière, une bière à base de millet qui leur paraît une curiosité faite pour des barbares. Au siècle précédent, l'empereur Julien, dit l'Apostat, affirme être « révolté » par l'odeur de la bière, lui qui vit en Gaule au milieu d'un peuple de soiffards ; « faute de raisins, ils utilisent les épis », raille-t-il dans une épigramme. Les médecins condamnent à l'envi cette « boisson », responsable des maux de reins, des maladies nerveuses, des abcès, des enflures et autres horreurs, si l'on en croit Galien et Dioscoride. Un autre ajoute qu'elle constipe et qu'elle donne la diarrhée, selon la constitution du buveur, bien évidemment. À ces aristocrates, à ces bourgeois des villes de Méditerranée, le vin seul est bon, le vin seul est honorable ; mais l'Empire romain, avec ses quarante ou cinquante millions d'habitants, compte bien des pauvres; pour ceux-là, l'empereur Dioclétien, par l'édit du maximum qui réglemente les prix (301 apr. J.-C.), établit que la bière de qualité (*cervisia* et *camum*) sera vendue à moitié du prix du vin et que le *zythium*, d'origine égyptienne, n'en coûtera que le quart.

Un peuple, en tout cas, buvait allègrement sa cervoise nationale, les Gaulois bien sûr, et pas seulement dans les fameux banquets qui achèvent, album après album, les aventures d'Astérix et d'Obélix.

Lorsque la Gaule inspira les publicitaires...
En-tête de lettre conçu
pour la brasserie du Sicambre
(Reims, v. 1940).
Coll. Musée de la Bière, Stenay.
Phot. J. Boulanger/A. Perrier-Robert.

Selon Caton l'Ancien, la bière est « la boisson nationale des Gaulois ». « Ils boivent communément du vin d'orge et cela depuis longtemps », dit Pline, le naturaliste. Explorant les côtes de l'Atlantique au IVe siècle av. J.-C., le Grec de Marseille Pythéas note que l'usage de la cervoise est partout répandu. Le géographe Posidonios, trois siècles plus tard, donne des recettes de bière gauloise et la considère comme la base de l'hydromel : à la bière on ajoute pour cela du miel et de la meth. Ce qui était vrai de la Gaule indépendante l'est demeuré de la Gaule romaine, même si la vigne gagnait lentement les côteaux des vallées du Rhône, de la Saône et de la Garonne. La bière ou « cervoise » (*cervisia*) était la boisson nationale.

Fait étrange, les traces matérielles de sa fabrication sont peu nombreuses. Une villa de Belgique semble bien avoir une installation de brassage. Mais, beaucoup plus fréquemment, la fabrication de la cervoise a été une affaire familiale. Quelques jours suffisaient pour préparer quelques dizaines de litres nécessaires à la maisonnée ; nul besoin des installations lourdes et coûteuses des pays de vignobles. Les brasseurs, c'est-à-dire des fabricants spécialisés dans la confection de la bière, avec ateliers et magasins, ont été rares. On rencontre leurs traces dans l'est de la Gaule, où des inscriptions mentionnent la corporation des *cervisarii* (les « cervoisiers »). Une seule stèle témoigne d'un culte corporatif aux divinités des boissons nationales : les effigies de Nantasuelta, patronne de l'hydromel, et de Sucellus, patron de la cervoise, sont unies sur une même sculpture retrouvée à Sarrebourg. C'est peu, quand on voit les milliers de stèles élevées par les artisans gaulois à leurs saints patrons, quand on sait également la consommation régulière de la cervoise par les témoignages écrits des contemporains. Un seul *Julius Cervesarius* nous a laissé son nom sur sa pierre funéraire. Une seule gourde, d'argile il est vrai, nous est parvenue avec l'inscription *Ospita, reple lagona cervesa*, « hôtesse, remplis ma gourde de cervoise ». Du moins, avons-nous plusieurs gobelets dont les textes gravés parlent pour ces éternels assoiffés : *cervesariis feliciter*, « vivent les brasseurs ».

Cervisia est un mot celtique. *Brace* et *brais*, qui désignent le malt et la pâte de malt et d'eau, sont des mots celtiques ; croisés avec le latin *bracium*, « bras », ces termes celtiques ont donné *brasator* qui est devenu notre « brasseur ».

Cette production familiale et décentralisée de la cervoise a traversé bien des siècles. Paris n'a eu sa première corporation de cervoisiers qu'en 1258, elle-même réglementée en 1268, au temps du roi Saint Louis. Il semble que les premières formes de production organisées, nous dirions industrielles, soient apparues au centre des grands domaines, terres de l'Église, où les exploitations rurales dépendant des monastères avaient des installations importantes : granges, celliers, pressoirs, brasseries, etc. De même, les grands domaines carolingiens étaient gérés à partir d'un

Moines et bière associés pour toute une imagerie, comme sur ce chromo allemand. Coll. A.P.-R. Phot. J. Klein/ A. Perrier-Robert.

La bière dans les monastères

Domestique des siècles durant, la fabrication de la bière fut d'abord une tâche essentiellement féminine. Elle ne devint artisanale qu'à partir du XIIe siècle, au terme d'une lente évolution. Toutefois, entretemps, elle s'était introduite dans les monastères. En effet, le Moyen-Âge vit naître et se multiplier les brasseries dans ces lieux de recueillement. De très nombreuses archives nous éclairent sur l'oeuvre considérable des moines, étudiant les documents anciens sur le brassage, les utilisant avec un respect profond des traditions et la volonté d'apporter des perfectionnements aux méthodes pratiquées.

Les pères brasseurs, responsables de la production, jouissaient d'une grande autorité et faisaient, par la qualité de leur bière, la réputation de leur monastère, laissant à leurs successeurs les fruits de leur expérience et de leurs travaux. C'est à eux que l'on doit les progrès du maltage et du brassage, l'emploi du houblon, la fermentation à basse température. La bière était fabriquée pour les besoins des religieux et du personnel subalterne (les « frères laïcs »), mais aussi pour les pèlerins que recevait l'auberge et les malades qu'accueillait l'hôpital, très souvent adjoint au couvent. Selon sa destination, la bière était *prima melior, secunda* ou *tertia,* soit plus ou moins raffinée.

La brasserie tenait donc une grande place dans la vie des monastères. L'atteste un plan de l'abbaye de Saint-Gall (Suisse), établi en l'an 830, qui montre dans le détail l'agencement des trois brasseries et de la malterie chargée de les approvisionner.

La renommée des brasseries monacales alla s'amplifiant, en France et en Europe, jusqu'à la fin du Moyen-Âge. Leur production rivalisa avantageusement avec celle des brasseries artisanales. Mais la croissance et les progrès techniques de ces dernières finirent par leur porter un coup. Et le XVe siècle vit certains monastères s'orienter vers la vinification. D'autant que les redevances imposées sur la bière par Louis XIV et ses successeurs contribuèrent, en France, à cette désaffection des monastères. Ne survécurent que les brasseries établies dans les régions de tradition très ancienne. C'est ainsi qu'à la fin du XVIe siècle la brasserie de l'abbaye de Saint-Laurent à Dieulouard (Moselle) était l'une des rares à faire encore parler d'elle. Elle le devait à des circonstances particulières : des moines bénédictins anglais, qui étaient venus s'y réfugier, en 1608, à la suite des persécutions religieuses dans leur pays, y avaient créé une brasserie dont la production connut un succès immense, mais qui, toutefois, ne résista pas très longtemps à la tourmente révolutionnaire.

Les brasseries monacales d'Allemagne, d'Autriche et de Belgique ne subirent pas un sort aussi désastreux que celles de France. Grâce aux techniques nouvelles, certaines parvinrent à faire face à la concurrence industrielle. Et d'aucunes perpétuent aujourd'hui leur réputation séculaire. *V. Abbaye (bière d'), trappiste.*

groupe de bâtiments où se regroupaient tous les métiers nécessaires à la vie autarcique de ces temps-là. Les textes des capitulaires réglementent minutieusement les quantités de malt et d'orge qu'il faut stocker, les tonneaux de bière à préparer à mesure des besoins des exploitants et des rares voyageurs. Mais l'arrivée d'un *missus dominicus*, c'était, avec l'important personnage représentant l'autorité impériale, une troupe de plusieurs dizaines de cavaliers, charretiers, serviteurs de toutes sortes qu'il fallait désaltérer.

À partir du XIIIe siècle, la culture du houblon s'est largement répandue. On a appris à le mêler à la cervoise, pour en stabiliser le goût, pour en assurer la conservation. En 1429, le mot *bière* en français, de même qu'en Angleterre la *beer* a remplacé l'*ale*, l'équivalent de notre cervoise.

C'est l'histoire d'une industrie qui commençait.

Le battage du grain dans l'Égypte ancienne, tel qu'une fresque en témoigne. Phot. U.G.B., Paris.

Une déesse ivre morte, les Égyptiens et la bière

Rê, le dieu-Soleil, avait créé le Monde et les hommes jouissaient de ses bienfaits. Tout immortel qu'il était, le père des dieux vieillissait, ses membres d'or étaient pris de rhumatismes et sa tête de lapis-lazuli commençait à branler. Les hommes l'apprirent et, mauvais comme le furent ailleurs les fils d'Adam, ils complotèrent contre le dieu chenu. Prenant conseil des autres dieux, ses enfants, Rê décida de les punir cruellement. La déesse Hathor, qui était « l'oeil de Rê », fut envoyée sur Terre pour les châtier. Hélas ! À peine le massacre commencé, la déesse s'y complut. Vautrée dans les flots de sang qu'elle répandait, elle recommençait sa tuerie à chaque aurore. Déjà l'humanité n'était plus composée que de survivants et les dieux consternés voyaient disparaître l'espèce humaine, perverse sans doute, mais dont les prières et les sacrifices quotidiens étaient si utiles au monde des Immortels. Alors, Rê, vieillard retors, fit fabriquer en toute hâte sept mille jarres de bière rouge, rouge parce qu'elle était assaisonnée du fruit de la mandragore. La bière fut répandue avant les premières lueurs du jour et la déesse tueuse, étonnée, se plongea dans ces flots rouges qui ne pouvaient être que du sang humain. La suite se devine : un bourreau ivre mort n'est plus guère efficace. L'engeance humaine se reforma et la déesse, définitivement folle de cette boisson, y gagna l'épithète de « maîtresse de l'intoxication ». Son temple de Dendera fut « la maison de l'ivresse ». Il est juste d'ajouter que le goût de l'alcool s'affirma chez la déesse puisqu'elle patronna tout autant la vigne et le vin. Oublieux des massacres des premiers temps, les hommes firent d'Hathor, définitivement, la déesse de la bonne chère et de la joie.

Hathor était devenue trop grande pour une si banale et si pauvre industrie. Les Égyptiens spécialisèrent la déesse Menget (que l'on représente toujours avec deux jarres) dans la protection

Retracée par une fresque égyptienne du tombeau de Kenamon, grand chambellan du pharaon Amenophis II, à Schech Abd-el-Gurna (Louksor), la fabrication de la bière à partir de pains d'orge (env. 1500 av. J.-C.) Phot. U.G.B., Paris.

de la bière et de ses ouvriers. Le dieu Bes, le nain paillard et glouton, le bon génie des foyers et des femmes en couches, devait éternellement épancher sa soif en buvant impartialement de la bière et du vin.

Les témoignages écrits nous laissent surpris de la longue terminologie de la bière en Égypte. Aucun terme ne suffit à désigner cette variété de boissons. Bière sombre, bière de fer, bière sucrée, bière « du protecteur » (sic), etc. pour le commun des mortels ; bière d'éternité, bière de vérité, etc. pour le souverain et pour les dieux. Les voyageurs grecs se perdaient dans un tel nombre de spécifications et ils se contentaient d'y voir un « vin d'orge », faisant cas seulement du *zythos* ou *zythium* (d'une racine qui signifie « bouillir », « fermenter »).

Textes inscrits, peintures, sculptures, maquettes de maisons avec leurs ateliers nous permettent de reconstituer la fabrication de cette boisson, non moins nationale pour les Égyptiens que pour les Gaulois. L'orge, germée ou non, était pilée dans un mortier et humidifiée ; on ajoutait de la levure et on faisait cuire à feu doux ; à mi-cuisson, les pains étaient émiettés, à nouveau humidifiés pendant plusieurs jours et foulés aux pieds dans d'énormes jarres. La pâte humide était alors retirée, pétrie et mise à égoutter dans des paniers à larges mailles au-dessus de jarres faisant office de tonneaux : le liquide recueilli était la bière des Égyptiens et ce processus est encore connu dans l'Égypte moderne où se fabrique ainsi la boisson dite *bouza*. Les étapes que l'on vient de parcourir étaient celles de la bonne bière, de la bière achevée. Le plus souvent, la confection était plus rapide et l'on imagine mal les troupes d'ouvriers nourries et abreuvées par les fonctionnaires royaux, lors des grands travaux, boire autre chose qu'une « petite bière », à peine fermentée à partir d'orge mal cuite ou insuffisamment broyée.

Dans l'ancienne Égypte brassicole, lorsque les marchandises cheminaient par le Nil.
Phot. U.G.B., Paris.

Le riche pouvait boire du vin. Il buvait aussi de la bière de qualité, assaisonnée de diverses épices. Le pharaon et sa cour en buvaient et la charge de sommelier de la bière représentait une haute fonction dont le titulaire portait une blouse avec des manches par-dessus son vêtement de cour. La bière royale n'avait sans doute qu'un lointain rapport avec celle que consommaient le berger, le pêcheur, le paysan à l'ombre d'un palmier. Pour les riches, elle venait de la brasserie de chaque demeure, pièce réservée à cette fabrication, animée par plusieurs ouvriers et disposant d'importants récipients pour le stockage. Pour les gens du commun, tout cela se faisait au jour le jour, dans un coin de l'unique pièce qui constituait la maison.

La première entreprise de brasserie que nous connaissions est tardive. C'est la firme « Pasion et Sentheus », au Ier siècle av. J.-C., à l'époque où règnent les successeurs d'Alexandre le Grand. Chaque mois, ces industriels payent la taxe de 1 % sur la fabrication de la bière et son montant mensuel est de trois cents kilos de (monnaie de) cuivre.

L'Égypte a connu l'ivrognerie. On a du mal à croire que la masse des petites gens ait été menacée par ce fléau. Mais fonctionnaires, scribes, propriétaires petits ou puissants, gens de cour, monde du spectacle ont connu la tentation et y ont souvent cédé. À la mère prévoyante, qui pourvoit chaque jour son fils étudiant de trois miches de pain et de deux jarres de bière, répond l'image du harpiste incapable de reprendre son chant dans le banquet, de l'étudiant qui déserte les cours pour les bancs du cabaret, des convives tétanisés par l'alcool et que leurs serviteurs emportent comme des planches.

Les cabarets avaient piètre réputation. On y buvait. On y faisait de mauvaises rencontres. Des femmes de moralité douteuse s'y pressaient... C'était là le triste tableau qu'offraient ce que les Égyptiens appelaient « les maisons de bière ». À la fin du règne de Ramsès III (1198-1168), un sinistre complot fut ourdi dans le harem ; probablement s'agissait-il d'évincer l'héritier désigné au profit d'un des enfants que le pharaon procréait généreusement chez ses concubines. L'affaire était si grave que le pharaon délégua à un tribunal de dix dignitaires le droit de juger et de prononcer la peine de mort. Nos juges ne s'en firent point prier et les exécutions allèrent leur train, un prince du sang obtenant seulement de se suicider. Brutalement, coup de théâtre ! Deux juges avaient trahi leur devoir ; entourés de prévenues trop charmantes, des femmes du harem et leurs suivantes, ils avaient succombé. Avec un officier d'infanterie, un capitaine de police et un intendant royal, ils avaient fait « une maison de bière », entendons une partie fine où ces dames avaient pu déployer leurs talents. L'intendant se tua, l'officier fut acquitté ; les deux juges et le capitaine de police eurent le nez et les oreilles coupés. Où peut mener la bière !

En Mésopotamie, du palais des rois au cabaret de la Belle Femme

Examinant la place de la bière, cette boisson de céréales fermentées sans houblon, on s'expose à répéter pour l'ancienne Mésopotamie des observations analogues à celles que l'on peut faire sur l'Égypte : même importance de cette boisson dans la vie quotidienne, même fabrication artisanale ou familiale, généralement rapide, probablement peu soignée... Pourquoi ? Imaginons un instant le problème de la boisson dans des civilisations fondées sur la crue du Nil ou l'irrigation à partir des eaux du Tigre et de l'Euphrate. On boit peu de vin, il est rare, il est cher et il n'apparaît qu'à la table des puissants. Quotidiennement, c'est l'eau qui s'offre à tous, eau des fleuves, eau des puits (alimentés par les infiltrations des fleuves), eau des marais. Nous pouvons supposer qu'elle a aussi peu d'agrément en ces temps-là que de nos jours et qu'à ses qualités hygiéniques plus que douteuses elle ajoute un goût souvent altéré par les minéraux et les végétaux en suspension dans le liquide. Même réduite à une piquette plus ou moins fade ou plus ou moins acide, la bière a du goût et il suffit de quelques préparations herbacées pour qu'elle flatte un peu le palais. Son contenu alcoolique, même faible, peut éliminer des parasites. Et, pour des populations où n'a jamais régné l'abondance, la bière, c'est aussi un peu plus de calories dans une alimentation très frugale.

Les premières recettes de bière apparaissent voilà 5 000 ans, au pays de Sumer. Dans ce domaine, comme dans les autres, les Mésopotamiens ont laissé une abondante littérature écrite sur des tablettes d'argile. Faite à partir de l'orge principalement, la bière (*shikarou*) prend comme en Égypte d'innombrables aspects soigneusement relevés dans les listes que dressent des scribes maniaques : bière noire, rouge, blanche - bière d'orge, de froment -, « bonne bière » blanche - « bière de l'homme », qui est servie à la table du roi, etc. Parfois, le lecteur hésite : le scribe a fait bonne mesure et regroupé comme voisines des boissons fermentées distinctes du vin. L'orge, le froment, le miel, les dattes, les pommes et d'autres fruits sont les matières de base de ces recueils de recettes ou d'inventaires. Mais nul doute pourtant : la bière qui se boit le plus couramment est faite à partir de l'orge. À défaut d'en bien connaître la fabrication, nous savons l'essentiel par le vocabulaire : le brasseur, comme en Égypte, fait des pains d'orge ; le mot qui le désigne signifie « l'homme des miches (de pain) », et pour dire « brasser », les hommes de ce temps emploient un verbe dont la racine est celle qui désigne le pain dans le monde sémitique.

Il y a eu des recettes locales, il y a eu celles de certaines officines. Faisant retraite par les monts d'Arménie, les compagnons de Xénophon, au IVe siècle av. J.-C., trouvent pour

À l'heure de la dégustation, dans l'antique Égypte.
Phot. U.G.B., Paris.

Offrande de bière
à la déesse Nin-Harra,
à l'époque des dynasties archaïques
(âge héroïque de Sumer),
vers 2900 av. J.-C.
Phot. U.G.B., Paris.

s'abreuver des jarres pleines d'une bière blanche et visqueuse qu'il faut diluer. La bière d'orge, épaissie par chauffage et additionnée d'une purée de fruits, peut devenir une sorte de sirop que les hommes de ce temps appellent un « miel ».

La consommation de la bière est constante et banale. Dès les premiers temps de Sumer, des représentations gravées sur des sceaux-cylindres nous montrent des buveurs : ils aspirent avec de longues pailles le contenu de jarres où le liquide fermenté était garni à sa surface de débris d'orge mal broyés ou non tamisés. Là où est la bière, là commence la civilisation. Enkidou, l'homme sauvage de l'épopée de Gilgamesh, est à peine plus qu'une bête. Vivant dans la steppe, « il ne savait pas se nourrir; on ne lui avait pas appris à boire de la bière ». Heureusement, une courtisane réussit à l'approcher et le déniaisa. Pour ce qui regarde les aspects diététiques de cette opération, « Enkidou se mit à manger, tout son saoûl ; de la bière il but sept gobelets ras-bords ; son esprit s'ouvrit ; il se mit à rire ; son coeur fut heureux et son visage resplendit ».

Boisson des hommes, des rois et des dieux. Au palais royal, un « cellier à bière » enferme toutes les boissons fermentées. Dans la suite royale, le *rab sagê* (« chef des porteurs de coupes »), et le *rab bappirou* (« chef des brasseurs »), qui l'accompagne, sont deux grands dignitaires. Dans l'infinité des listes de fournitures alimentaires, la bière n'est jamais oubliée et l'on sait ainsi que les femmes du harem d'Assourbanipal reçoivent chaque jour près d'un litre de bière. De même que la mobilisation des corvéables en Égypte s'accompagnait d'un minutieux travail d'intendance où le pain et la bière figuraient au premier rang, de même le roi ou ses hauts fonctionnaires donnent des instructions pour que les hommes qu'ils mobilisent et déplacent soient abreuvés convenablement sur leur itinéraire : quelques dizaines de serviteurs et bergers que le roi de Babylone envoie à Sippar (à 80 km au nord-ouest) doivent trouver les auberges garnies ; trois cents jarres sont commandées par l'intendant royal et les aubergistes reçoivent des greniers royaux l'orge nécessaire.

L'armée recrute des brasseurs pour ses campagnes. À mesure des itinéraires et des expéditions, ils fabriquent, jour après jour, la bière du soldat ; pas toujours pour le bien de la discipline puisque, dès la halte, c'est la lettre d'un inspecteur royal à Assourbanipal qui nous le dit, certains officiers boivent à en devenir inaptes pour le service.

Aux dieux la bière est offerte. Pas de règne sans prescription royale qui organise, réglemente, administre les quantités à offrir, les brasseries à créer ou à remettre en marche. Objet d'offrande, la bière est aussi un moyen de paiement ; vers 2400 av. J.-C., le roi Ouroukagina de Lagash, roi justicier, sévère aux abus des fonctionnaires et du clergé, remet de l'ordre dans les tarifs que pratiquent les desservants des temples lors des funérailles : sept jarres de bière pour expédier le défunt ; le roi fait baisser les prix à trois jarres seulement pour la même cérémonie.

L'Égypte avait ses « maisons de bière ». La Mésopotamie a eu ses cabarets. Lieu de fabrication de la bière, lieu de consommation, le cabaret était généralement tenu par une femme. La sévérité des règlements de police semble faite pour des endroits louches, où se retrouvaient marginaux et fortes têtes, tous ceux qui pouvaient « fomenter des complots » que la tenancière devait dénoncer aux autorités sous peine de mort. Le « complot » était sûrement l'exception ; mais la police avait l'oeil sur des établissements d'où pouvait toujours venir quelque trouble pour la tranquillité publique : les ivrognes y voisinaient avec les débauchés, car ces cabarets étaient des lieux de prostitution. Tenancières ou mères maquerelles avaient pourtant des antécédents littéraires. Le héros Gilgamesh, dans sa quête de l'immortalité, était parvenu au bord de l'Océan où il avait trouvé asile chez une cabaretière, Sidouri. Elle lui avait fourni vin et bière, l'une et l'autre boisson fabriquées à mesure des besoins par la tenancière. Le héros avait pu trouver quelque repos dans l'établissement de cette hôtesse que les premières traductions du texte épique avaient pudiquement qualifiée de « nymphe ».

Il subsiste des textes incantatoires pour ramener la faveur des dieux sur un cabaret qui périclitait.

Pour ce commerce finalement utile à la vie sociale, la liturgie prévoyait, en effet, des cérémonies bien significatives. Trois prières devaient être récitées : deux par des prêtres que l'on peut dire ordinaires ; une, la dernière, par une oblate de la déesse Ishtar, déesse de la vie, de l'amour et de la volupté, autrement dit par une prostituée sacrée, dont les paroles rendraient à l'établissement sa clientèle qui ne faisait pas que boire. Les femmes associées à la boisson ? La Mésopotamie n'a produit nul Rabelais pour en exploiter le thème.

Le roi Assurnazirpal II (882-859) en tenue d'apparat, tenant une coupe de bière à la main.
Phot. U.G.B., Paris.

Un roi et des saints patrons

Trois visages du « mythique » Gambrinus. Ci-dessus, *statue en bois sculpté polychrome, de la fin du XVIIe siècle. Phot. U.G.B., Paris.* A droite, en haut, *publicité de la brasserie d'Erquelines, en Belgique, à la fin du siècle dernier. Coll. Musée de la Bière, Stenay. Phot. J. Boulanger/ A. Perrier-Robert.* A droite, en bas, *carte postale publicitaire d'une brasserie parisienne ayant pris pour emblème le roi de la bière. Coll. A.P.-R. Phot. J. Klein/ A. Perrier-Robert.*

Gambrinus, protecteur des brasseurs

À la différence des nombreux saints patrons que la brasserie a adoptés en Europe, Gambrinus est « laïc », mais aussi « roi ». Un ouvrage flamand anonyme de 1526 relate l'histoire de Gambrinus, roi des Flandres et de Brabant, créateur de la bière. Dans un poème de 1543, Burkart Waldis, de Nuremberg, confirme les mérites de celui qui est également pour l'Allemagne le protecteur des brasseurs et dont la renommée gagna toute l'Europe, grandissante jusqu'à la fin du siècle dernier.

Il semble que l'on ait attendu les heureux effets de la bonne bière sur son roi pour représenter celui-ci vêtu d'un manteau de pourpre doublé d'hermine, juché à cheval sur un tonneau et tenant à la main une chope débordante de mousse. Personnage haut en couleur et tout de jovialité, qui fait oublier celui à l'air digne et grave figuré par une peinture flamande anonyme du début du XVe siècle.

Pour certains, Gambrinus serait le prince d'origine bourguignonne Jean Primus (1251-1294), qui fut duc de Brabant sous le nom de Jean 1er et marquis d'Anvers. Vainqueur à Woeringen de bandits qui pillaient le pays, il avait donné un festin pour célébrer sa victoire et, à cette occasion, aurait harangué ses sujets du haut d'une pyramide de tonneaux, un pot de bière à la main. De cette scène inoubliable la légende se serait ensuite emparé. Cependant, Bertrand Hell, qui a consacré des recherches au problème de l'identité véritable de Gambrinus, mentionne aussi le livre du docteur H.-J. Wecker, paru à Colmar en 1593, selon lequel Jean Primus aurait été tué dans un tournoi, victime du bock de bière qu'il avait bu avant le combat et dont son adversaire tira parti pour détourner son attention et le blesser mortellement. À la suite de cela, les brasseurs, l'ayant jugé « martyr de la bière », en auraient fait leur patron.

D'autres reconnaissent en l'image de Gambrinus le duc de Bourgogne Jean sans Peur (1371-1419), qui introduisit le houblon dans le brassage, le substituant ainsi au « gruyt », mélange d'herbes aromatiques alors en usage et pour lequel les autorités ecclésiastiques exigeaient une redevance. Le livre héraldique

Lilium francicum (Anvers, 1658) nous apprend que Jean sans Peur créa l'ordre du Houblon, ce qui lui attira la reconnaissance des brasseurs dont il devint le maître.

Enfin, Gambrinus ne serait né d'aucun personnage de l'Histoire. Son nom serait celui d'un des douze rois mythiques de l'Allemagne, *Gambrivius,* devenu au XVe siècle *Gambrinius,* roi de la bière. Par ailleurs, le sociologue belge Léo Moulin rattache ce nom au latin *camba* (»brasserie ») d'où est tiré le terme de *cambier* (brasseur), employé en Belgique et dans le nord de la France.

Les saints de la brasserie

À l'instar des autres corporations, la brasserie a ses saints protecteurs, qui ne sont pas les mêmes selon les pays ou les régions et n'ont pas toujours eu, dans leur existence, de rapports directs avec la profession. Ainsi les brasseurs du nord de la France et de la Belgique sont-ils placés sous la protection d'*Arnoul(d) de Soissons,* né en 1040 à Tieghem, en Flandre, et mort en 1087 à Soissons, ville dont il était évêque. Réputé pour sa bonté et ses prédications, celui-ci fut canonisé au concile de Beauvais en 1120. Sa fête, le 15 août, donne lieu à des cérémonies religieuses à Lille et à Bruxelles ainsi qu'à des réunions de brasseurs.

Deux légendes viennent commenter le choix de saint Arnould comme patron des brasseurs. Selon l'une, s'étant rendu compte que l'eau de la rivière qui alimentait un village était polluée et, par là, mortelle, il conseilla aux villageois de boire de la bière, leur sauvant ainsi la vie. Selon l'autre, il aurait, en d'autres circonstances, transformé l'eau en bière.

Les Lorrains, quant à eux, ont adopté pour patron *Arnoul(d) de Metz,* né vers 580 à Lay-Saint-Christophe, près de Nancy, d'une des plus grandes familles d'Austrasie, et mort en 640 à Remiremont dans l'ermitage vosgien où il s'était retiré du monde après avoir été évêque de Metz. Son attribut : un poisson tenant un anneau dans sa gueule, puisque la légende prétend que fut retrouvé dans le ventre d'un poisson l'anneau épiscopal qu'il avait perdu dans la Moselle. Fêté le 18 juillet, il doit d'être devenu patron des brasseurs au miracle qu'il opéra, lors du pèlerinage organisé, en 641, pour ramener son corps à Metz : le cortège n'ayant plus rien à boire, du fait de la grande chaleur, le duc Nothon pria saint Arnould et les provisions de cervoise furent aussitôt reconstituées.

La désignation d'autres saints patrons n'a souvent pas les mêmes justifications. C'est ainsi qu'*Amand de Maastricht,* apôtre des Flandres, nommé évêque de Maastricht en 647, est, pour le pays flamand, tout autant le protecteur des brasseurs que celui des limonadiers, liquoristes et marchands de vins. Les Cervoisiers de Paris, pour leur part, firent appel à la Vierge et les brasseurs d'Alsace à saint Léonard de Nollare, ce dernier choix ne pouvant s'expliquer que par l'existence d'un hôpital dédié à ce saint près de l'endroit où la première brasserie de Strasbourg fut installée.

Vitrail de la Maison des Brasseurs, à Bruxelles, figurant saint Arnould, le plus illustre des patrons des brasseurs. Phot. C.B.B., Bruxelles.

Il en est de même en Allemagne et en Autriche. Boniface de Mayenne, moine bénédictin originaire d'Angleterre (v. 672-754), et saint Augustin furent les patrons des pères brasseurs de leur ordre. Florian de Lorch, mort en 304 par la persécution de Dioclétien, était surtout imploré en Haute-Autriche, contre les incendies, tandis que saint Vith était invoqué contre le mauvais temps et les orages.

En Angleterre, les brasseurs avaient choisi pour patron Thomas Becket de Cantorbéry (v. 1118-1170), sans doute parce que la culture du houblon était importante dans le Kent, mais le roi Henry VIII le « décanonisa », estimant qu'il n'était pas « saint » et ordonne de détruire toutes ses effigies.

De l'histoire aux techniques

À LA FOIS PUBLICITAIRE ET DÉCORATIVE, L'ÉTIQUETTE

Élément décoratif et publicitaire indispensable, l'étiquette est connue depuis le XVIIe siècle. Elle ne fut toutefois utilisée pour la première fois en brasserie qu'en 1850, en Allemagne. La machine à étiqueter entièrement automatique, qui permet l'alimentation automatique des étiquettes et le dégagement automatique des bouteilles après étiquetage est, quant à elle, d'invention française (1893).

Des étiquettes finlandaises actuelles qui invitent à la collection... Phot. J. Klein/A. Perrier-Robert.

La complexité de la fabrication de la bière empêcha, des siècles durant, toute évolution des techniques de maltage et de brassage. Si quelques recherches furent entreprises au XVIe siècle, non sans découvertes notables, il fallut attendre la seconde moitié du XIXe siècle pour voir maltage et brassage devenir de véritables activités industrielles et scientifiques. Cette évolution fut cependant limitée à un petit nombre d'établissements qui surent très tôt s'adapter aux progrès techniques et surmonter les difficultés qu'ils engendraient.

À cet égard, deux faits furent significatifs en 1900 :
- seules 12 % des 2 500 brasseries françaises brassaient une bière de fermentation basse et possédaient une machine à glace ;
- la plupart des 88 % de brasseries restantes étaient peu éloignées, dans leur aspect et leur pratique, des brasseries gallo-romaines dont on a pu retrouver la trace.

En effet, il est à peu près certain qu'au moment des invasions barbares, les brasseurs gaulois possédaient une technique et des installations capables de fabriquer des bières de qualité. Maltage et brassage étaient alors deux activités séparées et très développées. Au IIIe siècle apr. J.-C, le touraillage était déjà pratiqué ; l'opération s'effectuait à l'extérieur de la brasserie, en raison du danger d'incendie. De même, la fermentation avait toujours lieu à l'extérieur, dans les caves de la maison d'habitation, pour éviter les risques d'infection.

Cette structure, maltage-brassage regroupés et touraillage-fermentation séparés, devait se retrouver des siècles plus tard dans les brasseries d'abbayes, seules brasseries à caractère industriel existant au Moyen-Âge.

Les débuts d'une évolution

Ce n'est qu'avec le développement des brasseries commerciales, en particulier à partir du XVe siècle, que la brasserie commença à évoluer. Les premiers progrès techniques semblent être venus de Grande-Bretagne : utilisation du charbon pour le brassage et le touraillage, développement de la culture du houblon. Sur le continent, le bâtiment de touraillage perdit peu à peu son indépendance et se modifia progressivement : fut inventé le fourneau pour la production d'air chaud, lequel traversait ensuite la « haire », toile constituée de crins de cheval sur laquelle on étendait l'orge germée pour la sécher.

Jusque vers 1850, les brasseurs profitèrent du progrès général des techniques (machine à vapeur, verrerie, conservation, etc.), tout autant que des progrès entrepris par d'autres industries ; ainsi une aide précieuse fut-elle apportée par la sucrerie (filtration) ou par les vignerons et les marchands de vin (embouteillage, voire même pasteurisation).

Mais il ne faut pas croire que les brasseurs restèrent à côté du

Ci-dessus, à gauche:
moderne avant l'âge: la brasserie Tourtel, à Tantonville, à la fin du XIXe siècle.
Coll. «Bière Magazine», Musée Européen de la Brasserie, Romedenne (Philippeville), Belgique.
Phot. J. Klein/A. Perrier-Robert.
Ci-dessus, à droite:
restée célèbre pour ses recherches sur la chaudière fermée, à l'époque des tâtonnements de la brasserie moderne, la brasserie Karcher, de Paris (affiche de 1900).
Coll. Musée de la Bière, Stenay.
Phot. J. Boulanger/A. Perrier-Robert.

progrès des techniques du XIXe siècle. De nombreux petits brasseurs des grandes régions brassicoles (Nord, Ardennes, Lorraine, Alsace) y participèrent, en apportant souvent de petits perfectionnements. En revanche, les grands brasseurs jouèrent un rôle très important dans l'évolution de leur métier. Leurs moyens financiers leur permirent, en effet, de mettre en application les idées et techniques nouvelles, d'aider des savants à progresser dans leurs travaux et même d'entreprendre eux-mêmes des recherches. Chaque région connut de grandes familles de brasseurs-inventeurs, qu'il est impossible de nommer dans leur totalité. Néanmoins, il convient de mentionner certains d'entre eux, sans lesquels la brasserie d'aujourd'hui ne serait pas ce qu'elle est.

Aux origines de la brasserie moderne

Jean-Louis Baudelot, maître de forge ardennais, est un peu l'ancêtre de la brasserie moderne avec l'invention du réfrigérant tubulaire qui porte son nom. Il inventa également les faux-fonds

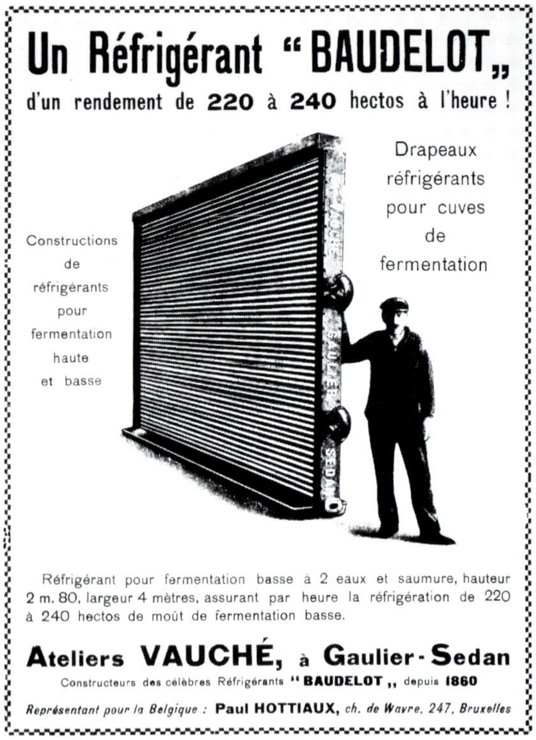

Phot. Musée de la Bière, Stenay.

UN GÉANT DU XIXe SIÈCLE :
LA BRASSERIE TOURTEL

Fondée à Tantonville, en 1839, par Jules et Prosper Tourtel, cette brasserie connut un essor fulgurant. De 1 500 hl au cours de la première année sa production devait passer à 100 000 hl dès 1873. Et sa superficie allait atteindre 3 ha. Énorme entreprise donc pour une époque où l'art du brassage trouvait peu à peu ses fondements modernes. C'est dans cette brasserie « d'avant-garde » que Louis Pasteur eut la satisfaction de voir mettre en oeuvre ses découvertes et cela par l'un de ses anciens élèves, devenu son préparateur, Francisque Grenet. Celui-ci procéda à l'installation du laboratoire de Tantonville, vaste de 770 m^2, avec ses pièces...

La Grande Guerre devait toutefois porter un coup fatal à la dynastie Tourtel. Paul et Jean furent tués au combat. Et ne resta que le dernier Tourtel, sans héritier, pour diriger la brasserie jusqu'en 1935. Ensuite aux mains d'un gérant, l'entreprise fut utilisée comme entrepôt par les Allemands, à partir de 1940, et fut détruite à la fin de la guerre. La Brasserie Champigneulles allait reprendre la clientèle et les avoirs de la Brasserie Tourtel.

mobiles en bronze, un appareil à recueillir les mousses de fermentation et à remplir automatiquement les tonneaux, une machine à laver les tonneaux, etc.

En Lorraine, il faut signaler le rôle joué par les frères Tourtel, à Tantonville, qui accueillirent Pasteur dans leur brasserie ultramoderne. Celle-ci, qui servit aux essais de la machine à glace de Carré et du maltage pneumatique, allait devenir la plus importante de France à la fin du XIXe siècle. Non loin de là, à la brasserie de Maxéville, le brasseur Galland et l'ingénieur Saladin mirent au point les techniques modernes de maltage, toujours utilisées actuellement, ainsi que certains matériels de brassage, de réfrigération, de fermentation, de transport, de débit de bière, etc. En Alsace, Eckart à Strasbourg, Schützenberger et Gruber à Schiltigheim firent également progresser la technique, en une région qui contribua grandement à vulgariser la fermentation basse. Gruber, en particulier, joua un rôle important dans la technique du maltage et de la fermentation, concevant aussi une nouvelle technique de fabrication qui allait faire la renommée de ses bières.

Dans le Nord, longtemps fidèle à la fermentation haute, les progrès furent plus limités, mais les constructeurs Cambier et Landouzy, le brasseur Puvrez contribuèrent à l'amélioration et à la diffusion des nouvelles inventions.

Enfin, mais d'une façon plus restreinte, le brasseur Karcher, de Paris, avec sa chaudière fermée, et surtout Velten, de Marseille, avec son apport concernant la touraille et la bière de conserve pour l'exportation, complètent cette liste qui, pour être limitée, ne montre pas moins fort bien que les brasseurs français du XIXe siècle étaient, certes, des industriels, mais aussi des chercheurs au service de leur métier. La presse professionnelle de l'époque, abondante et de qualité, en est la preuve irréfutable.

Ce qu'il faut également souligner, c'est que la brasserie française du XIXe siècle était bien en avance sur la brasserie européenne : la plupart des grandes inventions (maltage industriel, réfrigérant, filtration, machine à glace, pasteurisation, etc.) sont françaises, et beaucoup d'inventions étrangères (bouchon couronne, filtre à moût, fermentation continue, etc.) sont d'origine française ou se sont développées en France.

Les brasseurs français ont également favorisé l'enseignement de leur métier en créant, dès 1868, à Sedan, dans les Ardennes, une école professionelle pourvue d'un encadrement de haut niveau et dotée de moyens techniques très modernes, ainsi que d'un important laboratoire. Cette école fut peut-être la première au monde à se consacrer uniquement à la brasserie. Elle allait être suivie par deux écoles plus importantes, implantées à Douai et à Nancy et qui devaient permettre, dès 1896, aux brasseurs français et étrangers d'acquérir les bases techniques et scientifiques d'un métier en pleine mutation.

L'invention de Baudelot, le réfrigérant tubulaire, fut reprise par Louis Pasteur dont l'oeuvre au service de la brasserie est universellement reconnue. Pasteur se servit, sans conteste, d'études et d'inventions antérieures et ses propres études devaient tout autant servir à d'autres inventeurs, mais ses découvertes ont été si importantes qu'on ne peut les ignorer : elles sont les bases mêmes de la brasserie actuelle. Si son procédé de conservation des vins, breveté en 1865, devait être repris par des brasseurs, c'est surtout à partir de 1871 qu'il étudia la bière, considérée comme une boisson difficile à fabriquer et à conserver. Ses brevets, puis son ouvrage *Études sur la bière* (1876) décrivent de nouveaux principes de fabrication de la bière, protégeant celle-ci de toute contamination :

- par refroidissement du moût et fermentation à l'abri de l'air, contrôle de l'oxygénation ;
- par préparation de levure pure.

Ses travaux, repris par le danois Hansen en 1883, furent utilisés par la grande majorité des brasseurs à partir de 1890 et permirent à la profession de se développer d'une façon inattendue. L'exemple des résultats obtenus prouve les liens qui unissaient les brasseurs aux autres professions et aux chercheurs de l'époque : la brasserie s'est servie de découvertes techniques qui ne lui étaient pas destinées, mais a aussi fait progresser un certain nombre d'industries.

Le soutirage et ses perfectionnements

Le soutirage de la bière, particulièrement en fermentation basse, fut toujours difficile. Le premier appareil de soutirage sous pression fit son apparition en 1875 et l'« appareil continu » en 1884. Suivirent alors de nombreuses machines qui aboutirent, à la fin du XIXe siècle, aux soutireuses isobarométriques à plusieurs robinets de Puvrez (Lille) et de Vaché Jeune (Paris). Quant au saturateur continu, il fut inventé par le nancéien Jacquemin en 1903.

Le lavage des bouteilles suivit la même progression : laveuse (1826), rinceuse rotative en France (1895) et machine automatique en Allemagne (1901).

En ce qui concerne les fûts, utilisés depuis très longtemps, les progrès furent plus anciens : tonnellerie mécanique (1839), bonde métallique (1858, reprise par l'allemand Kromer en 1877-78). La fabrication mécanique des tonneaux ne fut vraiment au point qu'en 1883 (Société Frühinholz). Le remplissage isobarométrique, inventé en Allemagne en 1890, fut amélioré en 1898, grâce à une nouvelle bonde à plongeur mise au point par les Brasseries de la Meuse et qui facilitait à la fois le remplissage et le soutirage sous pression.

Le XIXe siècle et les nouvelles techniques

Comme toute industrie, la brasserie est une grande consommatrice d'énergie. On a vu qu'elle employa dès le XVIe siècle le charbon pour remplacer le bois. La machine à vapeur de Watt (1781) fut utilisée pour le première fois en 1784 en Grande-Bretagne. Mais ce n'est qu'après 1850 que cette technique se généralisa en France. Quant au chauffage à la vapeur, utilisé à partir de 1815 en Grande-Bretagne et de 1830 en Allemagne, on n'en entendit guère parler en France avant 1846.

En brassage, les nouvelles techniques sont également très anciennes. Ici aussi, les Britanniques jouèrent très tôt un rôle important : cuve-matière mécanique (1787), fabriquée en fonte en 1808, pompe à maische à vapeur (1844), hydrateur mécanique (1865) et automatique (1891) attestent l'avance technologique des brasseurs d'outre-Manche. Sur le continent, on se contenta d'adapter ces découvertes avec retard et réticence : certains matériels ne pouvaient s'appliquer, en fait, qu'à la bière de fermentation haute et n'être employés que par les grandes brasseries ; ils ne concernaient donc pas les brasseurs français, plus intéressés, par exemple, par une autre invention de Baudelot : les faux-fonds mobiles en cuivre.

La filtration du moût après brassage posa toujours de nombreux

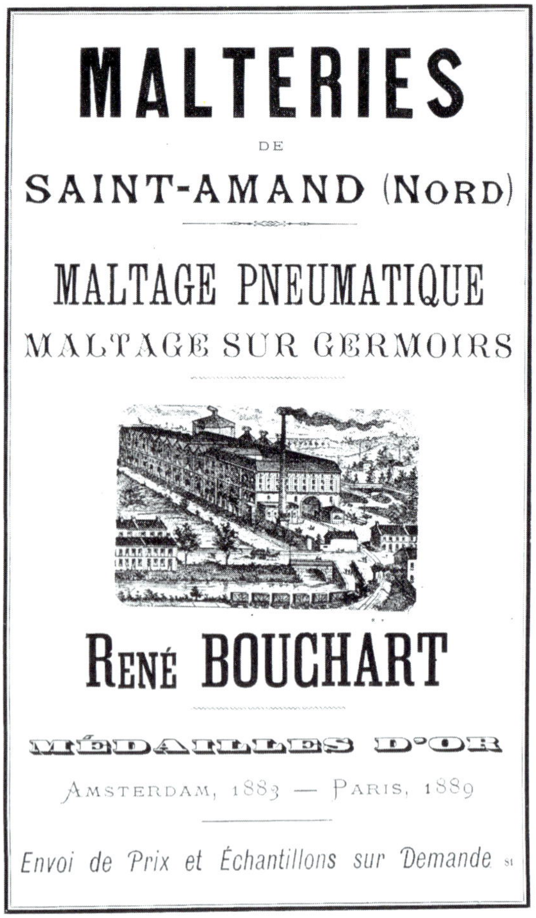

Publicité extraite du Catalogue officiel *de l'Exposition de Brasserie qui prit place à Paris en 1891. Phot. B.N., Paris.*

problèmes aux brasseurs. Dès 1847, en France et en Grande-Bretagne, apparurent quelques appareils permettant d'améliorer le rendement du brassage et de supprimer la filtration en cuve-matière. Il fallut attendre 1874 (filtre à maische de Galland) et surtout 1901 (filtre-presse de Meura, en Belgique, puis en France) pour voir le problème de la filtration définitivement réglé.

La réfrigération : un problème capital

La réfrigération du moût, et de la brasserie en général, constitua, des siècles durant, le problème majeur des brasseurs, qui se voyaient obligés de brasser en saison froide pour obtenir un produit de qualité. La production naturelle de glace contraignit longtemps les brasseurs à casser la glace sur des étangs naturels ou artificiels et à la stocker dans de profondes glacières (la première a été décrite en 1794 en Allemagne). Il fallut attendre les années 1857 à 1863 et les brevets du français Carré pour voir débuter ce que les Anglais ont appelé le « siècle de la réfrigération ». La machine à glace à ammoniaque de Carré fut installée dès 1859 à la brasserie Velten de Marseille. Après 1873 et après la machine de l'Allemand Linde, chaque brasseur eut à sa disposition un froid artificiel bon marché.

Mais avant la découverte du froid artificiel, les brasseurs eurent à résoudre le problème du refroidissement du moût après la cuisson. Ils avaient compris dès le XVIIIe siècle que le moût, mis au repos pendant plusieurs heures dans un courant d'air, était exposé à toutes sortes de contaminations et de fermentations sauvages. Les nombreuses inventions proposées aux brasseurs jusqu'en 1856 ne les satisfaisaient pas. Le réfrigérant Baudelot constitua une véritable révolution puisqu'il permettait, avec de l'eau de source, de baisser la température du moût de 75 °C à 12 °C en quelques minutes. Ce réfrigérant fut perfectionné par Baudelot lui-même et par bien d'autres brasseurs et fabricants du monde entier et fut en service pendant plus d'un siècle. Il constituait la première modernisation du matériel brassicole et faisait sauter le premier verrou de la brasserie traditionnelle. Le « Baudelot » fut transformé en 1873 par Galland pour réfrigérer le moût à l'abri de l'air et suivre les principes de Pasteur.

Un matériel au service de la fermentation

L'histoire de la fermentation en brasserie est bien plus ancienne et remonte au XVIIIe siècle, avec la découverte de la fermentation alcoolique et l'observation des levures. Toutefois, aucun rapprochement entre levures et fermentation ne fut fait avant Pasteur. Au Siècle des Lumières, les travaux de Lavoisier et de Black permirent les progrès considérables que la chimie brassicole allait faire ultérieurement.

LA BIÈRE EN 1889*

Il est intéressant de relever le nombre de brasseries et la production des grands pays brassicoles à la fin du XIXe siècle :
Empire Allemand : 25 434 brasseries, 47 602 939 hl ;
Grande-Bretagne : 11 992 brasseries, 46 852 991 hl ;
États-Unis : 2 144 brasseries; 36 918 644 hl ;
Autriche : 1 952 brasseries; 13 728 431 hl ;
France : 2 774 brasseries; 10 000 000 hl ;
Belgique : 2 788 brasseries; 10 000 000 hl ;
Russie : 1 360 brasseries; 2 928 573 hl ;
Danemark : 371 brasseries; 2 186 000 hl ;
Australie : 40 brasseries; 1 610 545 hl ;
Suisse : 415 brasseries; 1 186 423 hl ;
Pays-Bas : 461 brasseries; 1 071 429 hl ;
Espagne : 68 brasseries; 1 025 000 hl ;
Suède : 140 brasseries ; 1 024 600 hl ;
Norvège : 46 brasseries ; 712 405 hl ;
Grand-Duché de Luxembourg : 14 brasseries, 93 256 hl.

* Statistiques parues dans le *Catalogue Officiel de l'Exposition de Brasserie* (Palais de l'Industrie, Paris, 1891).

Cependant, l'événement devait être, en 1842, la fabrication, en Allemagne, de la première bière blonde de fermentation basse, suivant le procédé bavarois ; fabrication qui allait être mise au point en France, à la brasserie des frères Tourtel, très précisément dix ans plus tard. Cette bière, ancêtre des bières actuelles, nécessitait l'emploi du froid, d'où l'importance des découvertes de Carré.

Le matériel de fermentation évolua, lui aussi, rapidement : dalles en ardoise pour cuve de fermentation (1868), puis cuves métalliques de Gruber. En 1902, la société The Pfauders Vacuum Company fit breveter son procédé de fermentation en cuves métalliques à l'abri de l'air - il faisait suite à un procédé de fabrication d'une bière appelée « bière allemande », breveté en 1892. Enfin, en 1904 apparut le « système Nathan », de fermentation et de garde en cuves cylindro-coniques ; ce système, réfrigéré de l'intérieur, permettait la fermentation continue de la bière, mais il ne connut véritablement le succès qu'au cours de ces dernières années.

La filtration de la bière, déjà au point en 1841, fut rendue nécessaire pour obtenir une bière blonde parfaitement limpide, mais ne fit des progrès qu'en 1877. Les filtres allemands Enzinger (1878) et, plus encore, les filtres français Gasquet, dits « multi-filtres » (1898), mirent les brasseurs à l'abri de la plupart des problèmes d'infection.

Une révolution : la pasteurisation

C'est surtout la pasteurisation qui permit d'obtenir une bière parfaitement stable pendant de longs mois. Les travaux d'Appert sur la conservation des aliments (1810) furent améliorés par ceux de Gervais (1827) qui recommandait l'application de la chaleur pour l'amélioration des vins et eaux-de-vie. Les recherches de Louis Pasteur sur le vin furent utilisées simultanément à Marseille (brasserie Velten) et à Copenhague (brasserie Carlsberg) dès 1863, alors que le brevet ne fut déposé qu'en 1865 : Pasteur préconisait de chauffer le vin entre 60 et 100 °C pour empêcher toute fermentation. Cette méthode permit à Velten de fabriquer de la « bière de conserve » qu'il pouvait exporter dans toutes les colonies et qui fut brevetée en 1866. La pasteurisation, appelée aussi *stérilisation,* fut facilitée par l'invention d'un système de bouchage permettant aux liquides de passer à l'ébullition (1851).
Dès le début, plusieurs types de pasteurisation furent utilisés :
- pasteurisation (ou stérilisation) de la bière et des bouteilles séparément,
- pasteurisation de la bière dans le fût,
- pasteurisation de la bière dans la bouteille.

La première solution ne fut possible qu'avec le perfectionnement d'un pasteurisateur à plaques, par Malvezin, qui est certaine-

Des plaques pour une publicité efficace.
Coll. A.P.-R. Phot. J. Klein/A. Perrier-Robert.

DERNIER CONTENANT EN DATE, LA BOÎTE

La boîte fut inventée aux États-Unis en 1929 et commercialisée au début de 1935. À la fin de cette même année, 200 millions d'exemplaires en avaient été déjà vendues... Bien que d'un coût plus élevé, la bière en boîte avait brillamment réussi son entrée sur le marché. Au cours de la Seconde Guerre mondiale, elle fut surtout réservée à l'armée américaine, d'où un quasi-oubli auprès du grand public, qui la redécouvrit à partir de 1946 pour lui réserver, dès lors, une faveur sans limite, puisqu'aujourd'hui plus de la moitié de la bière consommée aux États-Unis est conditionnée en boîtes d'aluminium (ce matériau s'est presque totalement substitué au fer-blanc).

La brasserie de Vézelise l'implanta en France dès 1937.

La première bière en boîte française. Coll. Musée de la Bière, Stenay. Phot. J. Boulanger/A. Perrier-Robert.

ment l'ancêtre de la flash-pasteurisation. Mais c'est avant tout le pasteurisateur Gasquet, de très grande capacité, repris dans le monde entier dès 1895 et sans cesse amélioré, qui eut la faveur des brasseurs. Il se composait d'un ensemble de bacs échangeurs et récupérateurs de chaleur permettant de pasteuriser la bière en bouteille ou en fût. La pasteurisation circulaire de Gangloff (1899) eut moins de succès.

La bouteille : un contenant d'avenir

La place importante prise par la fermentation basse à partir de 1850-1860 permit de vendre la bière en bouteille. Mais l'utilisation de la bouteille était beaucoup plus ancienne : dès le XVIIIe siècle, on trouve de la bière en bouteille de terre ou de grès. La fabrication industrielle de bouteilles en verre facilita le soutirage de la bière dans ce type de contenant, sans doute dès 1830-1840. Toutefois, la qualité en était encore médiocre et l'investissement coûteux, les bouteilles étant confectionnées par soufflage, une à une.

Un bouchon de liège assurait la fermeture de la bouteille. Fut ensuite conçu le bouchon à vis, utilisé par la brasserie anglaise Whitbread dès 1885. Mais si en 1833 étaient apparus les brevets concernant la fabrication de capsules métalliques, suivis de ceux pour la fabrication de bouteilles capables de recevoir ces capsules, la véritable capsule, telle que nous la connaissons actuellement, ne fut inventée par Painter, aux États-Unis, qu'en 1892. Elle apparut sur le marché français en 1899. Facilité d'ouverture (par rapport au bouchon), sécurité du non réemploi des bouteilles (cafetiers et soutireurs réutilisaient jusque là les bouteilles), garantie d'une meilleure conservation de la bière (le bouchon mécanique laissait passer l'air par son joint en caoutchouc)... Nombreux étaient les arguments en sa faveur et son succès fut immédiat.

En 1902 fut inventée une machine à fabriquer les capsules, en 1903 une machine pour la mise en couleur des capsules (déjà utilisée d'une façon empirique en 1852) et en 1906 une machine automatique à boucher les bouteilles.

De l'artisanat à l'industrie

Après des millénaires de léthargie, la brasserie se réveilla brusquement à partir de 1850-1860. Ce réveil, qui concerne tous les stades du maltage et du brassage, est facile à expliquer. Les brasseurs vivaient, en effet, une véritable révolution avec la possibilité de fabriquer un produit nouveau, la bière de fermentation basse, boisson qui correspondait plus au goût du consommateur. Mais cette boisson devait être parfaite et nécessitait de plus grandes installations, lesquelles permirent à la brasserie de passer de l'artisanat à l'industrie, de l'économie rurale au capitalisme.

Une brasserie à l'échelle de l'ère industrielle à ses débuts: la brasserie allemande Henninger, à Francfort-sur-le-Main, vers 1910.
Phot. Brasserie Henninger, R.F.A.

Dès lors, les brasseurs se devaient de fabriquer un produit de qualité, inaltérable et rentable. D'où la recherche constante de la rapidité de fabrication, des automatismes. Ainsi, après une période 1860-1890, où l'on vit surtout les savants jeter les bases de la chimie brassicole moderne, la période 1900-1910 allait constituer (bien plus que les années 1860-1880 pour la malterie) la naissance de la brasserie moderne : en 1914, la plupart des techniques actuelles étaient inventées, il ne restait plus qu'à les développer.

« Si nous voyons tant d'cabarets
Tant d'cafés, tant d'estaminets
Ch'est qu'dins ch'monde,
On a tant d'misères,
Tant d'occasions d'haine,
De s'mettre en colère,
Au soir comme au matin ;
Contre l'méchant destin,
Et qu'dins l'bière
On oubli's'misère...
Buvons donc
De ch'bon jus d'houblon ! »
(A. Desrousseaux, 1820-1892)

La bière dans le monde

La bière est l'une des rares boissons à pouvoir prétendre à l'universalité. Il n'est, en effet, ni lieu ni pays qui la méconnaissent. Blonde ou brune, légère ou forte, elle est omniprésente sur tous les continents. L'attestent les chiffres qui, chaque année, résument l'activité brassicole mondiale. Ne seront ici mentionnés que les principaux, faute de pouvoir être exhaustif, mais, à eux seuls, ils suffisent à montrer l'étonnante diversité des civilisations concernées.

La production de bière dans le monde en 1986*
(en milliers d'hectolitres)

Europe	**437 659**
République Fédérale d'Allemagne	94 100
Grande Bretagne	59 166
U.R.S.S.	55 000
République Démocratique Allemande**	24 300
Espagne	24 126
Tchécoslovaquie	22 783
France	20 655
Pays-Bas	17 988
Belgique	13 715
Pologne	11 380
Italie	11 082
Roumanie**	11 000
Yougoslavie	10 500
Hongrie	9 222
Bulgarie	9 000
Autriche	8 948
Danemark	7 500
Irlande	5 456
Suisse	4 112
Suède	4 100
Portugal	3 945
Finlande	3 285
Grèce	3 150
Norvège	2 135
Luxembourg	732
Malte	135
Albanie	100
Islande	38
Amérique	**385 263**
États-Unis	230 545
Brésil	43 760
Mexique	29 287
Canada	22 815
Colombie**	16 600
Vénézuéla	11 200
Pérou	6 800
Argentine	5 900
Cuba	4 000
Équateur	2 386
Chili	2 200
République Dominicaine	1 200
Afrique	**48 004**
République Sud Africaine	14 500
Nigéria	6 840
Cameroun	5 400
Zaïre**	3 200
Kenya	3 200
Côte-d'Ivoire	1 320
Zimbabwe	1 050
Gabon	1 000
Extrême-Orient	**118 572**
Japon	49 980
République Populaire de Chine	40 000
Philippines	8 300
Corée du Sud	8 065
Taiwan	3 537
Vietnam**	2 000
Inde**	1 800
Hongkong	1 250
Moyen-Orient	**3 443**
Turquie	2 200
Australie/Océanie	**22 976**
Australie	18 170
Nouvelle-Zélande	3 924

* À l'exception des pays européens ne sont ici pris en compte que les pays dont la production dépasse 1 million d'hectolitres.
** Estimation.

Consommation de bière par habitant en 1986
(en litres)

Europe	
Luxembourg	172
Danemark	155
Irlande	155
République Fédérale d'Allemagne	153
République Démocratique Allemande*	153
Belgique	147
Tchécoslovaquie	145
Pays-Bas	122
Autriche	115
Grande-Bretagne	111
Hongrie	83
Finlande	67
Suisse	64
Espagne	61
Bulgarie	61
Roumanie	50
Norvège	49
Suède	47
Yougoslavie	46
France	38
Portugal	38
Grèce	30
Pologne	29
Malte	29
U.R.S.S.*	22
Italie	18
Islande	17
Albanie*	4
Ailleurs dans le monde	
États-Unis	96
Canada	88
Vénézuela	61
Colombie	56
Mexico	36
Brésil	33
Pérou	29
Gabon	94
Seychelles	63
Cameroun	51
République Sud Africaine	43
Zimbabwe	15
Japon	40
Hongkong	23
Corée du Sud	19
Taiwan	18
Philippines	15
Singapour	15
Israël	10
Nouvelle-Zélande	122
Australie	119

* Estimation.

Coll. A.P.-R.
Phot. J. Klein / A. Perrier-Robert.

LA FRANCE : ÉVOLUTION ET CONCENTRATION

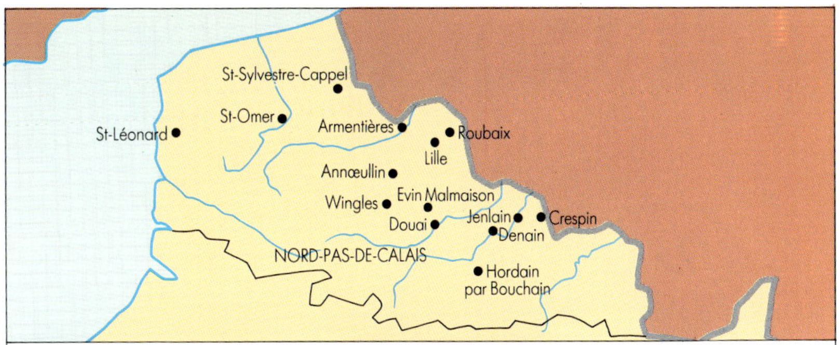

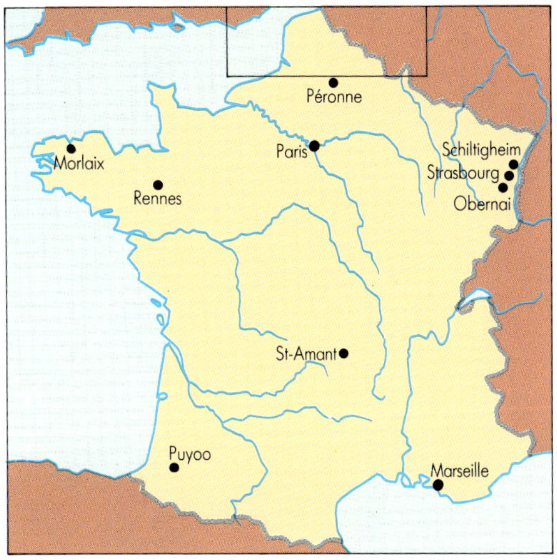

Les brasseries françaises

Annœullin : B. d'Annœullin ; Armentières : B. Sébastien-Artois ; Bavay : B. Theillier ; Bonneuil-sur-Marne : B. Nouvelle de Lutèce ; Champigneulles : S.E.B. ; Crespin : B. Rimaux ; Denain : B. de Solesmes ; Dohem : B. Obin ; Douai : B. Les Enfants de Gayant ; Drancy : Française de Brasseries ; Evin Malmaison : B. Steinbeer ; Fressain : B. Caudrelier ; Hellemmes : B. Semeuse ; Hochfelden : B. Météor ; Hordain : B. La Choulette ; Jenlain : B. Duyck ; La Valentine, Marseille : Française de Brasserie ; Lille : « Les Brasseurs » ; Metz : B. Amos ; Monceau-Saint-Waast : B. Descamps ; Mons-en-Barœul : Française de Brasserie ; Morlaix : B. des Deux-Rivières ; Mützig : Française de Brasserie ; Obernai : B. Kronenbourg ; Paris : Française de Brasserie, Micro-Brasserie ; Péronne : B. de Clerck ; Puyoo : Schneider et Cie ; Rennes : S.E.B. ; Ronchin : B. Jeanne d'Arc ; Roubaix : Grande Brasserie Moderne ; Saint-Amant : B. de Saint-Amant ; Saint-Léonard : B. Facon ; Saint-Omer : B. de Saint-Omer ; Saint-Sylvestre-Cappel : B. Ricour ; Saverne : B. de Saverne ; Schiltigheim : Française de Brasserie (B. de l'Espérance), Brasserie-Malterie du Pêcheur, Grande Brasserie Alsacienne d'Adelshoffen, Grande Brasserie de la Patrie ; Strasbourg : B. Kronenbourg ; Wingles : B. Castelain.

En 1986, la France a produit 20 655 000 hl de bière, soit environ 2 % de la production mondiale. Comparé aux productions allemande, belge ou anglaise, ce chiffre est relativement faible. Pourtant, la France peut s'enorgueillir d'une tradition brassicole plusieurs fois millénaire, qui remonte jusqu'à la cervoise celtique, et certaines bières françaises peuvent aujourd'hui, de par leur qualité, rivaliser sans conteste avec des produits étrangers, à condition toutefois qu'elles soient connues et, pour cela, bien distribuées, ce qui n'est pas toujours le cas.

Depuis le début du XXe siècle, le secteur de la brasserie a été affecté par d'importants bouleversements, qui ont abouti à la disparition des petites unités de production autrefois disséminées sur l'ensemble du territoire national. Au Moyen-Âge, de nombreux monastères brassaient non seulement des bières de consommation courante, mais aussi des bières médicinales réputées. Cette production abbatiale s'est complètement éteinte dès le XVIIIe siècle. Quant aux brasseries de village, grâce auxquelles la bière faisait concurrence au cidre dans les campagnes, elles n'ont pas résisté à la vague de modernisation des structures de fabrication qui a marqué le XIXe siècle. Des régions traditionnellement brassicoles, comme les Ardennes, n'ont plus aucune brasserie en activité, alors qu'on en relevait plus de 300 avant la Première Guerre mondiale.

Ce mouvement de concentration de la production s'est encore accéléré depuis dix ans : en 1976, il y avait 55 brasseries en activité. On n'en compte plus aujourd'hui que 33, dont 10 réalisent plus de 85 % de la production. Il s'agit de *Kronenbourg* à Obernai (deux usines : K1 et K2), *SEB* à Champigneulles, la *Française de Brasserie* à Drancy et Marseille, *Perlforth* à Mons-en-Bareuil, *Heineken* à Schiltigheim et Mützig, la *Brasserie du Pêcheur* à Schiltigheim et *Sébastien-Artois* à Armentières.

De fait, la brasserie française est dominée par deux mastodontes : *BSN* , qui regroupe *Kronenbourg* et la *SEB* d'une part, et la *Société Générale de Brasserie*, qui regroupe *Heineken International* et la *Société des Brasseries et Glacières Internationales* d'autre part. À eux deux, ces géants couvrent près de 75 % des ventes sur le marché intérieur. Viennent ensuite la *Brasserie Sébastien-Artois* et la *Brasserie du Pêcheur*. Parmi les grands producteurs, cette dernière se singularise par son dynamisme créateur et son souci de préserver une tradition de qualité. C'est sous la houlette de son président, M. Debus, que s'est constituée l'Association des Brasseurs Indépendants, qui s'efforce de résister aux attaques des grands groupes. Ceux-ci, soucieux de rentabiliser les énormes investissements que requiert une production industrielle, se sont lancés, sur plusieurs fronts, à la conquête de nouveaux marchés. Ce qui les a conduits à établir des brasseries à l'étranger, à passer des accords avec des sociétés internationales (Kronenbourg s'est ainsi associé à Heineken), mais aussi à éliminer leurs concurrents nationaux. Les principaux objectifs étaient la

En 1987, la consommation française était de 40 litres de bière par an et par habitant, soit deux fois et demie moindre qu'en R.F.A.

Le classement des bières

En France, les bières sont classées d'après leur force en alcool, exprimée en degrés Régie* (inférieurs de deux ou trois points au pourcentage d'alcool par volume) :
- la *Bière de table*, vendue généralement en litres et peu alcoolisée (2 ° à 2,2 ° Régie) ;
- la *Bière Bock*, un peu plus forte (3,3 ° à 3,9 ° Régie) ;
- la *Bière de luxe*, qui constitue la catégorie la plus courante (4,4 ° à 5,4 ° Régie). Le terme *de luxe* n'est ici qu'un artifice de marketing, qui ne s'applique nullement à la qualité du produit;
- enfin, la catégorie *spéciale*, qui recouvre toutes les bières au-dessus de 5,5 ° Régie.

Ce classement est surtout utilisé par la distribution et ne correspond, en fait, à aucune législation officielle, de sorte qu'on peut relever de nombreuses distorsions entre l'appellation et le degré d'alcool - lorsqu'il est exprimé sur l'étiquette.

* Lettre-circulaire du 10 août 1971.

Affiche de Firmin Bouissot. Coll. « Bière Magazine », Musée Européen de la Brasserie, Romedenne (Philippeville), Belgique. Phot. J. Klein/ A. Perrier-Robert.

grande distribution, principalement constituée par le réseau des hypermarchés, et le circuit des CHR (cafés-hôtels-restaurants) débitant de la bière à la pression. Progressivement éliminés des rayons des magasins à grande surface et des cafés, les petits producteurs ont été acculés à fermer ou à se laisser racheter.

Au début des années 1980, une nouvelle tendance s'est dessinée. Curieusement, le salut est venu de l'étranger, par le succès remporté en France par les bières belges. Deux société importatrices, les *Artisans de la Bière* et une branche distributrice du groupe Sébastien-Artois, ont ouvert des rayons spécialisés dans les magasins à grande surface et approvisionné en bière à la pression des brasseries spécialisées. La multiplication rapide des « Académies de la Bière » à Paris et en province atteste la formation d'un nouveau public gastronome et curieux, qui a redécouvert les spécialités françaises, sauvant ainsi de la disparition les brasseries artisanales.

Les bières *spéciales*, généralement consommées comme des produits apéritifs, sont désormais à la mode et intéressent les grandes brasseries, qui y voient un nouveau créneau. Sébastien-Artois produit une *Bière de Minuit*. La Brasserie du Pêcheur a lancé une remarquable bière au malt à whisky, l'*Adelscott*, au goût légèrement fumé, et s'oriente vers les bières aux fruits, tout comme la Brasserie Schutzenberger et Kronenbourg, dont les *Krony* sont toutefois peu appréciées des amateurs de bière.

Mais surtout on redécouvre les *bières de garde* que fabriquent les brasseurs artisanaux du Nord et du Pas-de-Calais. L'excellente *Bière du Ch'ti* ou la *Bière des Coulonneux* de la brasserie Castelain, la *Réserve de Saint-Landelin* de la brasserie Rimaux, la *Trois-Monts* de la Brasserie de Saint-Sylvestre, la *Choulette* ou la *Bière des Sans-Culotte* de la brasserie La Choulette recueillent les suffrages des connaisseurs.

Si les *pils* constituent toujours la majeure partie de la production française, la technique de la fermentation haute regagne du terrain et c'est elle qu'adoptent les petites brasseries qui se sont ouvertes au cours des dernières années, telles la Brasserie des Deux-Rivières à Morlaix ou la Brasserie de Saint-Amant en Auvergne, qui se sont délibérément orientées vers des bières très typées. On peut, de nouveau, trouver des bières saisonnières, comme les bières de Noël ou de

LE RÈGLEMENT DES BRASSEURS DE MÉZIÈRE AU MOYEN-ÂGE

« Il est ordonné par les échevins de Mézières que tous ceux qui s'entremettent dorénavant de brasser audit Mézières et faire brassine de grains, mettent ou fassent mettre en chaque brassine pour caque de muison de cervoise ou queute qu'ils brasseront, 5 quartels de grains à savoir : 3 quartels d'orge ou froment et 2 quartels d'avoine, et non moins, bien conrés et suffisamment ordonnés comme il appartient, sur l'amende de 20 sols parisis à tous délinquants pour chaque fois ; et que ladite cervoise soit bien cuite et bien bouillie en diminuant d'un tiers ; et que lesdites cervoise ou queute soient mises en tonneaux, reposées et repairies au moins trois jours entiers avant que l'on en puisse vendre en broche et en détail ; sur l'amende de 20 sols parisis.

« Item est ordonné par lesdits échevins que nul brasseur dudit Mézières n'ôte ni ne fasse ôter hors de leurs hôtels et brassines par quelque manière que ce soit cervoise, queute, ni autres brassins que en premier lieu ils ne les montrent aux contrôleurs à ce ordonnés.

« Quiconque fera ou vendra cervoise ou queute mauvaise, non digne d'entrer en corps humain, le vaissel sera perdu et la cervoise avec le vaissel effondrés et jetés en la rivière, et celui à qui appartiendra ladite cervoise ou queute encourra l'amende de 10 sols parisis par tonne. »

mars, qui avaient pratiquement disparu. Enfin, le mouvement des micro-brasseries, où le brassage est effectué devant les consommateurs, semble s'implanter en France : il en existe une à Lille une à Paris.

Le musée français de la bière

La petite ville de Stenay, dans la Meuse, peut s'enorgueillir d'avoir pris rang parmi les « capitales de la bière ». Un ancien bâtiment militaire du XVIIe siècle, qu'occupa une malterie de 1879 à 1914, y est, en effet, devenu, en 1986, le premier *Musée de la Bière* français et l'un des plus importants d'Europe. Et cela par la volonté d'un homme passionné de l'industrie brassicole, Philippe Voluer, qui a su grouper toutes les énergies et animer le dévouement de bénévoles pour reconstituer là une brasserie artisanale, avec ses installations propres, son matériel, ses machines, son outillage. Toutes pièces collectées dans la partie nord de la France, de même que la documentation et les archives dont s'est enrichi le musée. Car, dans cette imposante bâtisse, qui a fait l'objet d'un prix au concours des « Chefs-d'oeuvre en péril », revivent aussi l'histoire de la bière à travers les âges et les activités afférentes à la vie et au développement de cette industrie (tonnellerie, verrerie, publicité, affiches, plaques émaillées, etc.). Cette création trouve bien sa place dans une région qui, pour ne plus compter de brasseries hélas !, n'en reste pas moins fidèle à une vieille tradition brassicole profondément ancrée dans la culture populaire.

L'Europe du Sud

Traditionnellement producteurs et consommateurs de vin, les pays méditerranéens se sont progressivement laissés conquérir par la bière. Le meilleur exemple est celui de l'Espagne, dont la production brassicole est aujourd'hui supérieure à celle de la France. Les premières brasseries ont été installées dans la péninsule ibérique sous le règne de Charles Quint, par des Allemands. Le premier groupe espagnol est, à l'heure actuelle, *San Miguel*, dont le principal produit est une *pils* du même nom. La *cerveza negra* de San Miguel est brassée aux Philippines, où la firme possède d'importantes installations depuis le siècle dernier. Les autres brasseries espagnoles ont été fortement concentrées durant la dernière décennie, sous l'impulsion des grands groupes européens (dont Heineken), qui y ont pris des participations majoritaires.

Au Portugal, les grandes brasseries se sont implantées à Lisbonne et à Porto dès le début du XIXe siècle. La marque la plus répandue, *Sagres*, apposée sur une *pils* et une bière brune, appartient au groupe *Societade Central de Cervejas*.

La consommation intérieure de bière a très fortement augmenté en Italie depuis quelques années, parallèlement à la relance économique. L'accroissement de la demande, phénomène propre aux grandes villes du nord, s'est traduit par une importante progression des importations, en provenance principalement d'Allemagne et de Belgique, dont les produits sont plus diversifiés que les *pils* traditionnellement fabriquées par les quatre grands groupes italiens : *Peroni*, *Dreher*, *Wuhrer* et *Prinz Bräu*. Toutefois, *Moretti*, une petite brasserie d'Udine, présente une gamme de bières très diverses et de qualité, dont la distribution reste malheureusement régionale.

Important producteur de houblon, la Yougoslavie brasse en majorité des bières de fermentation basse, blondes pour la plupart. Les bières grecques sont de style allemand, mais n'en ont généralement pas la qualité. En revanche, l'île de Malte réserve une heureuse surprise aux amateurs. Installée pour les troupes britanniques, la brasserie *Farsons* continue de produire des bières de fermentation haute remarquables, blondes ou brunes.

En haut :
Plaque émaillée dessinée par Paul Mohr (1924). Phot. Michel Wlassikoff.

Ci-dessus :
Coll. A. P.-R. Phot. J. Klein/ A. Perrier-Robert.

A gauche :
Actions de brasserie anciennes. Coll. « Bière Magazine », Musée Européen de la Brasserie, Romedenne (Philippeville), Belgique. Phot. J. Klein/ A. Perrier-Robert.

DE BELGIQUE EN HOLLANDE, À L'HEURE DE LA BIÈRE

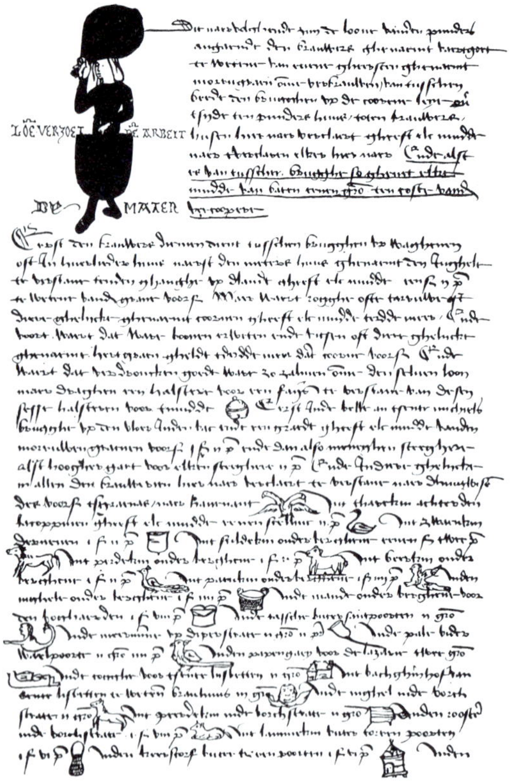

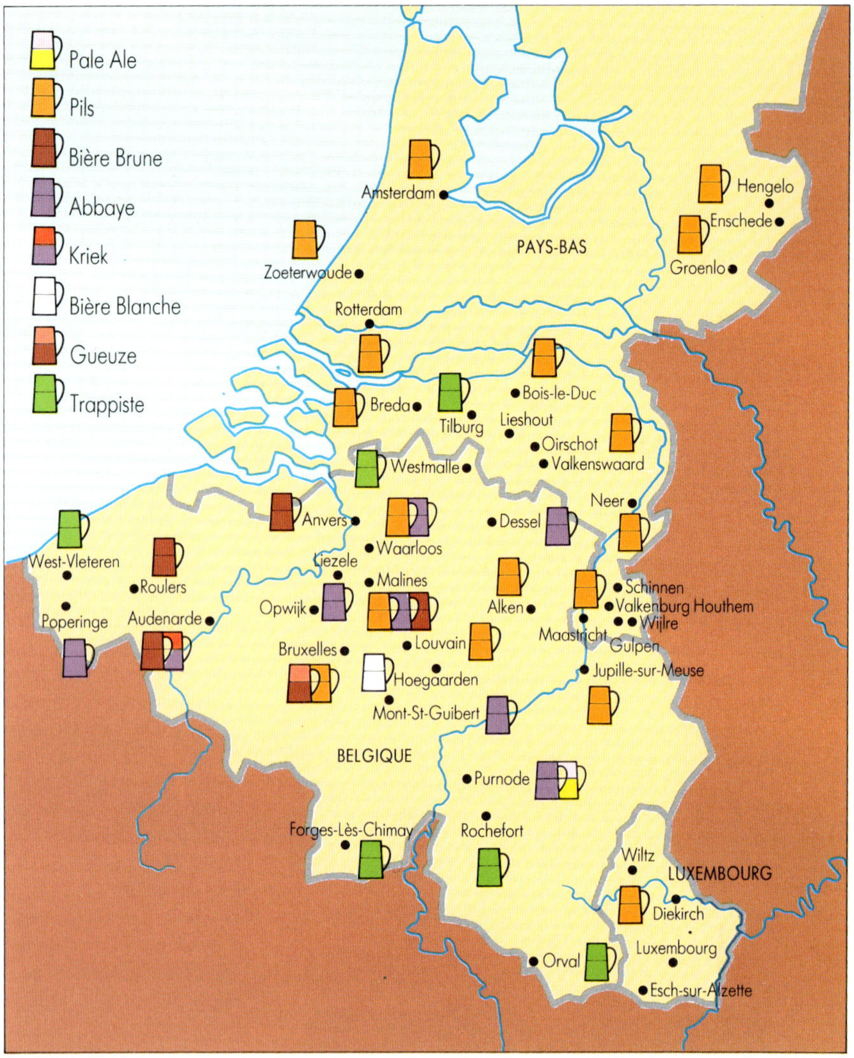

Droits des porteurs de grains de la cité de Gand (Belgique) au XVe siècle, avec liste et marques des cent-onze brasseries de la ville. Coll. Musée de la Bière, Stenay (Meuse).

Page de droite : *Publicité du début du XXe siècle pour une bière de Belgique. Coll. A. P.-R. Phot. J. Klein/ A. Perrier-Robert.*

La Belgique, pays des spécialités

Si la brasserie belge est mondialement réputée pour ses bières à l'heure actuelle, il n'en fut pas de même à ses débuts d'industrialisation. En effet, avant 1887, l'activité brassicole ne disposait pas de tous les atouts disponibles. Et c'est grâce aux expositions universelles que les brasseurs belges prirent connaissance du matériel mis au point en France et en Allemagne, ainsi que des travaux de Pasteur, Carré et Baudelot. Les constructeurs nationaux devinrent alors des pionniers, tel Meura, avec le premier filtre à moût (1900). Vanden Halle devait s'illustrer comme professeur de brasserie dès 1887. Et à partir de 1893 *Le Petit Journal des Brasseurs* s'imposa en tant que véritable organe de diffusion au sein de la profession. Ainsi, si la France exportait en Belgique 12 000 hl en 1885, l'amélioration constante de l'outil brassicole belge allait faire qu'un siècle plus tard, en 1986, ce pays exporta 1 666 000 hl vers la France.

Compte tenu de la faible densité de ses bières avant 1900, la Belgique a toujours importé des bières allemandes, anglaises et danoises. Après la Grande Guerre, les *pale ales* (Bass, Whitbread, John Martin, John Smith) et les *scotch* anglaises supplantèrent les importations d'Allemagne. Et au lendemain de la Seconde Guerre mondiale, les Danois prirent la tête. En 1986, les importations furent de 237 920 hl en provenance du Danemark pour 150 505 hl en provenance de Grande-Bretagne.

Afin de remédier à ces importations (même s'il s'agissait dans certains cas de produits exclusifs au marché belge), l'industrie brassicole belge entreprit, dès 1904, d'organiser un concours d'où sortirait un type de bière, le « type belge » d'une densité entre 4,5° et 5°. Deux brasseries connues remportèrent le prix lors de l'Exposition Universelle et Internationale de Liège, en 1905 : les brasseries Artois, de Louvain, et la brasserie de Koekelberg, de Bruxelles. Ce fut la consécration de la bière blonde de fermentation basse. Et en 1927, Artois allait lancer la *Stella*, qui fit connaître la Belgique hors des frontières, jusqu'en Australie.

Toutefois, une deuxième « révolution » se préparait : la refermentation en bouteille. Celle-ci montra le haut niveau des écoles de brasserie belges, qui permettait de maîtriser la microbiologie. Ansi, après 1945, vit-on naître un nombre croissant de bières de fermentation haute avec refermentation en bouteille (*Chimay*, *Duvel*, *Affligem*, *Orval*, etc.), fleurons de l'industrie brassicole belge.

Si dès le début du siècle les brasseurs belges s'implantèrent à l'étranger (Brogniez de Lichtervelde en Indiana ; Montulet-Piedboeuf de Liège en Corse, 1902 ; Brasserie des Pyramides au Caire ; S.A. Brasserie d'Alger, 1906 ; etc.), cette tradition n'a fait que s'accentuer. Aujourd'hui, les groupes API (Artois-Piedboeuf International) et Unibra ont établi des brasseries dans des pays souvent lointains (Chine, Afrique). En effet, trop petit, avec une consommation en régression (143 l *per capita* en 1973 et 120 l en 1986), le marché belge exige cette « expatriation ».

En 1986, la part de marché s'établit ainsi, selon les types de bières : *pils*, 76,82 % ; spécialités, 10,17 % ; bières de table, 5,39 % ; *trappistes* et *bières d'abbaye*, 3,31 % ; bières acides, gueuze, 4,31 %. Une production globale de 13 913 000 hl place le pays au 13e rang mondial, avec une quantité de 2 462 934 hl pour l'exportation. Sur les 125 brasseries existantes (elles étaient 3223 en 1900), 22 produisent plus de 1 250 000 hl et 35 moins de 10 000 hl.

Au Luxembourg, des brasseries plusieurs fois centenaires

Des inscriptions tombales attestent que, dès l'époque romaine, l'art du brassage était pratiqué dans la région. Ce n'est toutefois qu'à la fin du XVe siècle, lorsque le vin devint trop cher par suite des mauvaises récoltes successives, que la bière prit rang de boisson privilégiée et sa consommation ne cessa de croître. Longtemps, les brasseurs furent des journaliers qui, armés de leur brassin, se rendaient de ferme en ferme. Puis il fut coutume pour chaque famille d'aller brasser sa bière dans l'établissement communautaire établi à cet effet. Jusqu'à ce que cette activité fît l'objet d'un artisanat fixe.

En 1740, l'utilisation des blés qui se prêtaient à la fermentation haute fut prohibée au profit de celle de l'orge seule. Et, en 1854, l'industrie brassicole luxembourgeoise connut son orientation définitive avec l'introduction de la fermentation basse qui permit de concurrencer efficacement l'importation de bières étrangères. Les 400

La maison des brasseurs (Brouwershuis) à Anvers

Ce musée, ouvert au public depuis 1933, a pour cadre un édifice de la Renaissance qui joua un rôle important dans l'histoire d'Anvers. Il s'agit, en effet, de la Maison Hydraulique, centre de distribution d'eau construit en 1553-54 à l'initiative de l'Anversois Gilbert van Schoonbeke (1519-1556), ingénieur civil, homme d'affaires et urbaniste. Cette maison était destinée à collecter et répartir l'eau potable, apportant par là une solution au grave problème de ravitaillement en eau que connaissait alors la ville. Elle était la propriété de son concepteur, tout comme les brasseries que celui-ci avait fait bâtir, à la même époque, dans la Nieuwstad (Nouvelle Ville). Le tout, passé aux mains de ses héritiers, fut acquis le 12 mars 1562 par la cité d'Anvers, qui revendit une à une les brasseries de la Nieuwstad, garantissant aux acheteurs leur approvisionnement en eau en échange de leur participation annuelle à l'entretien de la Maison Hydraulique. Ainsi celle-ci allait-elle fonctionner jusqu'au XXe siècle, abritant parallèlement depuis la fin du XVIe le siège de la corporation des brasseurs.

Manège, système d'élévation de l'eau, pompes, réservoirs... La Maison Hydraulique a conservé tout son agencement. En outre, des objets anciens y évoquent la fabrication artisanale de la bière, des affiches et autres pièces de collection rappellent les us et coutumes de la consommation de la bière dans la région. Avec, en point d'orgue, la Salle du Conseil des brasseurs, chef-d'oeuvre de décoration intérieure du XVIIe siècle.

La brasserie « De Hooyberg » (« La Meule de foin »), fondée en 1592 à Amsterdam et qui, presque trois siècles plus tard, allait devenir la célèbre brasserie Heineken. Phot. Heineken.

petites brasseries artisanales recensées au Département des Forêts avant 1815 et qui totalisaient un rendement annuel de 50 000 hl cèdèrent la place à des entreprises plus importantes. Elles étaient encore 24 en 1840, mais seulement 9 en 1968, avec, en revanche, une production plus que décuplée.

Les Pays-Bas et l'empire Heineken

Comme la Belgique, la Hollande vit à l'heure de la bière. Celle-y y est implantée depuis des siècles et, à travers scènes de tavernes et portraits de buveurs, sous le pinceau des plus grands artistes, nous est rapporté son usage dans les temps passés. Il semble même qu'à la fin du Moyen-Âge sa notoriété ait franchi les frontières. Les brasseries de Haarlem, de Gouda et de Delft étaient alors renommées. Et la bière jouait un rôle non négligeable dans l'économie du pays dans la mesure où elle était frappée de droits. Face aux grands brasseurs qui dominaient le marché de l'époque, il existait une multitude de « brasseurs à la maison » - des femmes en majeure partie - qui fabriquaient cette boisson pour la consommation domestique, mais souvent aussi pour celle du voisinage. « Concurrence » s'il en est, qui aboutit à des mesures légales visant à enrayer l'extension de ces petites brasseries. Toutefois, à partir de la Renaissance, ce frein fut peu à peu oublié et jusqu'au XIXe siècle les provinces du sud, Limbourg et Brabant, furent émaillées de brasseries locales, avec chacune sa bière spécifique. Sur cette « bier » hollandaise le *Dictionnaire Universel du Commerce* (1759) nous donne les précisions suivantes : « on brasse non seulement avec l'orge foucrillon, mais encore avec le blé et l'avoine. Les brasseurs hollandais, qui tirent de la bière de chacun de ces trois grains, ont trois sortes différentes de bières. »

Aujourd'hui, l'activité brassicole hollandaise est le résultat d'une forte concentration. Certes, les brasseries ont considérablement accru leur force de production. Mais elles ont tendu à étouffer les moins importantes d'entre elles et le rayonnement d'*Heineken* dans le monde, tout en contribuant à la réputation de la bière néerlandaise à l'étranger, a néanmoins participé à cette situation. Situation qui évolue cependant : des brasseries « artisanales » se créent ; des entreprises comme Grolsch, Gulpen, Brand (la plus ancienne brasserie du pays, établie dans le Limbourg), etc. ont affirmé leur politique commerciale ; ... Toutes brasseries situées bien loin derrière le géant Heineken, présent dans 145 pays et qui couvre 40 % des importations de bières étrangères auwx États-Unis.

Les bières belges

cat.	degré Plato	degré belge	degré d'alcool
S	15° et plus	6° et plus	5° et plus
I	11° à 13°5	4°29 à 5°34	3°4 à 4°
II	7° à 9°5	2°65 à 3°7	2°5 à 2°7
III	1° à 4°	0°26 à 1°44	de 0°6 à 1°

L'arrêté royal du 29 mars 1974 a précisé quatre catégories de bières, chacune correspondant à une certaine densité. Celle-ci est exprimée soit en degrés belges, soit en degrés Plato (pourcentage d'extrait provenant du malt dans 100 g de bière). Quant à la teneur en alcool, elle est généralement comprise entre le tiers et le quart de la densité Plato.

La route belge de la bière

L'Office National Belge de Tourisme a eu une idée originale pour inciter à la visite de ce pays : il a mis au point une « Route Belge de la Bière », qui, à travers quatre circuits, conduit dans les capitales de la bière : Bruxelles, Anvers, Liège, Gand, ... en passant devant presque toutes les brasseries belges. Il faut certes prévoir beaucoup de temps pour découvrir, dans toute leur subtilité, les 355 bières propres à cette terre brassicole. Mais de merveilleux souvenirs sont garantis, tant pour le promeneur épris d'art que pour le gourmet ! Car musées et gastronomie s'y côtoient en parfaite harmonie, sans toutefois faire oublier l'objet du voyage, la bière.

La définition belge de la bière

La réglementation officielle en matière de production brassicole est, en Belgique, très récente. De fait, elle date du 24 mars 1974. La bière y est définie comme « la boisson obtenue par la fermentation alcoolique d'un moût préparé à partir de matières premières amylacées ou sucrées, de houblon, y compris les poudres et extraits de houblon, et d'eau potable ». Et y est précisé que, « indépendamment du malt d'orge ou du malt de froment, ne peuvent être mises en oeuvre pour la fabrication de la bière et exclusivement avec le malt d'orge ou le malt de froment, que les matières premières amylacées ou sucrées citées », c'est-à-dire :

« a) maïs, riz, sucre, froment, orge et leurs différentes formes transformées ; »

« b) saccharose, sucre interverti, dextrose et sirop de glucose. »

Cependant, la quantité de ces matières premières amylacées ou sucrées ne peut excéder 40 % du poids total.

Un assortiment d'étiquettes de bières néerlandaises actuelles. Coll. A.P.-R. Phot. J. Klein/A. Perrier-Robert.

Les Pays-Bas se sont fait une spécialité des bières de fermentation basse, de type *pils* surtout, avec un taux d'alcool d'environ 4,5 %. Mais on trouve aussi des *bocks* et des bières de style *dortmunder*, de plus forte teneur alcoolique. Sans oublier une bière trappiste, de fermentation haute, *La Trappe*, seul écho des trappistes belges aux Pays-Bas.

Le musée néerlandais de plein-air

Au nord d'Arnhem, dans une oasis d'eau et de verdure, ce musée national, fondé en 1912, vise à recréer les mille et une facettes de la vie quotidienne dans les Pays-Bas du passé. Aussi la bière, si appréciée en ce pays, ne pouvait-elle être oubliée. Une petite brasserie y est donc reconstituée, telle que l'on en trouvait fréquemment dans le Brabant au siècle dernier. Avec son fournil, cette brasserie est faite des vestiges du relais « De Roskam », sis autrefois à Ulvenhout et aujourd'hui disparu. Survivance d'un temps où le brasseur faisait aussi office d'aubergiste.

La bière au musée de Leyde

Le *Stedelijk Museum de Lakenhal* à Leyde, aux Pays-Bas, mérite que l'amateur de bière y fasse halte. Car il abrite une fort intéressante « chambre des brasseurs » (*Bierbrouwerskamer*) où sont réunies quelques belles pièces afférentes à cette corporation. Ce sont, notamment, une série de sept tableaux peints vers 1772 par Hendrik Meijer (1737-1793), dont cinq s'inspirant de la brasserie, et deux allégories se rapportant à la bière. De plus, une cheminée ornée de décorations en stuc, du XVIIIe siècle, évoque les armoiries des brasseurs. Enfin, deux tableaux peints sur bois portent les noms des vingt-deux brasseries que comptait la ville de Leyde en 1663.

Dans la cour du musée, une pierre sculptée, provenant de la maison des porteurs de bière jadis installée sur le Cellebroersgracht et datant du milieu du XVIIIe siècle, porte l'inscription « Het Bierdragers Gildenhuys ».

L'ALLEMAGNE : DIVERSITÉ ET ABONDANCE

Symbole de Munich et de sa bière, cet enfant encapuchonné, ici figuré par une statue de 1824.
Coll. « Bière Magazine », Musée Européen de la Brasserie, Romedenne, Philippeville (Belgique).
Phot. J. Klein / A. Perrier-Robert.

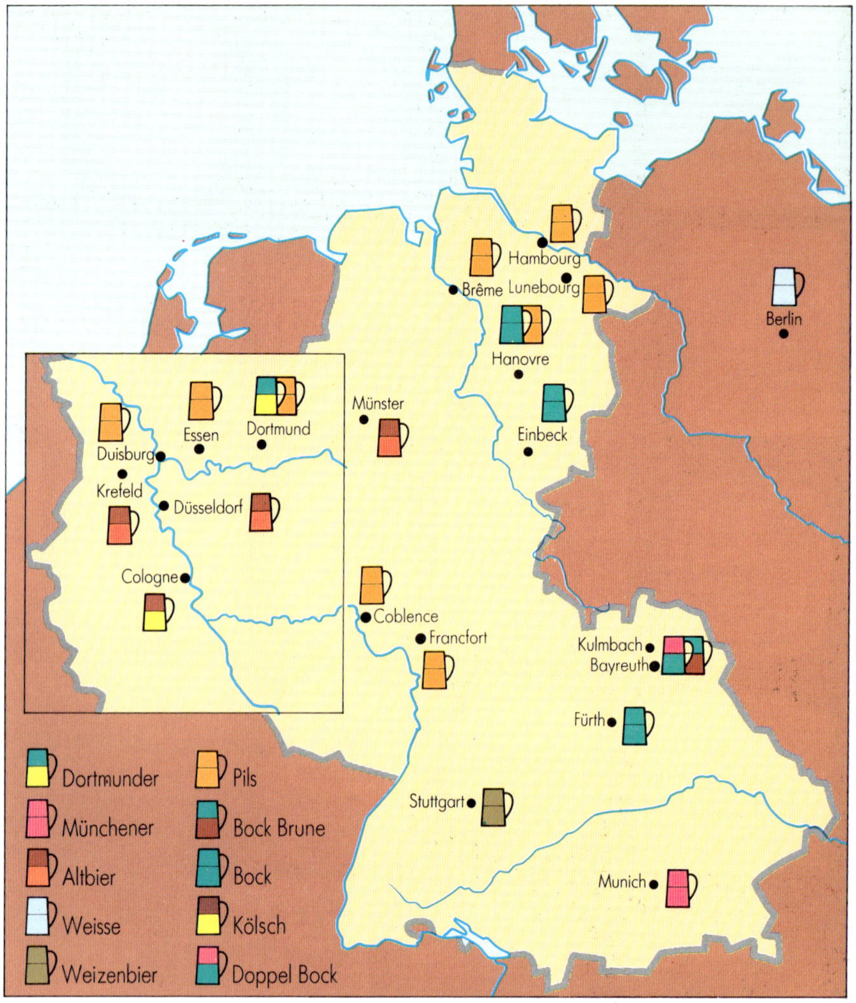

La dilection germanique pour la bière remonte loin dans le temps. En effet, la plus ancienne trace de brassage sur le sol allemand date d'environ 800 av. J.-C. à travers des amphores à bière de la période de Hallstatt mises au jour à Kulmbach, dans l'actuelle Bavière. Au Ier siècle de notre ère, Tacite confirme que la bière était la boisson favorite des Germains qu'ils nous décrit, allongés sur des peaux d'ours et buvant dans d'immenses cornes d'aurochs. C'est toutefois dans le secret des monastères médiévaux que le brassage fut mis au point, notamment à Weihenstephan, qui dès 1040 reçut le droit de brasser. Cette inclination des moines pour la bière s'explique par la devise : « le liquide ne rompt pas le jeûne », qui permit de substituer à la viande une bière nourrissante. Et de la fabrication pour les seuls besoins du couvent au commerce lucratif pour l'approvisionnement des tavernes et des particuliers, la frontière allait être peu à peu franchie... à un point tel que certains princes comme l'empereur germanique Sigismond de Luxembourg (Ière moitié du XVe siècle) en prirent ombrage et interdirent aux moines de vendre.

POUR MIEUX DÉCOUVRIR LES BIÈRES ALLEMANDES

Outre la moitié des musées européens consacrés à la bière, l'Allemagne dispose de deux formules de promotion fort originales : les « auberges de brasseries » et les « séminaires de la bière ». L'association des quarante-trois auberges de brasseries (*Privaten Brauereigasthöfe*) est une véritable chaîne couvrant l'ensemble du territoire, de Hanovre à Munich et au-delà, et offrant des haltes idéales pour visiter l'Allemagne de la bière. Car chaque auberge possède une brasserie et propose une bière « maison ».

Quant aux « séminaires de la bière », ils permettent de découvrir les nombreuses variétés de bières allemandes. Ils s'accompagnent, bien évidemment, de dégustations de bières et de spécialités culinaires, de visites de brasseries, malteries, tonnelleries et musées brassicoles. En outre, chaque participant se voit remettre un diplôme de « taste-bière » qui fait autorité en Allemagne.

Le développement de l'exportation contribua à la renommée brassicole de cités comme Brême, porte du commerce vers la Hollande, l'Angleterre et la Scandinavie, ou de Hambourg, l'une des plus célèbres « brasseries » de la Hanse, d'où les bières partaient jusqu'en Inde. La consommation de bière, de par les impôts qui frappaient celle-ci, contribuait à remplir les caisses princières et ducales et fut donc favorisée dans son essor. L'atteste la « loi de pureté » (*Reinheitsgebot*, 1516), promulguée en Bavière par le duc Guillaume IV pour assurer le consommateur de l'époque d'obtenir, en toutes circonstances, une bière de qualité. D'abord limitée aux bières d'orge, cette loi devait être revue pour qu'y soient incluses les bières de froment.

La découverte de la machine à vapeur par l'Écossais James Watt, au XVIIIe siècle, et celle du froid artificiel par l'Allemand Carl von Linde, au siècle suivant (1873), furent décisives pour l'évolution de la bière allemande. Et le record absolu du nombre de brasseries dans ce pays allait être atteint : 19 281 en 1900. Toutefois, jusqu'au milieu du XIXe, la brasserie conserva un caractère artisanal. Ce n'est que lentement que se fit l'industrialisation.

Avant 1914, la production annuelle était de 62,2 millions d'hectolitres, dont 789 000 hl exportés ; l'Allemagne était le plus grand producteur mondial. La Grande Guerre, la dépression des années 1930 et la Seconde Guerre mondiale allaient être autant de coups portés à la brasserie allemande, de même que l'interdiction qui lui fut faite, en 1945, par les puissances d'occupation, de produire de la bière et qui fut levée trois ans plus tard. Tout un marché national était à reconstruire. Nombre de petites entreprises avaient disparu ou avaient été absorbées. En 1957 n'en subsistaient plus que 2 940 pour une production de 39 638 000 hl et une consommation annuelle *per capita* qui, de 125 l en 1900, était tombée à 69 l.

Un record mondial des brasseries et des bières

Aujourd'hui, l'Allemagne demeure le pays de la bière par excellence, deuxième producteur derrière les États-Unis, avec 1 190 brasseries et une production de 94,1 millions d'hectolitres (en 1986). La diminution du nombre de brasseries est, par ailleurs, compensée par l'apparition des micro-brasseries, qui brassent une bière non filtrée, naturelle, pour les seuls besoins de leurs auberges. Le précurseur de ce mouvement a été Otto Binding, descendant d'une dynastie de brasseurs de Francfort, dont l'entreprise a été rachetée par le groupe Oetker et qui a ouvert, en 1985, la Petite Brasserie d'Eltviller (laquelle

Le chargement des tonneaux de bière en gare de Munich, tel que le représente cette gravure du XIXe siècle.
Coll. A. P.-R. Phot. J. Klein / A. Perrier-Robert.

Le test « des culottes »

Avant que les contrôles scientifiques ne permettent de vérifier la qualité de la bière fabriquée, les brasseries avaient recours à l'avis des goûteurs. Et dans l'Allemagne des XVe et XVIe siècles était pratiqué le test dit « des culottes » ou « du siège », usage qui peut sembler aujourd'hui pour le moins étrange. En effet, on humectait un banc avec de la bière fraîchement brassée et les « testeurs », portant des culottes de cuir, s'y asseyaient. Ils devaient demeurer ainsi, sans bouger, trois heures durant, au terme desquelles ils se levaient tous en même temps. Si les culottes restaient collées au banc, la bière était réussie...
Phot. Walter-Verlag, Suisse.

Dans les premiers temps de l'industrialisation, à la fin du siècle dernier, lorsque la brasserie avait encore la taille d'une «famille»...
Phot. Brasserie König, Duisbourg, R.F.A.

En d'autre termes...

Selon le mode de brassage, d'après la levure utilisée, la règlementation des impôts allemande retient:
- la *vollbier* (« bière entière »), qui contient 11 à 14 % de moût et présente une teneur en alcool de 3 à 4 %. Cette catégorie, qui couvre 98,8 % des bières allemandes, réunit *pils*, *export*, *bière de mars*, *altbier*, *kölsch* et quelques bières spéciales;
- la *starkbier* (« bière forte »), qui contient plus de 16 % de moût et présente une teneur en alcool de 4 à 5,5 %. Cette catégorie, qui couvre à peine 1 % du débit total, réunit le *bock* (16 % de moût) et le *doppelbock* (18 % de moût).

Dans certaines régions, on trouve des « bières de comptoir » (7-8 % de moût) et des « bières simples » (2-5,5 % de moût). Elles représentent 0,2 % de la production totale.

Enfin, il est interdit en Allemagne d'écouler des bières avec un moût entre 14 et 16 %.

Une infinie variété

Si l'on peut distinguer, dans la multitude des bières allemandes, les bières blondes (*hell*) et les bières brunes (*dunkel*), les bière fortes et les bières légères, celles de fermentation haute et celles de fermentation basse, leur teneur en alcool les situe d'emblée dans l'une ou l'autre catégorie du classement officiel:
- les *bières de table*, qui titrent jusqu'à 3,9 ° Régie;
- les *bières de luxe*, qui titrent de 3,9 ° à 5,5 ° Régie;
- les *bières de prestige*, qui titrent à partir de 6,2 ° Régie.

Les bières allemandes commercialisées sur le marché français appartiennent exclusivement aux deux dernières catégories.

Toutefois, en marge de ce classement une catégorie particulière regroupe toutes les bières brassées « à l'ancienne » à partir d'une levure de fermentation haute. C'est le cas de l'*altbier*, de la *kölsch* et des *weissbiere* (« bières blanches »).

utilise des matières premières provenant de cultures biologiques). Face aux trusts des grands brasseurs, ce renouveau d'un artisanat que l'on croyait irrémédiablement disparu répond à la fois à la nostalgie d'un passé à dimension humaine et à la tendance écologique sur laquelle compte le monde brassicole allemand pour relancer la consommation de la bière parmi la jeunesse. En effet, le marché intérieur ne « bouge » guère depuis 1972. Si la consommation individuelle connaît un sommet (144 l), la consommation globale stagne à quelque 90 millions d'hectolitres et la baisse démographique accentue cette tendance.

En revanche, la diversité des bières produites est considérable. On en dénombre plus de 4 000 à l'heure actuelle, auxquelles viennent s'ajouter les innombrables spécialités régionales, précieusement conservées. Sur cet ensemble composite règnent sans conteste les bières de fermentation basse (86 %). La *pils* est, parmi elles, la plus consommée ; de fait, elle représente 50 % de la consommation totale du pays. Enfin, 30 % de la bière allemande est vendue en fûts et la majeure partie (70 %) en bouteilles et canettes.

Quant aux exportations, en hausse, elles sont assurées à 85 % par 22 entreprises, dont Beck et Holsten qui, à elles seules, en couvrent la moitié. Et la fabrication de bière allemande à l'étranger, sous licence, a largement progressé.

Fidèle à la « loi de pureté » de 1516 et au Biersteurgesetz du 14 mars 1952, qui garantissent la qualité de sa bière (*v. p. 14*), la R.F.A. appuie aussi sa réputation internationale sur les universités et instituts qui forment à l'art du brassage (École Technique Supérieure de Munich, université technique de Berlin-Ouest), ainsi que sur les organismes de recherche brassicole.

Un style viennois pour la bière

Si Vienne est mondialement réputée pour le café que l'on y consomme, la bière y est de tradition bien antérieure. Ainsi un décret de 1212 indique que la ville détient alors le droit d'importer de la bière et un document un peu plus tardif, de 1298, fixe le prix de cette boisson selon sa qualité. Dès le XIVe siècle, pour répondre à l'habitude de boire de la bière, venue de Bohême (à laquelle l'Autriche fut rattachée de 1254 à 1273), apparurent des tavernes réservées à la bière, où, face à la soif inextinguible des Viennois, décision fut bientôt prise d'interdire le service de la bière après qu'eut sonné la cloche de St-Stephan. Mais c'est en 1384 qu'est mentionnée officiellement une brasserie viennoise, prélude à une floraison de brasseries, dont la guerre de Trente Ans allait interrompre la prospérité.

Il fallut attendre le XIXe siècle et ses nouvelles techniques pour que la bière autrichienne acquiert sa spécificité et, par là, son renom. Le mérite en revient à une illustre figure de l'industrie brassicole de l'époque : Anton Dreher. Formé à l'art du brassage en Allemagne, lié d'amitié avec le brasseur munichois Gabriel Sedlmayr, celui-ci prit en mains l'entreprise de Klein-Schwechat, aux environs de Vienne, qu'un aristocrate avait créée en 1632 et que sa famille avait rachetée en 1796. Sous sa férule, la brasserie connut un essor fulgurant, dû essentiellement à la mise sur le marché d'une bière de fermentation basse, légère et rafraîchissante, qui fut rapidement exportée dans le monde entier. Bière « révolutionnaire », qui précéda de peu celle de Munich et d'une année celle de Pilsen. Elle devait triompher à l'Exposition Universelle de Paris en 1867 et faire de Vienne l'une des capitales de la bière.

Aujourd'hui, la brasserie de Schwechat appartient, au terme de fusions successives, à l'Österreichischen Brau-Ag, de Linz, la plus importante société autrichienne dans le secteur des boissons, vieille de plus de cinq siècles. Les petites brasseries de Vienne, autrefois célèbres, ont disparu. Et ne subsiste que la brasserie Ottakringer, qui, elle-même, a absorbé Hernals et Oberdöbling. Toutefois demeure la bière viennoise, bière moyennement blonde - du jaune d'or à l'orangé -, ni aussi maltée ni aussi douce que la brune de Munich, mais au goût vigoureux, sans l'amertume du houblon.

Une Fête de la Bière *en Autriche, vue en 1886 par le peintre Johann-Michael Kupfer (1859-1917). Coll. Part. Phot. Bildarchiv Preussischer Kulturbesitz-Giraudon.*

L'Autriche, parmi les gros consommateurs

Presque toutes les bières autrichiennes sont de fermentation basse et appartiennent aux types *lager*, *spezial* et *bock*. La variété la plus consommée est la « bière de mars » (*märzenbier*), de couleur dorée, moyennement houblonnée, qui détient 73,8 % du marché. Mais si la production brassicole du pays n'est pas très importante (8 948 000 hl en 1986), la consommation annuelle *per capita* est loin d'être négligeable (116 l en 1986).

Parmi les grandes brasseries autrichiennes, il faut mentionner : la Steirerbrau (Steirische Brauindustrie), deuxième d'Autriche, née en 1977 de la fusion de deux grosses brasseries (Gösser, à Leoben-Göss, et Reinighaus u. Puntigam, à Graz), qui assure 25 % du marché intérieur et 40 % des exportations autrichiennes ; la brasserie privée Fritz Egger, fondée en 1675 à Kuftein, dans le Tyrol, reprise en 1866 par Michael Egger, établie depuis 1978 à St-Pölten/Unterradlberg, en Basse-Autriche, et réputée pour ses *pils* traditionnelles ; la brasserie Eggenberg, installée depuis plus de trois siècles à Vorchdorf et qui exporte à l'étranger (pays de la C.E.E., États-Unis) ses bières spéciales, de la *Birell*, boisson non alcoolisée à base de malt et de houblon, à l'*Eggenberger Urbock*, bière de forte teneur alcoolique (8,5 %) ; la brasserie Adambräu, d'Innsbruck, dans le Tyrol, fidèle à ses recettes traditionnelles.

Mérite une mention particulière la Stiftsbrauerei Schlägl, sise à Aigen, au pied du Boehrmerwald, en Haute-Autriche, car c'est la seule brasserie autrichienne appartenant à une abbaye, celle des Prémontrés de Schlägl, fondée vers 1580. Elle fabrique une bière de mars très appréciée, mais aussi des bières de types *pils* et *bock*.

LA SUISSE : TRADITION ET QUALITÉ

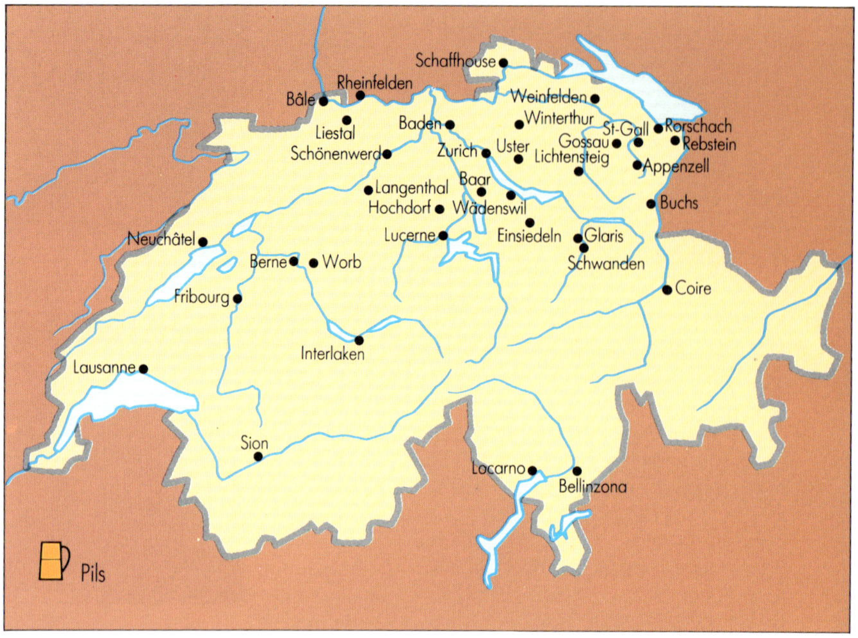

Ci-dessus: *Affiche pour la bière suisse, de 1970. Dessin d'Elvira Vomstein. Phot. Société suisse des Brasseurs.*

A droite: *Le récipient à bière a son importance... Phot. Brasserie Feldschlösschen, Rheinfelden, Suisse.*

La bière est la boisson nationale de la Suisse. La consommation annuelle *per capita* a oscillé, de 1975 à 1986, entre 71,8 l et 70,7 l, la production dépassant depuis 1965 les 4 millions d'hectolitres l'an.

De par le passé, la Suisse réserva ses céréales à la fabrication du pain et développa au maximum la culture de la vigne. Le vin était alors la boisson populaire. Toutefois, les premières autorisations de brassage furent accordées à partir du XVIIe siècle. Et il fallut faire appel à une main-d'oeuvre étrangère, essentiellement allemande, ainsi qu'au savoir-faire brassicole des Bavarois et des Hollandais pour acquérir le personnel et les techniques indispensables à l'implantation de cette nouvelle production. Mais la bière, artisanale, était peu stable et de qualité souvent médiocre. Son prix demeurait plus élevé que celui du vin et il allait en être ainsi jusqu'au XVIIIe siècle ; il variait suivant le cours de l'orge et la concurrence que se livraient les nombreuses brasseries. Il fallut donc attendre le XIXe siècle pour qu'une véritable industrie nationale de la bière prît son essor en Suisse. À l'origine de ce développement : les prodigieuses découvertes techniques, qui modifièrent le processus de fabrication ; le chemin de fer, avec ses possibilités de transport à travers le pays ; l'augmentation progressive de la consommation de la bière à la suite, notamment, des dégâts considérables causés à la vigne par le phylloxéra.

L'accroissement de la production, qui amena le prix de la bière à la moitié de celui du vin, incita les brasseurs à une extrême rigueur quant à la qualité - la bière devant être fabriquée exclusivement avec du malt d'orge, du houblon et de l'eau -, à une meilleure formation pour les métiers de la malterie et de la brasserie et à l'adoption par toutes les brasseries du procédé de fermentation basse pour l'obtention de bières plus stables et de meilleur goût. Dans ce contexte, le nombre de brasseries passa de 150 en 1850 à 530 en 1885, la production évoluant, quant à elle, de 120 000 à un million d'hectolitres l'an.

Dès lors, l'industrie brassicole suisse allait subir un double effet : une chute inexorable du nombre de brasseries (126 en 1915, 59 en 1970, 35 en 1986) et, parallèlement, un accroissement important de la production (plus de 2 millions d'hectolitres en 1915, plus de 3 millions en 1960). La concomitance de ces deux phénomènes s'explique par le fait que les brasseries disparues, surtout familiales, ne répondaient qu'aux besoins de leur propre restaurant et s'avéraient incapables de mettre en oeuvre les techniques et procédés nouveaux. Celles qui, en revanche,

Le dessous de bock ne manque d'attrait ni pour le buveur ni pour le collectionneur. Dessous de bocks suisses. Phot. J. Klein/ A. Perrier-Robert.

réussirent à survivre durent affronter les difficultés apparues avec la concurrence. Une concurrence tant redoutée que fut créée en 1877 la Société Suisse des Brasseurs, destinée à défendre la profession et ses intérêts économiques. Dans cette optique, cette association fonda en 1889 une station de recherches, dont la compétence lui attira bientôt une clientèle internationale. Enfin, en 1907, un contrat pour la protection du client eut pour résultat une entente sur les prix pouvant satisfaire à la fois brasseurs et cafetiers.

Dans l'entre-deux-guerres resurgirent les symptômes d'une concurrence commerciale sans merci. Aussi, pour y mettre fin fut instituée, en 1935, la *Convention des Brasseurs Suisses,* ou « Cartel », qui supprima cette lutte désastreuse et régla le marché brassicole en permettant la production de bières de qualité dans des conditions de prix raisonnables. En 1986, cette convention regroupait trente des trente-cinq brasseries suisses.

À l'heure actuelle, 70 % des brasseries brassent moins de 100 000 hectolitres et six d'entre elles ont une production inférieure à 10 000 hectolitres. Si la distribution de la production est souvent régionale ou locale, trois grandes brasseries couvrent presque tout le territoire : *Feldschlösschen, Cardinal* et *Hürlimann.*

La préférence des Suisses va à la *lager,* bière de fermentation basse, au taux d'alcool par volume variant de 4,2 à 5,3 %, la blonde l'emportant de loin sur la brune, qui ne constitue plus qu'un pour cent de la demande totale. La *lager* représente, à l'heure actuelle, quelque 75 % de la production globale. Sa faveur baisse toutefois au profit de la *spéciale,* au houblonnage plus typé - ce qui lui confère une amertume plus intense et plus fine - et au volume d'alcool supérieur (4,8 à 5,7 %). Quant à la *bière de fête,* dite également *bière Bock* ou *bière de Mars* et brassée chaque année pour Noël et Pâques, elle atteint un taux d'alcool par volume de 5,1 à 5,7 %.

Les brasseries suisses fabriquent, en outre, des *spécialités* pour lesquelles le malt d'orge peut être remplacé partiellement par d'autres céréales. Ce sont : une bière légère, au taux d'alcool réduit (2,9 % au plus) ; une bière de luxe, qui emploie des matières premières particulièrement sélectionnées (taux d'alcool par volume : 4,1 % au moins) ; une bière forte, riche et moelleuse (5,4 % d'alcool au moins) ; etc.

Toutes ces bières doivent répondre aux prescriptions édictées par la Convention des Brasseurs Suisses.

Les exportations, bien qu'assez faibles, ont progressé de 72 % en dix ans. Elles portent principalement sur les bières spéciales et sur les bières sans alcool (la Suisse est le premier exportateur mondial). Par ailleurs, les importations, qui représentent 10 % de la production nationale, ont augmenté de 75 % en dix ans.

LES ÎLES BRITANNIQUES

Affiche publicitaire Whitbread *des années 1920. Coll. « Bière Magazine », Musée Européen de la Brasserie, Romedenne (Philippeville), Belgique. Phot. J. Klein/ A. Perrier-Robert.*

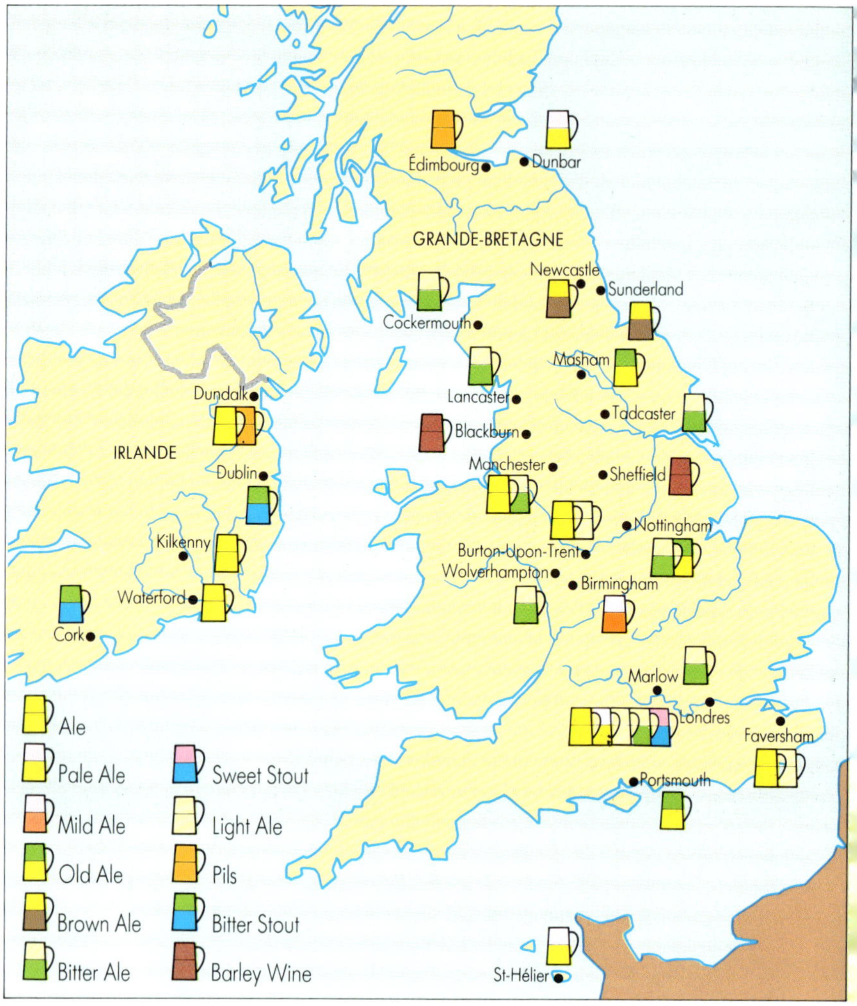

Bénéficiant d'une tradition plus que millénaire en matière de brassage, les îles britanniques produisent, avec l'Allemagne et la Belgique, les meilleurs bières du monde. La Grande-Bretagne et l'Écosse sont les pays de l'*ale,* l'Irlande est celui de la *stout.* Mais pour apprécier pleinement la qualité de cette production, il faut aller sur place, car aucune bière en bouteille n'approche l'arôme, la saveur et le corps des bières non pasteurisées, servies à la pression dans ces pubs au charme suranné qui jalonnent les villes et les campagnes.

Sept grands groupes dominent l'activité brassicole britannique : *Bass Charington, Allied-Lyons Breweries, Whitbread, Grand Metropolitan Watney, Courage, Scottish and Newcastle* et, en Irlande, *Guinness.* À l'exception de Guinness, tous les producteurs, petits ou grands, possèdent un réseau de pubs distribuant leurs bières à la pression ainsi qu'un large choix d'autres marques, principalement en bouteille.

Après une tentative d'unification de la production par le biais de marques nationales, toutes les brasseries semblent aujourd'hui, sous l'impulsion de la CAMRA, engagées dans le marketing des bières régionales et déploient d'énormes efforts publicitaires pour attirer les consommateurs vers ces dernières. Outre les cent cinquante brasseries produisant pour environ quatre-vingts entreprises de tailles diverses que comptent les îles britanniques, d'innombrables micro-brasseries se sont ouvertes, dont le succès a inspiré même les plus grands. Ainsi Whitbread a ouvert une micro-brasserie près de Hemel Hempstead, prouvant que la production de bières de haut de gamme n'était nullement préjudiciable au chiffre d'affaires réalisé par des bières industrielles.

La Grande-Bretagne : une exceptionnelle variété

La gamme des bières britanniques est d'une rare diversité. On y répertorie toutes les saveurs - des corsées aux plus douces -, toutes les colorations - des pâles aux foncées en passant par les rousses -, toutes les gradations de force en alcool - de 3 à 12,5 % -, toutes les consistances - des plus pétillantes à mousse abondante aux bières plates, dépourvues de mousse. La plupart des produits sont de fermentation haute et on les sert à la température ambiante, ce qui permet d'apprécier leur arôme et leur bouquet.

La plupart des types de bières actuellement fabriquées remonte à un ou deux siècles, à l'exception de la *lager,* qui n'a été adoptée que récemment. Si cette dernière connaît une assez forte progression dans les circuits de grande distribution, les bières classiques prédominent dans les pubs et les clubs.

La plus ancienne des bières modernes, la *porter,* a été créée en 1722, dans la banlieue de Londres. Cette bière, épaisse et de couleur foncée, à laquelle une forte proportion de malt conférait une saveur amère, fut rapidement adoptée sur tout le territoire et devint la boisson nationale de l'Irlande. C'est d'elle que dérivent la *stout* et la *bitter stout,* qui firent la fortune de Guinness. Whitbread et la brasserie de Charington produisirent longtemps de la *porter,* mais ce type a été pratiquement abandonné, à l'exception de quelques micro-brasseries britanniques et américaines, qui tentent de le ressusciter.

En revanche, on trouve toujours des *sweet stouts* et des *milk stouts,* qui sont des bières brunes, à la saveur sucrée. La *pale ale* apparut vers 1750, à Burton, petite ville de la vallée de la Trent, dont l'eau, riche en gypse, était réputée pour la fabrication de bières claires et pétillantes. Aujourd'hui, toutes les brasseries produisent une ou plusieurs *pale,* dont la couleur varie du cuivre doré au brun. La catégorie dénommée *Export* a une teneur en alcool plus forte.

La *bitter* est, en réalité, une *pale ale* non pasteurisée, fermentée en fût et débitée à la pression. De fait, il est préférable d'utiliser des pompes manuelles, car la pression au gaz altère le goût de la bière. Parmi les *bitters,* il existe une catégorie spéciale, appelée *keg beer,* filtrée et pasteurisée, à la saveur plus douce et qui est un produit de marketing apparu récemment, visant une clientèle féminine et les tranches d'âge les plus jeunes. Elle est, en général, peu appréciée des véritables amateurs. À Londres, les meilleures *bitters* sont produites par deux petites brasseries indépendantes : Young et Fuller.

La *mild* est une bière plus douce que la précédente, claire ou foncée et d'une saveur maltée légèrement caramélisée. Actuellement, elle enregistre un certain recul, dû au fait qu'il s'agissait d'une bière de consommation très populaire. Toutefois, elle demeure très appréciée dans les Midlands.

La *brown ale* est une bière brune proche du type viennois, particulièrement répandue dans le nord de l'Angleterre.

Parmi les spécialités, il faut encore citer les *old ales,* qui présentent la particularité de s'améliorer en vieillissant. La plus célèbre est la *Thomas Hardy,* fabriquée à Dorchester et dont l'étiquette affirme qu'elle peut se conserver pendant 25 ans. C'est une bière douce, de couleur sombre et très lourde en alcool.

En dépit de son nom, la *Russian Stout* produite par Courage n'est pas réellement une *stout,* mais une bière particulière, proche des *barley wines,* dont la teneur en alcool est très élevée et la saveur très riche. Les véritables *barley wines* (« vins d'orge ») sont des bières généralement foncées et fortes, aussi bien en goût qu'en alcool. Les brasseries Young et Ridley en produisent d'excellentes ; celle fabriquée par Whitbread présente la particularité d'être de couleur assez claire.

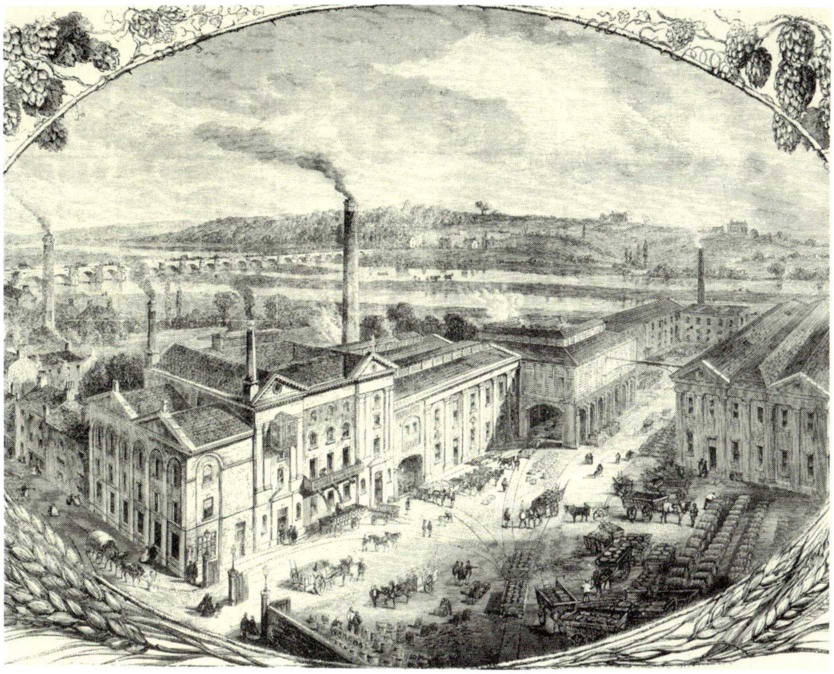

Vue générale de la Brasserie d'Allsopp Fils, à Burton-upon-Trent (milieu XIXᵉ s.). Coll. A.P.-R. Phot. J. Klein/ A. Perrier-Robert.

La Camra

Dans les années 1970, la disparition progressive de la *bitter,* pratiquement considérée par les Anglais comme un bien culturel, a suscité la mobilisation d'un groupement de jeunes consommateurs, amoureux de la « vraie bière ». La *Campaign for Real Ale* (abrégée en *CAMRA*) publie, chaque année, un *Good Beer Guide* qui recense les 5 000 meilleurs pubs du pays, débitant des bières à la pression manuelle.

L'action entreprise par la CAMRA a trouvé un écho favorable parmi le public et les grands groupes n'ont pas tardé à réagir. Principale cible des attaques de la CAMRA, Watney a lancé une *Finned Bitter* d'assez bonne qualité et sa filiale Wilson, dans le nord, a produit une *Reale Ale* pleine de caractère. Allied Breweries distribue une bitter de fermentation naturelle sous la marque *Burton Ale.* Courage a repris la fabrication de la *Director's Bitter* et Bass celle de la *Bitter* non pasteurisée, débitée à la pression dans les pubs. La plupart des cent cinquante brasseries britanniques produisent à l'heure actuelle des *bitters* fermentées en fût, dont les meilleures, malheureusement assez fragiles, voyagent mal.

Dans le calme feutré des pubs anglais...
Phot. J.-F. Ittel.

LES PUBS : UNE INSTITUTION BRITANNIQUE

Vieux de plus de mille ans, le *pub* (abréviation de *public house*) est une véritable institution en Grande-Bretagne, établissement public où sont servies des boissons alcoolisées, notamment de la bière, aux consommateurs de plus de dix-huit ans et cela à certaines heures de la journée, généralement de 11 h à 15 h et de 17 h 30 à 23 h en semaine, de 12 h à 14 h et de 19 h à 22 h 30 le dimanche. Il convient, toutefois, de signaler qu'en 1987, le parlement britannique a voté une loi autorisant l'ouverture des pubs de 11 h à 23 h en Angleterre et au Pays de Galles, à l'instar des débits de boissons écossais.

Lieu peu recommandable au Moyen-Âge, le pub gagna en respectabilité et en renommée à la fin du XVIe siècle. Malheureusement, la plupart des pubs londoniens de cette époque allaient disparaître dans le grand incendie de 1666. Discrets pendant la dictature puritaine de Cromwell, ces lieux de consommation « resurgirent » sous le règne de Charles II. De cette période datent, d'ailleurs, un grand nombre de ceux qui nous sont parvenus, bien que les plus beaux et les plus populaires sont souvent ceux créés au XVIIIe siècle.

C'est sous le règne de la reine Victoria que les pubs connurent leur âge d'or. On construisit, on rénova. Miroir de la société qu'il servait, le pub victorien comprenait plusieurs bars : celui du gentleman et celui de l'ouvrier. Distinction aujourd'hui certes oubliée. Le pub se compose désormais d'un seul bar. Moquette, boiseries et poutres apparentes constituent l'essentiel de la décoration. Le cadre est souvent confortable, intime et chaleureux. On s'attache à y conserver balcons élisabéthains, marbres, cuivres et miroirs victoriens, vitres dépolies et enseignes, etc., témoins d'une histoire étroitement liée au passé du pays.

Le pub de la fin du XXe siècle propose repas et collations. Une salle de restaurant est parfois attenante au bar. Mais on y trouve aussi des jeux, de dominos et surtout de fléchettes, complément indissociable du lieu. Et enfin il est de tradition d'y chanter des chansons à boire sur fond d'accompagnement au piano... tout en savourant les bières du cru.

L'Écosse, de l'industrie aux micro-brasseries

Ce pays réserve quelques surprises au visiteur étranger : tout d'abord, les qualités de bière sont généralement désignées en shillings par tonneau - une survivance d'anciennes taxations. Les mentions 70/, 80/ et 90/ permettent donc de savoir s'il s'agit d'une bière ordinaire ou d'une bière spéciale. Ensuite, les Écossais emploient le terme *heavy* à la place de *bitter* et le terme *light* à la place de *mild*.

Autrefois réputée pour la force de ses bières, l'Écosse se remet mal de la prise de pouvoir opérée par les grands groupes brassicoles britanniques dans les années 1960. Un grand nombre de produits classiques ont disparu, que les bières industrielles ne sont pas parvenues à remplacer, malgré un effort notable porté sur la qualité et la recréation d'anciens types locaux, mais brassés industriellement.

Le centre brassicole le plus important est Édimbourg où Scottish and Newcastle, le plus grand groupe écossais, possède deux brasseries qui distribuent leurs *ales* brunes, fermentées en fût, sous les labels *McEwan* et *Younger*. Drynborough est une brasserie spécialisée dans les *kegs ;* elle appartient au groupe Watney. Lorimer and Clark, filiale de Vaux, brasse une *ale* de bonne qualité, surtout vendue à la pression. À Alloa, petite ville brassicole du centre de l'Écosse, la brasserie indépendante Maclay produit probablement les meilleures *ales* écossaises, mais elles ne sont distribuées que localement. Sur la côte orientale, la brasserie Belhaven, installée dans le cadre romantique d'un ancien monastère, offre une gamme d'*ales* très typées et d'une remarquable saveur.

Enfin, l'Écosse produit quelques *lagers* de type international (le groupe Skol possède une brasserie à Édimbourg) et des variétés britanniques brassées par Bass Charington à Édimbourg et Glasgow, sous la marque *Tennent*.

Ce sont toutefois les micro-brasseries ouvertes récemment à Édimbourg, Iverness, Aberdeen ou Glasgow qui offrent les bières les plus savoureuses, à la saveur riche et fruitée, mais elles sont hélas trop rares.

L'Irlande et la domination de Guinness

Si l'Irlande fait aujourd'hui partie des principaux pays exportateurs de bière de la C.E.E., il est notable que ce soit avec un seul produit : la *stout* Guinness, qui est également fabriquée sous licence dans de nombreux pays. Fondée en 1759 à Dublin, la brasserie Guinness est l'une des premières entreprises du pays et, pour les Irlandais, une véritable institution. Elle fabrique principalement deux produits : la *stout* amère, que l'on désigne habituellement sous le nom de *Guinness* et qui, débitée localement à la pression, a une saveur toute différente car elle n'est pas pasteurisée ; et la *Guinness Extra Stout,* également non pasteurisée, qui fermente en bouteille. Cette dernière, plus fragile, est pratiquement inconnue en France. Les Irlandais mélangent parfois ces deux bières, pour obtenir une boisson proche de l'ancienne *porter,* qu'ils appellent *Black and Tan.*

À Cork, deux firmes brassent également des *stouts :* Murphy et Beamish and Crawford, une filiale du groupe canadien Carling O'Keefe. La *stout* Murphy est de saveur plus douce que la Guinness, alors que celle de Beamish and Crawford a un goût très proche, mais une couleur plus claire.

Affiche publicitaire de la brasserie Adnams & Co, 1891. Phot. J. Klein/ A. Perrier-Robert.

La *stout* constitue plus de 60 % de la production, mais l'Irlande brasse aussi quelques *ales,* dont la plus connue est la *Smithwick's,* fabriquée à Kilkenny. Les *ales* irlandaises sont, pour la plupart, de couleur foncée et leur saveur est plus ou moins amère, selon les cas. À Enniscorthy, la brasserie Lett a cessé de produire sa célèbre *ale* rousse, qui est désormais brassée sous licence, à Lille, par la Française de Brasserie, sous la marque *Georges Killian.*

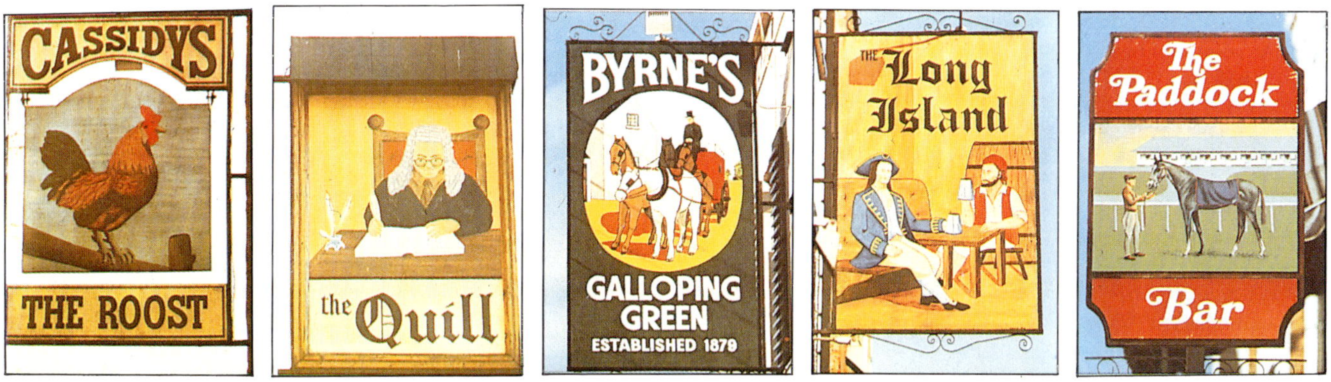

Il n'est de pub irlandais qui ne serve de Guinness. *Doc.* Guinness. *Phot. J. Klein/ A. Perrier-Robert.*

L'U.R.S.S.
ET
LES PAYS DE L'EST

À droite:
L'un des gobelets qui participèrent à la fête tragique. Coll. « Bière Magazine », Musée Européen de la Brasserie, Romedenne (Philippeville), Belgique. Phot. J. Klein/ A. Perrier-Robert.

En U.R.S.S. et dans les pays de l'Est, la bière est une vieille tradition. Elle y est surtout blonde, de fermentation basse et de faible teneur alcoolique. En Pologne et en Hongrie se ressentent les influences conjuguées des bières de type germanique et de type tchèque. N'est-ce pas Anton Dreher, à qui l'on doit le style viennois, qui créa la brasserie Kobanya à Budapest ? Mais si l'U.R.S.S. se distingue par l'importance de sa production, la Tchécoslovaquie demeure le berceau de la *pils* universellement renommée.

L'U.R.S.S. et la bière : une production en chute

Depuis 1985, la bière a perdu de sa faveur en U.R.S.S. En effet, l'arrêté anti-alcoolique du 17 mai 1985, qui visait le vin et la vodka, a également touché la bière et nombre de brasseries se sont reconverties dans la fabrication de boissons non alcoolisées de remplacement. D'où une chute brutale de la production brassicole : 48,9 millions d'hectolitres en 1986 pour 65,7 millions l'année précédente, ce qui traduit un retour au niveau de 1973. Quant à la consommation *per capita* , elle varie du simple au triple entre le sud et le nord.

Il fallut attendre le milieu du XIXe siècle pour voir se bâtir les premières grandes brasseries, à Saint-Pétersbourg, à Moscou, à Kiev, à Kharkov. Ce n'est, par ailleurs, qu'en 1909 qu'eut lieu la première manifestation brassicole digne d'intérêt : l'Exposition Internationale de Brasserie, à Saint-Pétersbourg. En 1913, 1 016 brasseries produisaient 11,3 millions d'hectolitres de bière. Mais nombre d'entre elles furent touchées par le conflit mondial et par la Révolution d'octobre 1917; le rétablissement de l'industrie brassicole n'allait intervenir que dans les années 1920. Vers 1928, la production de l'U.R.S.S. atteignait à peu près la moitié de celle de 1913. Puis les plans quinquennaux la favorisèrent. En 1938, la brasserie Trochgorny restait la plus importante, les autres brasseries importantes étant établies à Kiev, Kharkov, Rostov et Odessa. Toutes dépendaient du Commissariat National du Trust des Denrées Alimentaires, qui autorisait une bière à 3,5 % de volume d'alcool.

Durant la Seconde Guerre mondiale, nombre d'établissements furent totalement ou partiellement détruits. L'après-guerre connut leur reconstruction, ainsi que l'apparition d'un nouveau système technologique de production à cycle plus bref, de 24 jours, au lieu de 41. Et la progression allait être constante jusqu'en 1985, année fatidique.

Les bières soviétiques sont aujourd'hui de deux types : blondes et brunes. Pour certaines d'entre elles, le malt est additionné de farine de riz, dans une proportion de 10 à 20 %. Tel est le cas de la *Léningrad*, bière blonde, de couleur paille foncée, à la saveur de vin (taux d'alcool : 6 %), de la *Moscou*, bière blonde, pâle, à l'arôme très houblonné et à la saveur délicate (taux d'alcool : 3,5 %) et de la *Neva*, bière blonde, assez foncée, légèrement amère (taux d'alcool : 5 %). La *Rafraîchissante* préparée à partir d'un mélange de malt, d'orge et de farine d'orge (jusqu'à 15 %), est une bière blonde très légère (taux d'alcool : 1,8 %).

Parmi les bières brunes, il faut mentionner : la *Velours*, très foncée, à la saveur douceâtre et à l'arôme de malt (taux d'alcool : 2,9 %) ; l'*Ostankino*, de couleur rubis et à l'arôme très malté (taux d'alcool : 4,5 %) ; la *Porter*, brun foncé, à la saveur sucrée (taux d'alcool : 5 %) ; etc.

À L'ORIGINE D'UNE TRAGÉDIE NATIONALE : LA BIÈRE

Il fallut un tragique évènement pour que le monde découvrît que les Russes étaient grands amateurs de bière. En effet, le tsar Nicolas II ayant voulu, à l'instar de ses prédécesseurs, que les Moscovites, sans distinction de classe, participassent aux fêtes de son couronnement, le 4 juin 1896, le peuple fut convié à un gigantesque banquet sur l'herbe. Toute la nuit précédente dura l'exode de la population de Moscou vers la plaine où allait se dérouler la fête. La perspective était, certes, tentante : des vivres seraient offerts aux participants qui, par ailleurs, pourraient boire l'hydromel et la bière du tsar dans des gobelets aux initiales impériales ; enfin, féeries et pièces à grand spectacle étaient promises pour cette célébration.

Il était à peine six heures. Au regard de l'impatience de la foule, les préposés à la distribution crurent bon de lancer quelques paquets parmi les premiers rangs. L'idée s'avéra désastreuse : ce fut le signal de la poussée générale. On se battit, on trébucha, on tomba, on fut piétiné... Et s'ensuivit une horrible tragédie... qui fit 3 000 morts.

Un musée de la bière à Pilsen

Si la bière a joué un grand rôle dans l'histoire de Pilsen, depuis sa fondation en 1295, ce n'est qu'en 1929 que fut lancée l'idée d'un musée consacré à la brasserie et, la Seconde Guerre mondiale ayant relégué le projet dans l'ombre, il fallut attendre 1959 pour voir enfin s'ouvrir les portes de ce haut lieu tchèque de l'art brassicole, le *Pivovarské Muzeum*. Lieu riche de documents et de souvenirs attachés à une tradition profondément enracinée dans la culture populaire et dont on trouve des traces dès le XIe siècle. Ainsi peut-on y découvrir une « cravate de l'opprobe », insigne que l'on passait, au Moyen-Âge, au cou des malteurs accusés d'avoir fabriqué un mauvais malt ou brassé de la mauvaise bière. De même, la célèbre porte gothique de Pilsen évoque le temps où l'on faisait argent du droit de brassage. Et tandis qu'une collection de chopes évoque le talent des céramistes de la ville aux XIVe et XVe siècles, une place d'honneur est réservée à František Ondřej Poupě (1753-1805), réformateur tchèque de la brasserie et fondateur de la première école de malterie d'où sortirent de nombreux spécialistes renommés au-delà des frontières.

Aux sources de la pils, en Tchécoslovaquie

Si la bière de type *pils* est indissociablement liée à la terre tchèque, c'est sans conteste qu'elle trouva là un climat et un sol parfaitement adaptés à l'activité brassicole. La plaine fertile de Hana, les bassins de la Morava et de l'Elbe, l'ouest de la Slovaquie produisent les meilleures orges, desquelles dérivent des malts réputés. Quant au houblon, cultivé dans les régions de Žatec (all. *saaz*) et d'Ustek, il est aussi séculaire. La plus ancienne houblonnière remonterait à l'an 768 et la première mention de l'addition de houblon pour la fabrication de la bière date de 1079. Aujourd'hui, les qualités de finesse et de conservation du houblon de Bohême le font utiliser dans de nombreux pays. Par ailleurs, dans les instituts de recherche de Žatec et de Prague a été mis au point l'extrait de houblon, qui, malgré son faible volume, porte en lui les vertus indispensables à un brassage harmonieux.

Rien d'étonnant donc à ce que ces conditions favorables, jointes au goût des Slaves pour cette boisson, aient contribué au prodigieux essor de l'industrie brassicole tchèque. Au fil des siècles, celui-ci accompagna le développement des villes. Le métier s'organisa peu à peu, les corporations apparurent. Ainsi une guilde de malteurs se forma-t-elle à Prague en 1330, une autre à Brno en 1353, ... Mais, au début, de nombreux bourgeois pratiquaient le brassage, le droit en étant accordé par le roi, et avaient recours à des compagnons-malteurs, membres de le corporation de la cité. Ils exerçaient leur droit dans une « brasserie » équipée du matériel nécessaire, qu'ils louaient contre une certaine taxe. À côté d'une bière *blonde* ou *amère*, ils fabriquaient de plus en plus de bière *brune*, dite *bavaroise*. Toutefois, comme en d'autres pays, le brassage ne tarda pas à devenir le privilège de quelques-uns et à être rigoureusement réglementé, sur la quantité de matières premières à employer pour un brassin et sur celle de bière ne devant pas être dépassée. D'autant qu'abus était souvent fait de cette boisson, ainsi que l'attestent les nombreux écrits moralisateurs dont fleurit la période de la Renaissance.

Connaisseur tout autant que scientifique, Tadéaš Hájek devait, en 1585, publier le premier écrit sur la bière de Bohême, prônant celle-ci au détriment du vin. Toutefois, l'évolution de l'industrie brassicole tchèque allait souffrir de la guerre de Trente Ans et il fallut attendre le XVIIIe siècle pour que s'opérât le renouveau décisif. Il fut surtout l'oeuvre du malteur František Ondřej Poupě (1753-1805), originaire d'Olomouc, qui donna au brassage ses bases scientifiques, introduisit l'usage du thermomètre et de la balance de brasserie et fut, en son temps, un conseiller technique recherché à l'étranger. Ses recherches devaient être valables jusqu'au début de l'ère industrielle.

L'évolution s'accéléra, en effet, après 1830. Karel Balling, professeur de chimie à l'école polytechnique de Prague, y contribua largement ; on le surnomma le « grand maître de la technique des enzymes ». La méthode tchèque de brassage fut élaborée par les frères Ječmen. Méthode plus tard adoptée par de nombreux pays (Allemagne du Nord, France, Danemark, etc.). Et Pilsen, qui possédait sa brasserie depuis la fin du XVe siècle, commença en 1842 de fabriquer sa célèbre bière dorée, de fermentation basse ; ainsi allait-elle être promue capitale de la bière tchèque. Cette bière, brassée avec de l'eau très douce, pauvre en sels minéraux, avec du malt tchèque et des houblons de Saaz (à raison de 400 g / hl), était destinée à devenir le prototype des bières blondes dans le monde entier (*v. Pilsner Urquell*). Mais si sa production, de 115 000 hl en 1895, passa à 1 019 645 hl à la veille de la Grande Guerre, elle n'était plus que de 544 372 hl en 1948, au sortir de la Seconde Guerre Mondiale.

Aujourd'hui, la bière tchèque est exportée dans quatre-vingts pays. Les marques les plus célèbres sont *Pilsner Urquell* et *Budweiser Budvar*. Mais il faut aussi mentionner les bières de Bohême de *Staropramen* et *Weltbräu*, celles de *Pražan*, *Bohemia Regent*, etc. En Moravie, la brasserie de Nŏsovice (marque de la brasserie Radhost) fut créée en 1971 ; elle brasse quelque 800 000 hl par an. Quant aux marques slovaques, ce sont *Goldener Fasan*, *Šariš*, *Primus* et *Tatran*, entre autres. Toutes brasseries produisant essentiellement de la bière blonde, quelquefois une bière brune et parfois une spécialité.

En haut:
Une célèbre bière polonaise.
Phot. J. Klein/ A. Perrier-Robert.

En bas:
L'étiquette de la célèbre Pilsner Urquell.
Phot. J. Klein/ A. Perrier-Robert.

LES PAYS NORDIQUES

Affiche suédoise pour la pilsener *de la brasserie Hornsberg, à Stockholm. Phot. J. Klein/ A. Perrier-Robert.*

Une boisson s'apparentant à l'hydromel, *mjöd,* était connue dans les pays scandinaves dès 1500 av. J.-C., préparation à base de miel et de blé ou d'autres céréales fermentés. L'ivresse qu'elle provoquait était considérée comme un don des dieux. Sans doute avec les expéditions des Vikings et les contacts de ceux-ci avec d'autres peuples perdit-elle de son taux alcoolique et prit-elle un caractère proche de la bière que nous connaissons. Quoi qu'il en soit, à l'instar du mjöd, la bière a de tous temps joué un rôle important dans la vie scandinave, associée aux fêtes et aux évènements marquants. Ne retrouve-t-on pas ainsi, en Suède, le mot « bière » (öl) dans le terme *gravöl* désignant la réception qui suit un enterrement ?

Les bières suédoises
Classe I: « bière légère » (taux d'alcool maximal: 1,8%).

Classe II: « bière populaire » (taux d'alcool maximal: 2,8%).

Classe III: « bière forte » vendue uniquement dans les magasins d'État (taux d'alcool maximal: 4,5%).

La bière « moyenne » : une préoccupation suédoise

Malgré la mauvaise qualité de la bière suédoise au Moyen-Âge, la consommation en était très élevée. C'était, en effet, la seule boisson d'un prix raisonnable et qui présentait moins de risque que l'eau, souvent polluée, d'autant que le lait était alors considéré plutôt comme un médicament. Autre raison de cette dilection pour la bière : la nourriture très salée de l'époque. Toutefois, au XVIIe siècle, l'engouement pour l'akvavit prit le dessus, suscitant par ailleurs un problème d'alcoolisme contre lequel on tenta de lutter en valorisant la bière. Et, au Siècle des Lumières, le naturaliste Carl von Linné fut de ceux qui vantèrent les mérites de celle-ci.

Néanmoins, ce n'est qu'au XIXe siècle que cette boisson fut véritablement réhabilitée grâce aux progrès techniques en matière de brassage. À cette même époque, la future reine, la princesse Josefine, originaire de Bavière, introduisit la bière blonde, de type *lager*. La seconde moitié du siècle vit donc le nombre des brasseries doubler et la *pils* bientôt dominer le marché.

Plus près de nous, en 1955, la vente de la bière « forte » devint monopole d'État et beaucoup de petites brasseries disparurent. Des cent vingt existantes n'en subsistèrent que seize, aujourd'hui regroupées en huit entreprises. Lancée en Suède en 1965, la bière « moyenne » (taux d'alcool maximal : 3,6 %) devait être supprimée en 1977 à la suite de débats au Parlement, dans les médias et au sein des associations de tempérance. Ainsi le taux d'alcool autorisé pour les bières vendues en dehors des magasins d'État (*Systembolaget*) a-t-il été ramené à 2,8 %. La principale raison de cette mesure était que la bière « moyenne » était devenue la boisson favorite des jeunes et que l'abus qu'ils en faisaient était fort préoccupant.

Depuis quelques années, l'intérêt porté à la bière a nettement augmenté. L'importation des bières étrangères n'a cessé de croître et les brasseries suédoises, dont la plus importante est *AB Pripps Bryggerier,* ont lancé de nouvelles bières de haute qualité. En dépit du nombre réduit des points de vente de la bière forte et de son prix élevé dans les restaurants, elle est la plus consommée : 60 millions de litres pour les six premiers mois de 1987, contre 44 millions pour la même période en 1981.

Au Danemark, l'une des meilleures bières du monde

Comme les autres pays nordiques, le Danemark connut jusque vers l'an 1200 la bière brassée à partir de blé et d'airelles rouges, puis aromatisée au myrte et au miel. Recette qui disparut progressivement au profit de la bière au houblon venue d'Allemagne. Cette dernière n'était pas alors très forte. Sa qualité était instable. Mais elle constituait la boisson quotidienne, l'eau étant source de maladie, le vin réservé à la bourgeoisie et le lait frais difficile à se procurer.

La bière allemande était fort appréciée, notamment à la cour. Ainsi, au XVIe siècle, le roi Christian III, très amateur de bière, fonda-t-il une brasserie de style allemand à Copenhague. Toutefois, au début du siècle suivant, s'inquié-

L'imposante entrée de la brasserie Carlsberg à Copenhague. Phot. United Breweries Ltd., Copenhague.

Islande : une libéralisation en cours

Si l'Islande a subi le joug de la prohibition au cours des vingt premières années de ce siècle, elle connaît encore, en matière de bière, un régime des plus stricts. En effet, cette boisson n'y a pas bénéficié de décret libéralisateur, à la différence des vins et des alcools. Et à cela a largement contribué l'opposition de la majorité des Islandais, qui, jusqu'en 1979, ont refusé toute légalisation de la bière « forte ». Toutefois, l'inversion des tendances (53,7 % de « pour » en 1980 et 64,3 % actuellement) laisse espérer que des discussions parlementaires sortira dans un avenir proche un décret en faveur de la bière.

Comme pour les autres boissons alcoolisées, la bière relève ici d'un monopole d'État, *Afengis- og tobaksverslun rikising,* qui en contrôle la production et la vente, la publicité en étant rigoureusement interdite. Les trois brasseries agréées (Sanitas, Sana et Olgerdin Egill Skallagrimsson) fabriquent une bière exclusivement blonde et légère, qui ne dépasse pas 2,25 % d'alcool par volume et est destinée à la fois à la consommation locale et à l'exportation à petite échelle vers les îles Féroé et le Groenland.

On trouve, par ailleurs, des bières d'importation, légères, principalement d'origine danoise (Tuborg, Carslberg), mais aussi de type Heineken, dans les magasins hors-taxe.

tant du coût de ces importations pour l'économie du pays, le roi Christian IV, qui lui-même était gros consommateur (de huit à douze pots, soit l'équivalent de quelque quarante bouteilles par jour), ferma les frontières à la bière allemande et chercha à développer le brassage local. D'où la création, en 1616-1618, de la Brasserie Royale, destinée à fournir de la bière à la marine royale et à la flotte commerciale. Cette brasserie, transférée près de Langebro dans la seconde moitié du XVIIIe siècle, fut le haut-lieu de la mise au point d'une fabrication moderne et industrielle. Y fut brassée, en 1838, la première bière de type bavarois à fermentation basse.

Aujourd'hui, les Danois ne sont pas loin de penser que leur bière est la meilleure du monde. Et la réputation de marques comme *Tuborg* ou *Carlsberg* de par le monde tend à le confirmer. Ces deux grandes brasseries ont fusionné, en 1970, en un groupe *United Breweries Ltd.*, qui couvre 80 % du marché danois, chaque brasserie conservant en son sein sa propre autonomie.

La bière danoise est essentiellement blonde. Sa teneur en alcool varie selon une classification bien précise:
Classe 1: environ 3,6%;
Classe A: environ 4,5%;
Classe B: environ 6%;
Classe 2: environ 2,1%;
hvidtøl: 1,2%.
La consommation annuelle est de 131,8 l par habitant, couverte, pour 80 à 85%, par des bières de la classe 1, à faible teneur en alcool.

Publicité début de siècle pour une brasserie norvégienne. Phot. J. Klein/ A. Perrier-Robert.

En Norvège, une consommation en hausse

Des Vikings on dit que, lorsqu'ils n'étaient pas d'humeur belliqueuse, ils buvaient de la bière entre amis. Les Norvégiens d'aujourd'hui en ont conservé la tradition et leur consommation annuelle s'élève à 212 millions de litres, soit 51 l *per capita.* Des chiffres qui reflètent une hausse, en même temps qu'un renversement de tendances. En effet, de 1983 à 1986, une taxation avait fait monter le prix de la bière de 8 %, tandis que celui des vins et des alcools avait baissé respectivement de 7 et de 10 %. La consommation de bière s'en était ressentie, avec un recul de 3 % entre 1984 et 1985.

Ici, comme dans les autres pays nordiques, la bière est taxée sur sa teneur en alcool :
- classe 0 : moins de 0,7 % d'alcool ;
- classe 1 : de 0,7 à 2,5 % d'alcool ;
- classe 2 : de 2,5 à 4,75 % d'alcool ;
- classe 3 : de 4,75 à 7 % d'alcool.

La classe 2 couvre, à elle seule, 80 % de la consommation et, parmi les bières de cette catégorie, la *Pilsen* 77 %, les autres étant du type *bière de Bavière, bière d'été* et *spéciale.* Toutes bières blondes à faible taux d'alcool (4,4 % environ). La classe 3, quant à elle, comporte les bières *export,* celles de type *bock* et la *bière de Noël,* auxquelles il y a lieu d'ajouter des bières de marques étrangères brassées sous licence (Heineken, Tuborg) et qui occupent 5 % du marché.

L'industrie brassicole norvégienne est entre les mains de quinze brasseries regroupées en dix sociétés différentes :
- le groupe Nora, constitué de cinq brasseries, dont deux à Oslo, les trois autres étant sises à Trondheim, Arendal et Bodø ; il produit 1,3 millions d'hectolitres de bière ;
- la brasserie Hansa, à Bergen, qui assure une production de 0,3 million d'hectolitres ;
- le groupe Tou, formé de deux brasseries, l'une à Stavanger et l'autre à Kristiansand, fournissant au total 0,18 million d'hectolitres ;
- la brasserie Mack, établie à Tromsø, à 300 kilomètres au nord du cercle polaire (brasserie la plus « septentrionale » du monde), avec une production de 0,15 million d'hectolitres ;
- et les brasseries Aass (à Drammen), Hamar (à Hamar), Borg (à Sarpsborg), Fredrikstad (à Fredrikstad), Gran (à Sandefjord) et Moss (à Moss).

À deux ou trois exceptions près, ces brasseries sont restées sur leur site d'origine, ce qui ne les a pas empêchées de se moderniser et de s'adapter à l'ère de l'électronique.

La Finlande et la prohibition

Dans ce pays d'Europe du Nord, la consommation de la bière remonterait au 1er millénaire av. J.-C. Une longue tradition donc, dont fait état, en quatre vers, le *Kalevala,* la grande épopée populaire finnoise.

Très répandue dès le haut Moyen-Âge, au sein des monastères et des cours seigneuriales, la bière était alors le complément idéal d'une nourriture fortement salée, l'hiver surtout, et que ne pouvait accompagner le lait, entièrement destiné à la fabrication du beurre. Sa faveur fut immense jusqu'à la fin du XVIIe siècle, époque où s'amorça un rapide déclin dû à la vogue grandissante des eaux-de-vie. Et ce n'est qu'à partir du début du XIXe que les villes finlandaises entreprirent de relancer une véritable production brassicole, réservant l'exclusivité de celle-ci à un nombre limité de fabricants. Ainsi, à Helsinki,

Les bières finlandaises

Classe I : volume d'alcool : moins de 2,25 % ; teneur en moût original : de 6 à 7,5 % ; ces bières ne sont pas régies par la législation sur les alcools.
Classe II : volume d'alcool : 2,5 à 3 % ; ces bières ne sont plus produites.
Classe III : volume d'alcool : 3 à 3,7 % ; teneur en moût original : 9 à 11 % ; ces bières « courantes » représentent 57 % du marché.
Classe IVA : volume d'alcool : 4,5 % au plus ; teneur en moût original : 11 à 12,5 % ; ces bières *export* représentent quelque 40 % des ventes et ne sont vendues que par les magasins de la régie nationale ou les restaurants possédant une licence.
Classe IVB : volume d'alcool : environ 5,6 % ; teneur en moût original : 15,5 % ; cette bière n'est fabriquée que pour l'exportation.

Il est à noter que, depuis 1986, l'Alko a favorisé l'introduction de bières d'importation dans la catégorie IVA.

La diversité des bières finlandaise actuelles, à travers leurs étiquettes. Phot. J. Klein/ A. Perrier-Robert.

Nikolai Sinebrychoff en détint-il le monopole à partir de 1819.

À ce renouveau contribua le mouvement de tempérance qui choisit de favoriser la bière au détriment des eaux-de-vie, dont la consommation dépassait souvent toute retenue. Se multiplièrent par conséquent les brasseries ; on en comptait quatre-vingt dix en 1890. Toutefois, à l'instar des États-Unis et de leur politique en matière d'alcool, le mouvement de tempérance ne tarda pas à adopter une position absolue. S'il ne parvint cependant pas à obtenir la prohibition totale des boissons alcoolisées en Finlande, une législation très rigoureuse prit effet sous sa pression, qui, de 1919 à 1932, n'autorisa que les boissons à base de malt présentant un taux d'alcool inférieur à 2,25 %. S'ensuivit l'inévitable trafic de boissons que connurent aussi les États-Unis et auquel mit fin, après un référendum national, la loi du 5 avril 1932, instaurant le principe du monopole qui, désormais, confiait à l'État la fabrication et le commerce des boissons alcoolisées.

Ce principe subsiste aujourd'hui encore, légèrement assoupli par la loi de 1969. Seules les brasseries signataires d'un accord avec la régie Alko sont habilitées à produire de la bière. Est vendue par les magasins alimentaires de détail la bière « moyenne », d'un taux d'alcool inférieur à 3,7 %, tandis que la Régie assure, à travers ses propres magasins, la distribution de la bière plus forte. Enfin, le taux de fiscalité appliqué à la bière est l'un des plus élevés du monde : 40 % pour la classe IV et 30 % pour la classe III, avec une T.V.A. se greffant sur le tout (16 % à l'heure actuelle).

Les bières finlandaises sont, pour la plupart, des *pils* de type *lager*, fabriquées selon le traditionnel procédé de la fermentation basse. La classe IVA comporte néanmoins une bière brune, de fermentation haute et de type *stout*, dont le taux d'alcool est égal ou supérieur à 6 %.

Quant à la production globale, elle est de 321 millions de litres par an (1986) pour une consommation annuelle *per capita* de 65,2 litres (1986), ce qui place les Finlandais dans la moyenne mondiale.

Une douzaine de brasseries, réunies en quatre groupes, constituent le marché de la bière en Finlande :
- Oy Hartwall Ab, avec ses brasseries réparties dans le pays, à Tornio, Lappeenranta et Helsinki notamment ;
- Oy Mallasjuoma, établi à Lahti, Oulu et Heinola ;
- Olvi Oy, installé à Iisalmi ;
- Oy Pyynikki, récemment réuni à Oy Sinebrychoff Ab, avec des brasseries à Helsinki, Iisalmi, Pori et Tampere.

LE CONTINENT AMÉRICAIN

Les États-Unis, premier producteur mondial de bière

La tradition de la brasserie aux États-Unis remonte aux premiers jours de la colonisation. New York et Philadelphie furent historiquement les premiers centres brassicoles et ce n'est qu'au XIXe siècle que le Middle West affirma sa suprématie, avec l'installation de grandes brasseries à Milkwaukee, Saint Louis et Detroit. Dans l'Ouest, la ruée vers l'or détermina l'ouverture d'une multitude de petites brasseries ; aujourd'hui encore, la production brassicole demeure très éclatée dans cette région.

Les premières bières produites aux États-Unis furent de type anglais : *ales*, *stouts* et *porters*. En 1840, un émigrant bavarois, John Wagner, introduisit la technique de la fermentation basse à Philadelphie et la *lager* connut un triomphe immédiat grâce à l'arrivée de nouveaux émigrants chassés par la vague de révolutions qui bouleversa alors les états d'Allemagne et d'Europe Centrale. Brasseries-jardins et *bierhalls* à l'allemande proliférèrent dans toutes les grandes villes, tandis que s'affirmait le style germanique *dortmunder* ou *münchener*. Avec les lois de prohibition, la plupart des brasseries s'orientèrent vers la fabrication de boissons gazeuses, voire de lait malté. Cette production a souvent été maintenue jusqu'à aujourd'hui.

Après la Seconde Guerre mondiale, l'industrie de la brasserie connut un fort mouvement de concentration. Les *majors*, détenant les grands circuits de production, contraignirent à la fermeture ou rachetèrent les petites brasseries, pour imposer leurs produits à l'échelle nationale. Mais, depuis le début des années 1980, on assiste à un renversement de cette tendance, avec l'ouverture de petites brasseries, voire de microbrasseries appelées « boutiques », qui offrent une sélection de bières beaucoup plus large que les produits standardisés des grandes firmes et qui ont remis à la mode d'anciens types de bières, qui avaient presque disparu.

Les États-Unis sont aujourd'hui le plus grand producteur de bière du monde, avec environ 200 millions d'hectolitres par an. La majorité des bières américaines de consommation courante est constituée par des *pils* appelées *praemium* ou *super-praemium* et des *lagers* légères, au goût si subtil qu'on peut les trouver insipides, et que l'on boit généralement glacées. À cet égard, un amateur les considère comme désaltérantes, mais sans leur accorder plus de qualité. En revanche, le renouveau des *ales*, des *lagers* dans le style viennois ou munichois, des *stouts*, des *porters* et, sur la côte ouest, de la *steam beer* a élargi la sélection et redonné un dynamisme à la brasserie américaine, en rehaussant la qualité.

Dans l'Est, cette renaissance de la brasserie traditionnelle est particulièrement perceptible avec l'ouverture de « boutiques » telles que Manhattan Brewing Company et New Amsterdam à New York ou Boston Beer Company à Boston. Mais des firmes anciennes comme West

« La douane américaine redouble d'intransigeance pour empêcher l'entrée aux États-Unis des liquides fermentés. Aussi, afin d'éviter toute complication, l'état-major du paquebot Paris *fit-il jeter par-dessus bord quatre mille litres de bière, à quelques encablures de la statue de la Liberté… »* (Le Petit Journal, *8 juillet 1923). Coll. « Bière Magazine », Belgique. Phot. J. Klein/ A. Perrier-Robert.*

Le pavillon des brasseurs à l'Exposition de Philadelphie, en 1876. Coll. « Bière Magazine », Musée Européen de la Brasserie, Romedenne (Philipeville), Belgique. Phot. J. Klein/ A. Perrier-Robert.

End Brewing Company, Genese Brewing Company, Straub, Yuengling (une très ancienne brasserie de Pottsville), les deux dernières brasseries de Philadelphie (qui en comptait 94 en 1879) - Henry Orlieb Brewing Company et C. Schmidt - ainsi que la Pittsburgh Brewing Company produisent des bières remarquables.

Le Middle West reste le siège des *majors* : Anheuser-Bush (la plus grande brasserie du monde) à Saint Louis, Miller, Pabst et Stroh à Milkwaukee, Stroh à Detroit, dont les produits ont peu de caractère. Heileman est le seul géant à s'orienter vers des bières plus originales, allant même jusqu'à ouvrir une micro-brasserie à Milkwaukee pour promouvoir les bières de qualité. Il faut également mentionner de petites entreprises, comme Heileman ou Rhömberg, dont les produits sont de premier ordre. Dans l'Ouest, l'Oregon et l'état de Washington sont de gros producteurs de houblon, ce qui a favorisé l'implantation de brasseries dans cette région. En Californie, la plupart des *brew-pubs* sont établis en plein air, en raison de la chaleur, et c'est dans la région de San Francisco qu'on trouve le plus grand choix de bières, avec notamment la spécialité régionale : la *steam beer*, brassée par Anchor Steam. Dans le Colorado, Coors est une brasserie aux allures futuristes, qui produit une bière réputée d'une grande pureté. Il faut également citer Boulder, Blitz-Weinhard et Rainier parmi les brasseries importantes aux produits intéressants. Mais il existe d'innombrables « boutiques » qui fabriquent des produits très typés et de grande qualité.

En comparaison de ces trois grandes régions, le Sud, traditionnellement amateur de whisky, est moins bien pourvu, bien que le succès des micro-brasseries sur les côtes est et ouest ait suscité un certain enthousiasme et determiné la spécialisation de pubs dans la bière.

Le Canada et le « canadian taste »

Dès le XVIIIe siècle, des petites brasseries locales sont apparues au Canada, sous l'impulsion d'immigrants britanniques, écossais ou irlandais, qui fabriquaient des *ales*, des *stouts* ou des *porters*, selon leur pays d'origine. Molson, l'un des trois « Big Three » de la brasserie canadienne, fut fondé à Montréal en 1786. Labatt et Carling-O'Keefe sont des groupes anciens, dont la création remonte au siècle dernier. À eux trois, ils produisent plus de 90 % des bières canadiennes, avec une centaine de marques.

Vers 1880, le Canada connut, comme les États-Unis, la révolution de la *lager*, qui détrôna les *stouts* et les *porters* au profit de produits moins intéressants, mais plus stables et qui voyageaient mieux.

À l'instar des États-Unis, le Canada fut soumis à des lois de prohibition réglementant la consommation des boissons alcoolisées. Si cette législation fut moins rigoureuse, son application dans le temps se prolongea jusqu'aux années 1950. Pour consommer de l'alcool, il fallait acheter un permis annuel ; les magasins de spiritueux étaient soumis au monopole d'État, la vente d'alcool était interdite le dimanche et de vastes régions étaient décrétées zones d'abstinence (notamment le Saskatchewan). Ces restrictions n'entravèrent toutefois pas le développement de la brasserie canadienne, qui connaît aujourd'hui une forte progression à l'intérieur des frontières et sur le marché américain où le « canadian taste » est très apprécié. Malgré la prééminence de marques nationales, chaque province ou territoire possède des marques locales bien individualisées, ce qu'a accentué, dans les années 1980, la renaissance de la micro-brasserie.

Depuis quelques années, la création de « boutiques » ou « cottages » produisant des bières de

Publicité pour la brasserie canadienne Labatt. Coll. « Bière Magazine », Musée Européen de la Brasserie, Romedenne (Philippeville), Belgique. Phot. J. Klein/ A. Perrier-Robert.

qualité, mais distribuées surtout en fût ou en bouteille autour des lieux de production, a été plus importante au Canada que partout ailleurs. Ce mouvement, qui a pris naissance à Vancouver et s'étend maintenant à l'ensemble du Canada, a remis en vogue les *all-malt ales* et les *porters*, qui avaient pratiquement disparu. Malheureusement, pour les goûter, il faut aller sur place !

L'Amérique du Sud : un grand dynamisme à l'exportation

En Amérique Latine, la bière de maïs était connue bien avant l'arrivée des Conquistadors et les Indiens d'Amazonie brassent aujourd'hui encore une bière de manioc pour certaines occasions rituelles. C'est au Mexique qu'ont été produites les premières bières de type européen, dans une brasserie ouverte au milieu du XVIe siècle pour les troupes du conquistador Fernand Cortés.

Chaque pays latino-américain possède, à l'heure actuelle, des brasseries et affiche une grande fierté à l'égard des productions nationales. Le Brésil vient en tête des pays producteurs, avec principalement trois grands groupes : Brahma à Rio, Antartica Paulista à Sao Paulo et Skol-Caracu, qui est associé aux brasseries canadiennes Labatt.

Le Mexique, qui vient en deuxième position, manifeste un grand dynamisme à l'exportation, surtout vers les États-Unis où se sont expatriés de nombreux Mexicains. La brasserie la plus importante est Modelo, établie à Mexico City. Cuauhtemoc et Moctezuma, deux firmes distinctes mais réunies en holding, exportent certains produits jusqu'en Europe.

Au Mexique, il est courant de boire la bière glacée, en y ajoutant un peu de sel et une tranche de citron. On sert également des cocktails à base de bière et de tequila ou de pulque, les alcools locaux.

Outre le Brésil et le Mexique, la Colombie, le Venezuela, l'Argentine, le Pérou et le Chili comptent d'importantes unités de production brassicole.

Les Caraïbes : des bières assez fortes

C'est aux colons britanniques et hollandais que les îles Caraïbes doivent leurs premières brasseries. La plupart des firmes qui brassent à l'heure actuelle dans le golfe du Mexique sont des filiales de grands groupes européens, mais il existe aussi quelques petites brasseries indépendantes, éparpillées dans une dizaine d'îles.

En règle générale, les bières des Caraïbes sont assez fortes. On trouve des *pils*, des *lagers* et des *stouts*. Le principal producteur est la Jamaïque, où la firme *Desnoes ans Geddes*, installée à Kingston, fabrique une *lager* très appréciée, à la saveur douce et d'une teneur en alcool de 4,6 %. La même brasserie produit une *stout* sans grand intérêt sous la marque *Dragon* et, sous licence, la *Milk Stout* de la brasserie britannique Mackeson.

La firme Guinness possède des parts majoritaires dans une brasserie de Spanish Town, qui fabrique la *Foreign Extra Stout*, adaptée au climat chaud, plus forte que la *stout* ordinaire et qui possède un arôme sec, un goût caramélisé et une acidité particulièrement désaltérants. La même brasserie produit la *McEwan's Strong Ale*, sous licence du groupe écossais Scottish and Newcastle.

À la Trinité, la société Carib produit, elle aussi, la *Guinness Foreign Extra Stout* et trois *lagers* : un produit local intéressant, la *Carib lager,* et deux licences d'Allied Breweries, *Skol* et *Allsops*.

À La Barbade, Bank's brasse deux lagers : une claire sous la marque *Bank's Beer* et une plus foncée et plus forte en alcool (9 %) sous la marque *Ebony*.

D'autre part, Heineken possède plusieurs filiales dans les Caraïbes, notamment en Jamaïque, à la Trinité et à la Martinique. Enfin, un grand nombre de brasseries produisent une boisson tonique, proche de la bière mais sans alcool, appelée *malz* ou *malta* et vendue sous divers labels.

AUTRES LIEUX, AUTRES BIÈRES

L'Afrique : surtout des pils

C'est dans l'Égypte ancienne qu'ont sans doute été brassées les premières bières africaines. Mais sans remonter aussi loin dans le temps, l'Afrique Noire de l'époque précoloniale possédait une grande variété de bières locales, à base de mil, d'orge, de maïs ou d'autres plantes. Aujourd'hui encore, le vin de palme, le *dolo* et, en Afrique centrale, le vin de banane sont fabriqués couramment. Quoi qu'il en soit, tous les états africains possèdent des brasseries à l'heure actuelle, lesquelles produisent principalement des *pils*. Le Kenya, le Nigeria, les Seychelles et l'Afrique du Sud ont également des *stouts*, d'une teneur en alcool assez élevée (8 %). En Afrique du Sud, on trouve, aussi, des *ales*.

Il y a environ 175 brasseries sur le continent africain, dont une cinquantaine au Nigeria, le plus grand pays producteur. La plupart s'y sont installées après l'indépendance. La firme nationale la plus importante est Golden Guinea Breweries, mais les grandes compagnies européennes sont également présentes avec Henninger et Heineken, qui est aussi implantée en Afrique centrale et en Afrique de l'Ouest. La majeure partie des besoins du marché ouest-africain est cependant couverte par les brasseries établies par l'Union des Brasseries, en participation avec plusieurs états (Sénégal, Haute-Volta, Côte-d'Ivoire, Cameroun notamment), et qui produisent des *pils* sous les marques *Gazelle*, *Stork*, *Flag* et *33 Export*.

L'Afrique du Sud possède une industrie brassicole très puissante. Intercontinental Breweries fait partie du groupe des tabacs Rothmans, qui détient des brasseries au Canada. South African Breweries, qui a récemment acquis Ohlsson's Cape Breweries, s'est diversifié dans des chaînes hôtelières, des grands magasins et dans le secteur alimentaire. Enfin, la région de Cape Town abrite la première micro-brasserie, Knysna, qui brasse une *lager* ainsi que des *ales* et des *stouts* saisonnières de façon artisanale.

Gravure du XIXe siècle représentant la méthode traditionnelle de brassage sur la côte de Zanguebar, à l'est de l'Afrique. Coll. A.P.-R. Phot. J. Klein/ A. Perrier-Robert.

L'Asie : une boisson répandue

Les boissons fermentées à base de riz sont d'un usage très ancien en Asie, mais c'est la période coloniale qui est à l'origine de la brasserie moderne asiatique. Presque tous les pays, inclus ceux qui relèvent de la loi islamique dans son observance la plus stricte, produisent de la bière.

La bière casher en Israël

La principale brasserie israélienne est une filiale du groupe canadien Labatt. Elle produit une *ale* nommée *Goldstar*, une *pils* nommée *O.K.* et trois *lagers* sous les étiquettes *Abir*, *Nesher* et *Maccabee*. Cette dernière présente la particularité d'être garantie strictement casher, c'est-à-dire que les ingrédients utilisés (orge et houblon) ainsi que tout le processus de brassage sont contrôlés par le Beit Din, une autorité religieuse. En outre, la jachère imposée par la loi mosaïque est respectée dans les champs d'orge et de houblon et aucune fabrication de bière n'est effectuée pendant la période de Pessah, la Pâque juive, qui dure sept jours.

La brasserie du Zaïre

La première brasserie zaïroise remonte à 1902. Établie à la mission de la Compagnie de Jésus de Ki-Santu, elle possédait une cuve-matière d'une contenance de 8 hectolitres. Sa production ne pouvait toutefois enrayer les importations provenant surtout d'Allemagne, de Belgique et d'Angleterre, et cela d'autant moins que ni les conditions climatiques ni le matériel de l'époque ne permettaient de garantir cette production.

Cela n'empêcha pas la mise à l'étude, dès 1921, d'un projet de brasserie de plus grande capacité. La région choisie pour cette implantation fut le Katanga, en raison de son altitude élevée (1 200 m) et de la salubrité de son climat; en effet, la température n'y dépasse guère 36 °C à l'ombre et descend même aux environs de 10 °C pendant la saison des pluies et au début de la saison sèche. Ainsi fut constituée, en février 1924, la *Société des Brasseurs du Katanga*, qui devait être la base de développement des autres brasseries au Zaïre.

Plusieurs marques sont actuellement très connues, comme *Primus*, *Tembo* ou *Simba*.

La bière au Moyen-Orient

Au Moyen-Orient, seuls les pays de stricte obédience islamique, comme l'Arabie Saoudite et le Yémen, n'ont pas de brasseries. Mais on trouve des bières étrangères importées dans la plupart des grands hôtels internationaux. De toute façon, le véritable amateur ne trouvera guère de grandes satisfactions dans ces pays. La Turquie possède deux brasseries nationales : Efes et Tekel, qui fabriquent des *pils* et des bières brunes de type munichois. Il existe, en outre, une filiale Tuborg à Izmir.

En Syrie, Al-Clark brasse une *pils*. En Iraq, on trouve des *lagers*, produites par une brasserie iraquienne, et de l'*Amstel Gold*, brassée sous licence.

Deux étiquettes chinoises actuelles. Phot. J. Boulanger/ A. Perrier-Robert.

Dans le sous-continent indien, le Pakistan possède une brasserie, Murree, à Rawalpindi. En Inde, si la législation sur l'alcool varie d'un état à l'autre, l'industrie brassicole compte trente-deux unités de production, réparties sur tout le territoire, de Solan, dans les contreforts de l'Himalaya , jusqu'à Bangalore, au sud. Les principales firmes sont Mohan Meakin et United Breweries. Sri-Lanka, pour sa part, dispose de deux brasseries : McCallum et Ceylon Breweries. Si l'Inde du nord et le Pakistan consomment plus généralement des *lagers*, l'Inde du sud et Sri-Lanka produisent, en outre, des *stouts*. À Nuwara Eliya et à Candy, Ceylon Breweries distribue ses produits non pasteurisés servis à la pression.

Aux Philippines, la fondation de la brasserie San Miguel, extension de la firme espagnole, remonte au temps de la colonisation, en 1890, mais c'est à la présence des unités américaines stationnées aux Philippines qu'elle doit sa prospérité. San Miguel, qui possède trois unités de production aux Philippines, a aujourd'hui une rivale, Asia Brewing.

En Malaisie, Tiger and Co., firme dynamique, produit une *lager* exportée jusqu'en Europe. Toutefois, le succès de la Guinness dans les pays asiatiques, et, en particulier, de la *Guinness Foreign Extra Stout*, bière fabriquée expressément pour l'Asie, a orienté les autres brasseurs vers les *stouts*. On trouve ainsi une *stout* de très bonne tenue sous le label *Tiger* et, sous le label *ABC*, une copie de la Guinness de texture épaisse et au goût caramélisé marqué. Carlsberg est implanté en Malaisie, mais l'influence hollandaise est présente à Java, avec Heineken.

En Thaïlande, c'est au savoir-faire allemand qu'on fit appel, dès 1934, pour installer la Boon Rawd Brewery, qui produit plusieurs bières sous la marque *Singha*.

En Chine, une tradition séculaire

La bière était connue en Chine depuis plusieurs siècles, sous sa forme locale de *shu* (à base de millet), de *li* (à base de riz) et de *chiu* (à base de froment), lorsque fut ouverte à Tsing Tao la première brasserie « à l'européenne », grâce à l'assistance technique des Allemands, à une époque où ceux-ci jouissaient d'une concession à Shantung. La *pils Tsing Tao* est la principale bière chinoise exportée actuellement et on la trouve dans tous les restaurants asiatiques d'Europe et des États-Unis.

L'essor économique a fortement accru la consommation intérieure chinoise. Chaque grande ville compte une ou deux brasseries, qui produisent sous de multiples labels. Des projets d'installations nouvelles sont en cours avec des sociétés européennes (notamment Kronenbourg) et japonaises (Suntory).

Au Japon, un savoir-faire brassicole

N'ayant pas subi de domination coloniale, le Japon a développé une industrie brassicole nationale qui le place, aujourd'hui, parmi les premiers producteurs d'Asie. C'est en 1853 qu'un Japonais parvint pour la première fois à fabriquer de la bière, en s'aidant d'un manuel de brasserie néerlandais. En 1869, l'américain William Copeland construisit la première brasserie, Spring Valley Brewery, près de Yokohama ; il vendait principalement ses produits aux résidents étrangers. Trois ans plus tard, une brasserie japonaise s'ouvrit à Osaka et la consommation de bière prit son essor parallèlement à l'ouverture du Japon au monde moderne. Un *bier-hall* fut créé en 1899 à Ginza, les Champs-Élysées de Tokyo, et son succès immédiat encouragea l'installation de débits de bière à l'allemande. À l'heure actuelle, les brasseries-jardins, au sommet des buildings, sont des lieux de rendez-vous très prisés par les Japonais pendant la chaleur estivale. La bière est devenue la boisson alcoolisée la plus consommée après le saké.

Le Japon compte 36 unités de production appartenant à six grandes compagnies : Kirin, Suntory, Sapporo, Asahi, Hokkaïdo Asahi et Orion. Leur production, qui avoisine annuellement les 50 millions d'hectolitres, est exportée aux États-Unis et dans les pays d'Asie voisins

Le saké : bière ou alcool ?

Le *saké*, boisson traditionnelle du Japon, a toujours dérouté les brasseurs européens, qui éprouvent des difficultés à brasser de grandes masses de riz. Quand on sait, de plus, que le saké peut se boire froid ou chaud et titre jusqu'à 20 ° alcool, on peut s'interroger sur cette curieuse boisson. En fait, il s'agit bien d'une boisson brassée et fermentée, qui mérite donc l'appellation de « bière ».

(Hong Kong, notamment). Mais les Japonais apprécient également les bières américaines, allemandes et danoises, dont certaines sont maintenant fabriquées localement sous licence. Enfin, le Japon exporte son savoir-faire en matière brassicole et a construit plusieurs brasseries en Chine et en Asie du Sud-Est.

La Nouvelle-Zélande : de Cook à aujourd'hui

La première bière produite en Nouvelle-Zélande fut historiquement brassée par le capitaine Cook. Dans son journal de voyage, ce dernier rapporte qu'il fit fermenter avec de la levure de la mélasse dans une décoction de petites branches de sapin et d'arbre à thé, pour obtenir, au bout de quelques jours, une bière qui sauva son équipage du scorbut.

Les brasseurs néo-zélandais n'ont pas cru devoir conserver cette recette originale et, malgré les restrictions imposées par des lois de prohibition longtemps en vigueur, ont réussi à implanter une industrie très active. La Nouvelle-Zélande figure aujourd'hui parmi les trois pays dont la consommation de bière par habitant est la plus élevée. Deux groupes prédominent : Lion, formé par un conglomérat de petites brasseries antérieurement connu sous le nom de New Zealand Breweries et qui a récemment absorbé Léopard, et Dominion Breweries.

Les premiers produits brassicoles néo-zélandais étaient apparentés aux bières britanniques et la *lager* ne pénétra que tardivement, en 1900.

Actuellement, les bières néo-zélandaises s'apparentent, dans leur grande majorité, aux *ales*, mais elles présentent la particularité d'être fabriquées selon la méthode de fermentation basse. On trouve également des *stouts*.

L'Australie : une des plus fortes consommations mondiales

Si les Australiens ont la réputation d'être les plus grands buveurs de bière du monde et s'en enorgueillissent, jusqu'en 1983 les brasseurs portèrent plus attention à la quantité de leur production qu'à sa qualité. Dans chaque région, on notait un attachement farouche aux bières locales, mais il était difficile d'établir une différence réelle entre les marques distribuées par les neuf grands groupes brassicoles australiens. L'absorption de Tooth's Brewery par Carlton, qui permettait à ce conglomérat de couvrir 50% du marché national, changea la donne et détermina la formation d'un bloc concurrent comprenant Swan, Castlemaine et Toohey's. Ces rivalités stimulèrent l'industrie brassicole, ouvrant une porte à l'innovation et aux initiatives de petites brasseries telles qu'Anchor à Freemantle.

L'industrie de la bière est relativement ancienne en Australie, puisqu'elle remonte à 1794, date à laquelle John Boston vint s'établir à Sidney comme brasseur. On rapporte qu'il faisait son malt avec du maïs, auquel il ajoutait des tiges et des feuilles de groseillier à maquereau ! Le houblon fut introduit quelques années plus tard sur le continent par un forçat déporté, également installé à Sidney. C'est donc cette région qui produisit les premières *ales* et *stouts* ; on y comptait une vingtaine de brasseries à la fin du XIXe siècle. Toutefois, de Tasmanie provient l'essentiel du houblon et de l'orge australiens. Et dans cette île, aussi, se trouve la plus ancienne brasserie, Cascade Brewery, qui produit, depuis 1824, des bières de fermentation basse et une excellente *stout* maltée.

La fondation de Carlton, à Melbourne, remonte à 1864. Vingt ans plus tard, la *lager* déferlait en Australie et assurait le succès de Castlemaine, ouvert à Brisbane en 1889. La plus intéressante des grandes brasseries australiennes a été créée en 1862, à Adélaïde, dans le sud, par Thomas Cooper, un émigrant du Yorkshire, dont la famille détient toujours la majorité du capital. Cooper, aujourd'hui devenu la South Australian Brewing Company, produit de remarquables bières de fermentation haute et basse.

En Australie, comme aux États-Unis, on sert la bière très froide. Les pubs, bars et clubs utilisent des verres très différents, dont la capacité détermine la commande, selon une terminologie qui varie d'une région à l'autre. En outre, les dénominations des types de bière sont assez labiles : *draught* qui, en Angleterre, désigne une bière en tonneau, servie à la pression, est une mention qu'on peut trouver sur des bouteilles ou des boîtes ; de même, le terme *ale* est parfois utilisé pour *lager* ; et *bitter* indique seulement une saveur houblonnée très marquée.

En haut, à gauche : *des étiquettes japonaises actuelles. Phot. J. Klein/ A. Perrier-Robert.*

Et pour rêver… une bière tahitienne. Phot. J. Klein/ A. Perrier-Robert.

KINGS ARMS
Samuel Smith
FREEMASONS ARMS
Smith
WHITBREAD
THE PRINTER'S DEVIL
THE CHURCHILL ARMS
Man in the Moon
Free House
ISE
Ye Olde Cock Tavern
Golden Lion
Taylor Walker
THE MAGPIE & STUMP
WHITE SWAN
CHARRINGTON

Un art et un rituel

La bière étant un produit de consommation alimentaire, le goût joue un rôle primordial dans son absorption. Toutefois, celle-ci est une réaction sensorielle qui fait intervenir bien d'autres facteurs, comme l'odeur, l'appréciation de la bouche, la température, l'apparence. Il n'est donc pas étonnant que les brasseries abritent toutes une salle de dégustation où est sans cesse vérifiée l'évolution des produits.

Le propos n'est pas ici d'établir une règle analogue à un test de laboratoire, mais simplement de mettre à la disposition des consommateurs le vocabulaire*, d'ailleurs fort pauvre, du « rituel » de la bière. Cette terminologie touche à trois domaines : la vue, l'odeur et le goût.

* Si le vocabulaire de l'œnologie existe et est bien établi, il n'en est pas de même dans le domaine de la bière. En effet, divers vocabulaires cohabitent, chaque brasserie et même chaque consommateur ayant le sien. Toutefois, depuis quelques années, l'association des brasseurs américains et celle des brasseurs d'Europe étudient le problème en vue d'établir un langage commun pour la dégustation de la bière. Leurs recherches sont bien avancées et permettront de mettre fin à des formulations souvent laxistes et, pour le moins, inadéquates.

Regarder, humer, savourer

Avant tout, le regard est d'importance. La couleur et la transparence sont les premiers critères d'appréciation. La bière est-elle blonde, dorée, ambrée, brune ou brillante ? Est-elle limpide, voilée ou trouble ? Quant à la crème - et non la mousse -, il convient d'apprécier son développement, la finesse de ses bulles, sa tenue (durée), ainsi que sa consistance lorsqu'elle masque le verre en s'y accrochant. Seulement alors, compte tenu de ces dernières caractéristiques, il est possible de juger la crème, de considérer si elle est parfaite, satisfaisante ou médiocre.

Dans un deuxième temps intervient l'odeur. Humer le dessus du verre permet de la définir. Agréable, neutre ou désagréable?

Puis suivent les précisions apportées par le goût. Il faut boire lentement pour cerner la saveur, ou « bouche ». La bière semble-t-elle aride, sèche, équilibrée ou douce? En même temps s'appréhende l'amertume. La bière est-elle amère, équilibrée ou peu amère?

Ci-dessus :
Coll. « Bière Magazine », Musée Européen de la Brasserie, Romedenne (Philippeville, Belgique). Phot. J. Klein / A. Perrier-Robert.

La « brasserie », haut-lieu de la vie artistique

À partir du milieu du XVIIIe siècle, les cafés, à l'instar des salons, jouèrent un rôle important dans la vie littéraire et artistique. Ainsi en fut-il du Café Procope ou du Café Militaire (dont le décor de Claude Nicolas Ledoux est reconstitué au musée Carnavalet de Paris). La Révolution confirma cette fonction comme « lieu public et privé, intime et anonyme ».

Au XIXe siècle, la percée des grands boulevards allait multiplier les cafés. Ceux-ci furent relayés par les « brasseries », autour desquelles se concentra l'effervescence intellectuelle et politique. Des journées mouvementées de février 1848 (démission du ministre Guizot, montée de la Révolution) nous reste un témoignage précis, celui de Charles Toubin, familier de Baudelaire : « Après dîner, nous allons (Baudelaire et Toubin) à La Rotonde, et dans ce café si vivant les soirs précédents, nous trouvons Courbet absolument seul en présence d'un bock et en compagnie de sa pipe. La nuit était horriblement noire et un silence lugubre régnait dans tout le quartier. » C'était le 22 février.

De la même époque environ date la gravure, d'après un dessin perdu de Courbet, de l'*Andler Keller*. Le peintre s'est représenté à l'intérieur de la brasserie Andler, toute proche de son atelier, rue Hautefeuille, attablé avec deux amis. À leurs côtés, un peu en retrait, la patronne est assise derrière un comptoir. C'est la mère Grégoire, femme opulente et accueillante pour laquelle Courbet a exécuté un de ses plus beaux portraits (musée de Chicago).

Page de gauche :
quelques enseignes de pubs, que peut laisser découvrir une flânerie à travers Londres, de Chelsea à la City, de Kensington à l'East End. Phot. J.-F. Ittel.

Les défauts d'une bière

Il est indispensable de savoir déceler les « anormalités » d'une bière. D'abord, en ce qui concerne l'apparence. Si la bière est brune, de la couleur du Viandox, il s'agit du défaut dit « autolyse ». Suite à une garde trop longue ou pas assez froide, la levure s'est mangé elle-même et on trouve quelques-unes de ses cellules dans la bière. D'autre part, dans le cas où la bière reste trouble après agitation, c'est le défaut du « bouillant-tournant », qui provient de la présence d'une aspérité en un endroit d'une cuve, laquelle infecte les matières premières.

Autre défaut : la crème ne tient pas. Si le verre est propre et si les conditions d'hygiène sont irréprochables, la raison en est soit une saturation faible soit une infection dans la bière. Sans compter que le bouchon ou la capsule peuvent aussi fort bien influencer la tenue de la crème.

Une odeur métallique se dégageant du verre peut, quant à elle, laisser penser que les conduites de débit ne sont pas parfaitement nettoyées.

Enfin, le goût peut également être « révélateur ». Un goût de beurre résulte d'une infection engendrée par un accident chimique ; la cause en est le diacetyl. Un goût de paille ou de toile mal lavée est dû à une mauvaise conservation du malt ou à un brassage trop long. Un goût beaucoup trop sucré tient à une atténuation (transformation du sucre en alcool) non réussie. Ce dernier goût est souvent accompagné d'un aspect trouble et on attribue ce défaut à des problèmes de levures (faiblesse, infection).

Très fréquentée, cette brasserie est liée à l'essor du Réalisme, à la recherche d'un art issu du quotidien : « L'école réaliste de 1856-57 fut inventée par la critique à propos de deux tableaux et de quelques conversations d'estaminet ». Le critique d'art Champfleury explique comment ce lieu a pu être sacré « Temple du Réalisme » par les artistes : « Courbet, le premier, ouvrit vers la fin de 1848 les portes du temple, le hasard fit que l'intérieur avait un aspect protestant et villageois qui répondait aux doctrines invoquées par les fidèles. C'était une brasserie tenue à la mode allemande : bancs et tables de bois, longue salle pavée, murs peints à la chaux, absence complète de glaces et de divans ; mais la cuisine faisait oublier cette rusticité digne d'une école de réformateurs. Jambons pendus au plafond, guirlandes de saucisses empilées, meules de fromages grandes comme des roues de moulins, tonneaux d'appétissante choucroute semblaient appartenir à un réfectoire monacal où le libre examen était arrosé et nourri convenablement... La vérité est qu'à la brasserie, on inclinait fortement du côté luthérien, c'est-à-dire que les joyeuses chansons, les fortes filles et la grosse gaieté y étaient bienvenues... »

Une toile (musée de Lille) d'Amand Gautier, habitué du cénacle, représente le groupe de la brasserie Andler. Courbet y venait quotidiennement et son goût pour la bière est confirmé par de nombreuses caricatures qui le laissent imaginer « tonnant, le bock à la main, contre l'idéal et les idéalistes » (A. Fermigier). Celle d'André Gill est la plus connue : vu de dos, en raccourci, l'artiste contemple son visage énorme et déformé ; près de lui sont posés une chope qui pourrait être en grès et un bock en verre. Sur un portrait charge plus tardif, le bock est gravé de l'inscription BAVIÈRE, allusion au séjour de Courbet à Munich, en 1869, au cours duquel il reçut l'ordre du mérite de Saint-Michel.

À Bruxelles, les brasseries comptent alors aussi beaucoup dans les échanges entre artistes. Les biographes de Baudelaire, Cl. Pichois et J. Ziégler, recensent les lieux (Prince of Wales, Café de l'Amitié) où se retrouvaient les peintres Stevens, Félicien Rops, Baudelaire et parfois l'éditeur principal du poète, Malassis. Le Globe est une taverne anglaise située sur la place du musée. « À la taverne, on accède, comme c'est le cas pour la plupart des vieux cafés de Bruxelles à l'époque, par un couloir étriqué. Au fond deux salles ; l'une, petite, enfumée, sous un plafond bas... L'autre, plus spacieuse, est décorée de scènes de chasse. Les bières anglaises, servies dans des gobelets d'étain, ont une saveur toute particulière lorsqu'on les consomme en croquant quelques dés de fromage trempés dans un assortiment de condiments anglais. »

De 1866 à 1876, le Café Guerbois, sis au 11 de la Grande-Rue des Batignolles (aujourd'hui, avenue de Clichy), puis, à partir de 1876, La Nouvelle-Athènes, établie place Pigalle, furent, pour les artistes impressionnistes, ce que fut la brasserie Andler pour les

La taverne du Tiefenkeller à Strasbourg au siècle dernier.
Gravure d'après un dessin de Lix.
Coll. A.P.-R. Phot. J. Klein / A. Perrier-Robert.

Réalistes. L'atmosphère et le cadre de ces endroits exaltent aussi leur inspiration et sont, pour Manet notamment, le prétexte à développer de brillantes variations, du *Bon Bock* (1873, musée de Philadelphie) au *Bar aux Folies-Bergères* (1881-82, Londres, Courtauld Institute).

C'est dans la Brasserie de Reichsoffen, connue aussi sous le nom de « Cabaret de Reichsoffen », à localiser du côté du boulevard de Rochechouart ou de Clichy, que se situent les scènes de café-concert intitulées *Café-concert* (1878, musée de Baltimore), *Coin de café-concert* (1879, Londres, National Gallery) et la *Serveuse de Bocks* (1879, Paris, musée d'Orsay). Du *Bon Bock* à cette dernière oeuvre, la leçon hollandaise, celle de Frans Hals surtout, est manifeste dans le traitement des touches nerveuses qui modèlent les mains et les visages. Elle se mêle à l'impératif nouveau des artistes : donner de l'éphémère l'image la plus juste, par des touches divisées et, chez Manet, toujours denses et construites.

Si ce dernier fit poser certains de ses amis pour ces compositions, il emprunta l'essentiel à la vie même des cafés. Ainsi, la serveuse, qui fait partie du personnel de la brasserie, s'est-elle rendue chez le peintre, accompagnée de son protecteur, présent sur le tableau, habillé de bleu. D'après le biographe Duret, « Manet avait remarqué le mouvement des servantes qui, en posant d'une main un bock sur la table, devant le consommateur,

Édouard Manet, la Serveuse de Bocks *(1878, Paris, Musée d'Orsay).*
Phot. Lauros-Giraudon.

La brasserie Lipp se rendit célèbre comme l'un des hauts-lieux de la vie intellectuelle parisienne.
Coll. A.P.-R.
Phot. J. Klein / A. Perrier-Robert.

savaient en tenir plusieurs de l'autre, sans laisser tomber la bière. Manet s'adressa à celle du café qui lui parut la plus experte ». Dans ces oeuvres, l'espace est limité par des pans de murs unis ou peints de motifs, tandis que les lustres donnent l'idée de profondeur et renseignent sur le mode d'éclairage.

C'est probablement dans le *Bar aux Folies-Bergères* que la modernité de l'artiste apparaît la plus éclatante. Parce que c'est un témoignage de l'ambiance contemporaine (les descriptions d'Émile Zola dans *le Ventre de Paris* auraient peut-être influencé la mise en place du comptoir, et c'est Suzon, la serveuse du bar, qui a posé) et parce que l'expérience picturale rejoint, par ses simplifications arbitraires parfois, celle de Cézanne, cette oeuvre jouera un rôle décisif dans l'évolution de la peinture au début du XXe siècle.

Pour agencer le bar, Manet avait fait venir dans son atelier des bouteilles de Bass Pale Ale, dont la marque avait été déposée le 1er janvier 1876. Lui-même, sans doute amateur de cette bière anglaise, échangeait avec Baudelaire des adresses à Bruxelles. L'étiquette ornée d'un triangle rouge est très reconnaissable, d'un esprit déjà presque « Art Déco », et il est amusant de constater qu'elle inspirera particulièrement Picasso en 1914, puisque celui-ci lui consacrera un papier collé et une construction : *Bouteille de Bass, verre et journal*, en fer blanc peint et en papier, où la forme arrondie et rouge de la tache équilibre la composition.

Lors de son séjour à Paris, Van Gogh a peint une *Femme au tambourin* (1887, Amsterdam, musée Van Gogh), assise à une table en forme de tambourin et dégustant un bock de bière. On identifie parfois cette femme avec la propriétaire du café de Clichy, Agostina Segatori, qui organisait des expositions de gravures et eut des démêlés avec le peintre pour une exposition de ses oeuvres à laquelle il renonça.

Dans toute l'Europe, les mouvements artistiques de la fin du XIXe et du début du XXe siècle sont liés à de semblables établissements. Ainsi, à Barcelone, c'est la brasserie auberge Els Quatre Gats, pour laquelle Picasso réalise le menu (1899, Barcelone, musée Picasso, et dessins préparatoires). Les consommateurs sont assis devant de hautes chopes, identiques à celle que s'apprête à boire Jaime Sabartès dans le *portrait* que Picasso a fait de lui en 1901 à Paris.

Les brasseries de Vienne et de Munich, comme celles de Montmartre, de Montparnasse, puis de Saint-Germain-des-Prés, sont des témoignages, quand elles subsistent, d'une riche effervescence intellectuelle. En 1987, c'est à Prague que l'écrivain Bohumil Hrabal écrit dans les brasseries, celle du Tigre d'Or notamment : « dans les brasseries, je suis toujours « allumé », comme une radio, je reçois des signaux (...). Une partie de ce que j'écris ressemble aux boutades entendues dans les brasseries. Je raconte des « histoires de bière » en somme... »

Plaque émaillée publicitaire.
Coll. Musée de la Bière, Stenay, Meuse.
Phot. J. Boulanger / A. Perrier-Robert.

De l'enseigne à la plaque émaillée

D'abord taillée dans la pierre ou le bois peint, l'enseigne permettait autrefois d'identifier, de loin, une maison ou un commerce grâce à une image ou un symbole. Au XVIIIe siècle, avant sa fameuse *Enseigne de Gersaint*, Chardin avait peint celle du Café des Singes. Puis le travail du fer forgé vint lui donner une silhouette plus légère que celle sculptée dans la pierre et permit même la représentation de petites scènes, à la composition souvent assez hardie.

Dans certaines rues de Londres, les enseignes étaient si longues qu'elles se touchaient presque d'un côté à l'autre de la rue. En France, en 1761, une réglementation interdit les enseignes pendantes, qu'il fallut fixer. L'enseigne prit alors une autre fonction et devint presque une publicité, à la manière de l'affiche et de la plaque émaillée. D'abord promotion d'une sorte de bière, le panneau fixe désigna aussi le lieu où la trouver et la boire.

La technique de la plaque émaillée, qui connut un grand succès à la fin du XIXe siècle, poursuit la tradition des émaux champlevés, c'est-à-dire obtenus par évidement de la surface ou par cloisonnement de celle-ci (un réseau de cloisons de métal isole chaque couleur). L'émail est une substance vitreuse qui se compose de matières minérales (soude, potasse, silice, feldspath). Colorée dans la masse par un oxyde métallique, elle s'applique par fusion sur un support métallique (ici, la tôle). Une première couche de cette matière recouvre la tôle et permet de procéder à l'émaillage. Plusieurs cuissons sont nécessaires selon le mode d'impression - généralement le pochoir ou la sérigraphie - et jusqu'à l'ultime vitrification. La superposition des émaux contribue à donner l'effet modelé qui apparaît sur la plaque, caractérisée par un homogénéité et une densité bien particulières. Le regard saisit d'emblée le message qui est, lui-même, soumis à certaines contraintes. Lisibilité, prééminence du graphisme, éclat du chromatisme alertent le promeneur, l'incitant à la consommation.

Henry Béraldi, écrivain et voyageur passionné, déplorait, en 1890, la présence dans les montagnes, qui auraient dû être des paradis solitaires, de cafés que signalait ce type de publicité. De fait, la plaque émaillée précéda l'enseigne lumineuse et porta ombrage au lambrequin, c'est-à-dire à la toile portant le nom de la brasserie grâce à des lettres enduites de paraffine et collées sur elle - le lambrequin était aussi lisible de l'intérieur du café.

Appelées *Street Jewellery* (« joyau des rues ») par les Anglais, les plaques émaillées devaient rester une production assez marginale, malgré l'intervention de Mucha ou de Cassandre pour des dessins. Quelques émailleries (Edmond Jean, L'Émaillo Gravure, Oberkampf à Paris; l'émail du Rhône) fabriquaient l'ensemble des commandes, jusqu'à la création, en 1927, de l'Émaillerie Alsacienne, dont l'exposition *La Bière en images* (1981) au musée du Fer de Jarville a présenté une partie du fonds. Tournée vers la promotion des bières d'Alsace, cette émaillerie reste liée à l'histoire brassicole de la région. Parmi les images les plus connues, citons les émaux destinés à la brasserie de Charmes ou à celle de Vézelise.

Affiche 1960. Phot. Société suisse des Brasseurs.

Brasserie et imagerie

Font aussi partie du monde de la brasserie les cartons de réclame pour des qualités de bière. Images multiples, servies par des techniques variées allant du carton gaufré à la tôle imprimée et à l'impression sur papier transparent tendu sur une feuille de cristal.

L'affiche, quant à elle, est inséparable de l'Art Nouveau auquel elle doit en partie son essor. Victor Prouvé, président de l'École de Nancy, créa une affiche pour les bières de Vézelise, adaptant les grands thèmes de la peinture d'histoire à la représentation prestigieuse d'une marque de bière. Entre cette affiche de 1914 et la publicité pour cette même bière faite en 1931, l'esthétique et l'approche commerciale ont changé. En 1931, sur les affiches et les étiquettes est suggéré l'érotisme, mais, plus encore, l'image de la soif et du réconfort apporté par la boisson désaltérante. Cela grâce à un graphisme dépouillé, qui vise à l'efficacité. Sur le plan commercial, « l'affiche est une bannière, un emblème, un signe », selon les termes du peintre Maurice Denis. Sur le plan artistique, les leçons du Cubisme et les échos du Constructivisme ont peut-être simplifié la vision. Cette influence est confirmée par l'Art Déco, qui, avec l'affichiste Paul Colin, « descend dans la rue ». Celui-ci invente pour une bière alsacienne (Charmes) une image qui privilégie d'abord la nature du produit : une bière mousseuse qui peut être servie dans des verres aux volumes qui s'équilibrent, à la manière des constructions de Picasso, quinze ans plus tôt.

L'un des pubs séculaires de Chelsea, à Londres: Le Finch's, *appartenant à la brasserie Samuel Fuller. Phot. J.-F. Ittel.*

chauffée grâce à un pique-feu rougi plongé dans une haute canette de grès.

Dans ces constructions, toutes les surfaces sont à décorer, à habiller, pour créer à la fois une ambiance chaleureuse et une image de marque propre à la brasserie. Les décors peints (peintures sur verre, fresques allégoriques), les panneaux de bois ou de faïence sont commandés à des artistes qui ont aussi souvent recours à des toiles marouflées (collées sur un support). Les miroirs, qui renvoient les effets de lumière, agrandissent ou concentrent l'espace, ont particulièrement séduit Walter Benjamin dans les années 1930 : « La ville se reflète dans mille yeux, mille objectifs. Une débauche de miroirs entoure aussi l'homme, surtout au café. Les miroirs sont l'élément spirituel de cette ville, son emblème ». Au milieu du siècle, l'éclairage au gaz se substitue au pétrole et aux chandelles. Les plafonds sont eux aussi moulurés, ornés de frise ou de décors en méplat.

Les portes et fenêtres, qui représentent l'ouverture vers le monde extérieur, sont très souvent en verre décoré. Comme dans la fabrication des verres, le décor est obtenu en attaquant la partie gravée par l'acide fluorhydrique, puis, autour de 1925, par un jet de sable. Le dessin est réalisé au pochoir. Dans le Pas-de-Calais, à Aire-sur-la-Lys, le Café de la Gare possède un fort bel exemple de ce genre de décor, conçu à partir de l'image de deux bocks.

L'évolution de l'aménagement intérieur des brasseries est indissociable des grands mouvements artistiques et décoratifs, tels l'Art Nouveau ou l'Art déco, qui, depuis le Second Empire, ont fait basculer les tendances historicisantes (Gothique, Renaissance) en un art adapté aux profondes transformations urbaines contemporaines. Ainsi, dans la brasserie Mollard, construite par Édouard Niermans en 1895, face à la gare Saint-Lazare à Paris, la vitrine mobile en « glace de vitrage émaillée » se repliait pour que terrasse et intérieur ne fassent qu'un. Panneaux de mosaïque, terres cuites et faïences privilégient les ressources décoratives des plantes, des fleurs, des fruits, selon la grammaire de l'Art Nouveau. À Nantes, tel est le cas de la brasserie La Cigale, inaugurée la même année et riche d'un décor foisonnant, où bocks de bière, gerbes de houblon et de blé revêtent ce sens ornemental et symbolique que diffusent à l'époque les affiches de Grasset ou de Mucha.

À Strasbourg, L'Aubette, corps de garde du XVIIIe siècle transformé en brasserie, fut l'une des plus singulières expériences créatrices des années 1920. La réalisation de cet ensemble, qui comprenait aussi un restaurant, un bar, un salon

L'Art dans la brasserie

Dans sa description de la brasserie Andler, Champfleury met l'accent sur la particularité du lieu : il s'agit d'une salle longue, parce qu'à l'origine la brasserie est attenante à la fabrique, et le service y est assuré par le personnel féminin. Ainsi à Lyon, dont les brasseries ont fait l'objet d'une recherche de H. de la Selle (*Cafés et Brasseries à Lyon, 1986*), la brasserie Gayet, construite en 1810, présentait au premier étage une vaste salle de 40 m de long sur 16,50 m de large, éclairée par de vastes baies cintrées et qui pouvait recevoir de 600 à 700 personnes.

La brasserie Hoffher, qui ouvrit ensuite d'autres établissements, possède une vaste salle qu'aucun pilier n'étaye, ce qui lui donne une belle élégance : 130 tables de noyer occupent l'espace, pouvant accueillir près de 1 000 personnes. A l'essor de ce type d'architecture concourent « toutes les ressources de l'architecture, de l'artisanat, des arts académiques et industriels ». Au milieu du siècle, les recherches menées pour exploiter le fer et le verre aboutissent au célèbre Crystal Palace (1851), monument à la gloire de ces matériaux dont l'influence fut considérable à la fin du XIXe. À la brasserie Corrompt, un concert-spectacle divertissait les clients qui pouvaient consommer une bière réde thé, fut confiée à l'artiste néerlandais Théo Van Doesburg, qui collabora avec Jean Arp et Sophie Taueber. L'harmonie de l'édifice résidait dans la synthèse très réussie entre architecture, peinture et sculpture, grâce à une application de la réflexion des artistes sur les formes abstraites et sur le rôle qu'ils donnaient à la couleur, très simplifiée, celle-ci intervenant en complémentarité de l'abstraction pour organiser l'espace. Malheureusement, ne subsistent de cette « chapelle Sixtine de l'art abstrait » que des photos et des dessins (musée de Strasbourg et centre Georges Pompidou, Paris), car elle fut détruite sous l'Occupation pour être une manifestation d'art « dégénéré ».

Dans le décor intérieur s'inscrit le mobilier propre à la brasserie : colonne à bière, zinc parfois couvert d'étain ou de marbre, sorte de dressoir sur lequel prennent place les bouteilles ainsi que les pièces utilisées pour le service (pichets, chopes, bocks, verres), en étain, en argenterie, en porcelaine ou en verre. La statue en bois de Gambrinus, qui préside aux destinées de la brasserie, est souvent présente (par exemple, Aux Deux Magots, à Paris). Boiseries, chaises et banquettes de cuir contribuent à la fonction de la brasserie, qui est avant tout un lieu de rencontre, mais qui peut aussi accueillir spectacle ou musique comme c'est le cas pour le *Moulin de la galette* de Renoir et comme en témoignent aujourd'hui les pianos de brasserie en vente sur le marché de l'art.

Ci-dessus :
Une taverne flamande à la fin du XIXe siècle.
Gravure de Mars extraite de
Raphaël et Gambrinus *(John Grand-Carteret, 1886).*
Phot. B.N., Paris.

Ci-contre :
Pablo Picasso, affiche 4 Gats
(Pere Romeu Caricaturizado de Boer,
y otros croquis, *1899-1900,*
Barcelone, Musée Picasso).
© S.P.A.D.E.M.

Pichets, chopes, verres...

Les nombreuses tavernes flamandes (David Téniers, les Ryckaert, etc.), plus ou moins enfumées, nous fournissent de précieux renseignements sur la multiplicité des vases à boire : gobelets, timbales, pichets, chopes, verres de toutes sortes. Les matières sont, elles aussi, très variées : bois, étain, argent, grès. Typologie complétée et nuancée par les *Intérieurs* néerlandais (*metsu*) ainsi que par les natures mortes. Dans la *Malle Babbe* de Frans Hals (musée de Berlin Dahlem), sorcière qui semble jaillir de la toile, on ne peut savoir si le pichet contient du vin ou de la bière ; quoi qu'il en soit, il est en étain et sa forme est traditionnelle.

Les plus anciens vases sont, sans doute, des *chopes* en bois, fabriquées par des boisseliers et cerclées d'osier, qui, malgré la naissance d'autres vases et d'autres matériaux, furent constamment utilisées.

D'une contenance d'un à deux litres, les chopes en étain présentent un décor très divers, allant de la gravure à l'estampage. Leur forme est héritée du *gobelet*, qui, en Flandre, est un cylindre haut, légèrement évasé, diffusé dans toutes les villes hanséatiques et scandinaves. Le gobelet lui-même, quand il est en argent, est martelé à partir d'une plaque de métal circulaire d'où naît aussi une coupe hémisphérique, la *timbale*, qui porte ce nom par analogie avec l'instrument de musique. Les gobelets montés sur pied adoptent la « silhouette » des verres contemporains à la mode, qui gardent moins la chaleur. En France, au XVIIe siècle, les gobelets ont une forme en tulipe et reposent sur un pied circulaire. Leur décor, qui utilise à la fois les guirlandes, les frises et les fonds amatis (rendus mats), est très répandu. Dérivée du gobelet cylindrique et créée par les pays germaniques pour consommer la bière tiède, la *chopine*, de forme toujours identique, peut avoir des dimensions très variables. À mi-chemin entre la *verseuse* et le *vase à boire*, elle se compose d'un cylindre, évasé ou droit, et possède couvercle et anse. Les plus petites chopines, réservées aux femmes, constituent notamment un cadeau d'accouchée (la bière favorisant la lactation). Elles contiennent environ un demi-litre de bière.

Alors que les *hanaps* sont des vases réservés à des festivités et sont plutôt ornementaux, les chopes en étain et en argent peuvent se trouver associées à d'autres matières telles que le grès (Siegburg) ou la porcelaine. Le couvercle en métal assure la constance de la température.

Parmi les autres pièces de service, il faut citer la *canette*, qui permettait de remplir les vases. « Mesure de liquide usitée principalement pour la bière : elle a la forme d'un vase à bec », lit-on dans le *Dictionnaire Universel des Arts et des Sciences*, de Bouillet (1880).

Un récipient aux mille facettes : le verre

La diversité des techniques héritées de l'Antiquité et du Moyen-Âge (verre émaillé) permit à la verrerie de s'adapter aux formes nouvelles (chope, chopine) et de parvenir, en Bohême, à un art rivalisant avec celui de Venise. Verres à pied (*humpens*), gobelets à décor émaillé blanc et noir, décors en « blanc de lait », en verre gravé, ... ce sont là autant de techniques différentes. C'est parce que les verriers de Bohême utilisèrent la potasse comme alcali et la chaux comme élément stabilisateur qu'ils obtinrent cette brillance et cette dureté qui leur permit d'appliquer toutes les techniques de la gravure (en intaille, c'est-à-dire en creux à l'aide de roues ; en camée, c'est-à-dire en dégageant l'alentour du motif par la meule).

Verre peint allemand du XIXe siècle. Y est représenté l'empereur Rodolphe II, parmi sept électeurs. Coll. Rastal. Phot. Rastal.

Le verre émaillé est recouvert d'un émail formé de couleurs broyées dans une suspension grasse et cuit à basse température. Les plus subtiles réalisations auxquelles il s'est prêté datent du début du siècle dernier, vers 1815 ; il s'agit des verres dits de « peinture translucide ». Samuel Mohn, à Dresde, et l'atelier d'Anton Kothgasser, à Vienne, parvinrent à un accord parfait entre transparence du verre et peinture.

Autre décor spectaculaire des verres de Bohême : le « blanc de lait », connu aussi à Venise et en Angleterre : le gobelet est opacifié à l'oxyde d'étain et présente une apparence de porcelaine.

Au milieu du XIXe siècle, les verres de brasserie sont les *bocks*, les *demis*, les *tulipes*, et toutes les formes de verres que déposent les brasseurs. Plus que jamais la création publicitaire tente de se renouveler, de surprendre, de séduire par l'humour : peut-être l'affiche de Kronenbourg utilisant la tableau de Seurat *Un dimanche à l'île de la Grande Jatte* et attribuant à chaque personnage un bock a-t-elle atteint ce but.

Quelques types de verres à bières. *1, 2, 3, 4, 5, 6: verres à* pils *(R.F.A); 7: verre à bière blanche (R.F.A.); 8: verre à* pils *(R.F.A.); 9: verre à* altbier *(R.F.A.); 10: verre à* kölsch *(R.F.A.); 11: verre à bière blanche; 12: verre à bière danoise; 13: verres à* pils *(Scandinavie, Luxembourg, Belgique, etc.); 14, 15, 16, 17: verres à spécialités belges; 18: verre à* pils *(France); 19: verre sur socle (contenance d'un litre); 20: botte à* pils *(R.F.A.), d'un litre; 21: verre à bière anglaise; 22: verre à trappiste; 23: verre à spécialités belges; 24: verre à bière anglaise.*

Quelques types de chopes. *1 à 7: chopes allemandes; 8: chope à* pilsen *(Tchécoslovaquie); 9: chope alsacienne; 10: chope américaine; 11: chope à bière blanche (R.F.A.); 12 à 19: chopes diverses, avec motifs, en cristal, en céramique ou en grès; 20: pichet à faro, de 50 cl.*

Le service de la bière

Ci-dessus :
Pompe de débit en porcelaine de la brasserie-malterie de Condé (Belgique), datant du début du XXe siècle. Coll. « Bière Magazine », Musée Européen de la Brasserie, Romedenne (Philippeville), Belgique. Phot. J. Klein/ A. Perrier-Robert.

Ci-contre en haut :
Système de tirage ancien (Allemagne, début XXe s.). Phot. B.N., Paris.

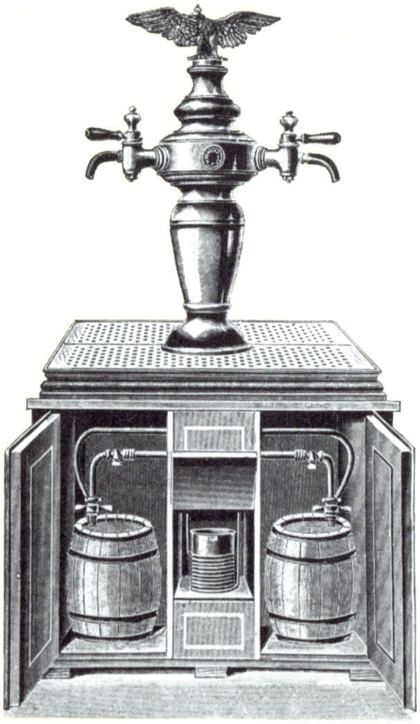

Le service de la bière dans l'histoire

Le *débit* fut longtemps limité au simple robinet sur tonneau. Mais à partir de 1870, il bénéficia de l'invention de différents types de pompes et connut alors une fulgurante évolution. Avant cette date, signalons la mise au point, par le colmarien Helmann, d'un compresseur à bière inaccessible à l'air (1858) et la fabrication, en Allemagne, du premier sous-bock (1867).

En France, on se contenta, à partir de 1879, de développer de nombreux types de soucoupes : soucoupe avec compteur (pour enregistrer le nombre de consommations), soucoupe-éponge ou soucoupe en caoutchouc. Le distributeur automatique de bière fut mis en service pour l'Exposition Universelle de 1889.

Le service de la bière de fermentation basse

(D'après doc. *Jupiler.*)

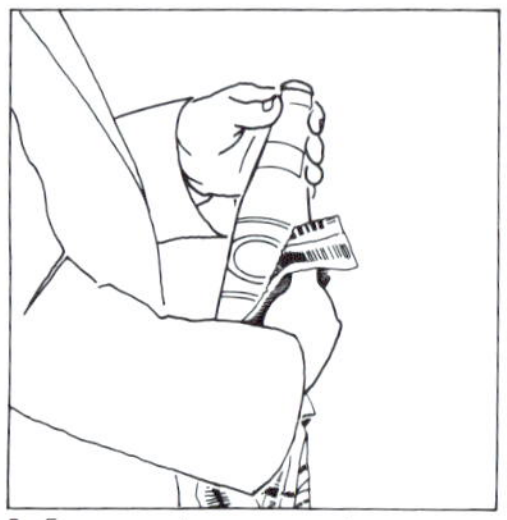

1. Essuyer soigneusement la bouteille.

2. S'assurer de la parfaite propreté du verre.

3. Verser la bière dans le verre incliné.

4. Couper la mousse avec le couteau placé à 45°.

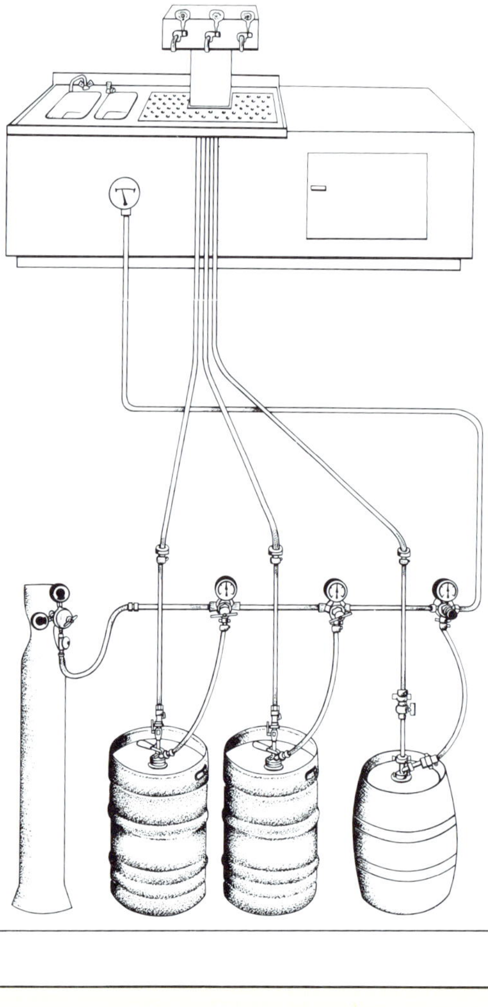

Le matériel de débit. Dans une cave propre et aérée sont placés les fûts de bière. Un plongeur est vissé sur chaque fût, la tige rentrant dans le fût. Un tuyau relie chaque plongeur à la conduite de bière. Une bonbonne d'acide carbonique donne la pression, que règle un manomètre avec son détendeur. Entre le fût et le robinet de la pompe, la bière est réfrigérée, pour être servie, à l'arrivée, à la température idéale.

Le service de la bière de fermentation haute
(D'après doc. *Jupiler*.)

1. Essuyer soigneusement la bouteille.

2. S'assurer de la parfaite propreté et de la transparence du verre.

3. Verser la bière en contrôlant la formation de la mousse.

4. Servir la bière, dont la mousse importante forme un dôme.

Le tirage de la bière
(D'après doc. *Jupiler*.)

1. Dégorger le robinet de débit.

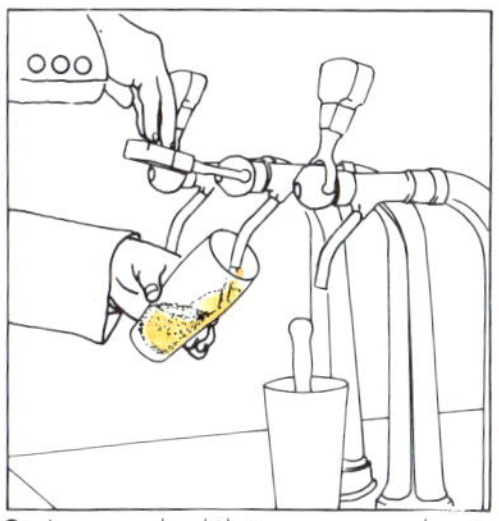

2. Amorcer le débit, en rapprochant du robinet le verre incliné.

3. Redresser le verre, tout en le descendant.

4. Laisser monter la mousse.

5. Couper la mousse avec le couteau (à 45°) en une seule fois.

6. Pour servir, tenir le verre par la partie inférieure.

La période 1840-1870 vit une floraison de « cartes porcelaine », dont la technique de fabrication – à partir de kaolin – fut ensuite abandonnée. Aujourd'hui, certains collectionneurs en raffolent. Coll. « Bière Magazine », Musée Européen de la Brasserie, Romedenne, (Philippeville) Belgique. Phot. J. Klein/ A. Perrier-Robert.

La tegestophilie ou l'infinité des collections

La tegestophilie est l'appellation donnée à toutes les collections se rapportant à la bière. Les thèmes de ces collections sont très divers : pièces destinées au service de la bière (chopes en étain, en grès, en argent, bocks, demis, tulipes, flûtes, etc.), bouteilles, canettes en métal, ouvre-bouteilles, décapsuleurs, étiquettes, carnets à souches, poignées à pompe (en porcelaine, le plus souvent). Parmi les objets liés à la promotion de la brasserie, ou d'une marque particulière, il faut citer les calendriers, les étuis de boîtes d'allumettes, les cendriers, les éventails, etc.

Les plus populaires des collections sont celles de l'affiche, du carton de réclame à l'intérieur du café et, plus encore, des sous-bocks (« cervelabelophilie »). Ces derniers peuvent être classés selon leur provenance, leur format, leur époque ou leur motif.

Bière et gastronomie

Crème cervoise du fourquet
(Brasserie Rodenbach, Belgique)

Ingrédients (4 personnes) : 2 céleris blancs, 4 poireaux, 3 oignons, 2 feuilles de laurier, 1 l de bière *Rodenbach*, 250 g de semoule de blé vert, 1 jarret de veau, 25 cl de crème fraîche, 25 cl de fond blanc, 2 blancs d'oeufs, 150 g de beurre, 1 cuillerée à soupe de farine, sel, cerfeuil.

Émincez les légumes. Faites-les revenir au beurre. Saupoudrez légèrement de farine, puis mouillez avec la bière. Salez. Laissez mijoter, avant d'ajouter le jarret de veau et la semoule délayée dans le fond blanc.

Au bout d'1 h 30, retirez le jarret et réservez-le au chaud. Passez le potage. Incorporez-lui la crème et portez-le à ébullition.

Battez légèrement les blancs d'oeufs. Versez-les délicatement dans le velouté, en remuant sans cesse avec une spatule en bois.

Coupez la chair du jarret en fins morceaux. Ajoutez-les à la crème. Parsemez de cerfeuil haché.

Soupe à la bière
(ölsupa, recette suédoise)

Ingrédients (4 personnes) : 50 cl de consommé de boeuf, 100 g de pain de seigle, 50 cl de bière blonde de type *lager*, 2 cuillerées à soupe de sucre en poudre, le zeste d'un citron, noix de muscade râpée, 1 demi-cuillerée à café de cannelle, 2 dl de crème fraîche.

Mettez le pain à tremper dans le consommé et écrasez-le avec un fouet. Lorsqu'il est bien trempé, ajoutez la bière, le sucre, le zeste de citron, la noix de muscade râpée et la cannelle. Placez le tout sur le feu et portez rapidement à ébullition. Puis retirez aussitôt du feu.

Servez avec de la crème fraîche.

Soupe à la bière
(recette tchèque)

Ingrédients (4 personnes) : 50 cl de bière blonde, 50 cl de bière brune, un morceau de gingembre, 3 cuillerées à soupe de farine, 1 oeuf, sel, sucre en poudre.

Portez à ébullition les deux bières mélangées et additionnées du gingembre. Ajoutez 2 cuillerées de farine délayée dans de l'eau et laissez bouillir jusqu'à ce que la soupe se clarifie. Salez. Sucrez légèrement. Là-dessus, ajoutez l'oeuf mêlé à un peu de farine. Faites bouillir encore 5 mn environ. Servez.

A gauche:
Quelques belles chopes allemandes des siècles passés.
En haut: à gauche, chope en bois et étain de Thuringe (1614);
à droite, hanap en noix de coco et argent (XVIIe s.).
En bas: à gauche, chope en faïence et étain d'Allemagne centrale (XVIIIe s.).
Phot. Coll. Rastal, R.F.A.

Soupe à la bière
(Jacques Herbaut, Restaurant « Le Vieux Berlin », Paris)

Ingrédients (6 personnes) : 75 cl de lait, 75 cl de bière blonde légère, écorce de cannelle, 1 jus de citron, 75 g de sucre en poudre, 30 g de fécule de pomme de terre, 2 oeufs.

Délayez la fécule dans un peu d'eau froide. Ajoutez 50 g de sucre. Dans une marmite, faites chauffer le lait avec la cannelle. À ébullition, versez la liaison et faites épaissir 5 à 6 mn. Versez la bière. Liez avec les jaunes d'oeufs. Battez les blancs en neige très ferme, en leur incorporant 25 g de sucre. Déposez sur le potage quelques petites cuillerées de blancs d'oeufs et couvrez pendant 5 mn. La vapeur suffira à les rendre fermes.

Toast du brasseur
(Musée bruxellois de la Gueuze)

Ingrédients (4 personnes) : 4 tranches de pain épaisses, 4 tranches de jambon des Ardennes (coupées finement), 200 g de fromage de Gruyère râpé, 50 g de fromage de Herve piquant, 25 cl de gueuze, moutarde, poivre, beurre.

Retirez la croûte des tranches de pain et faites griller celles-ci. Mettez la gueuze dans une casserole sur le feu et laissez-la réduire d'un bon tiers. Ajoutez alors le gruyère râpé et le fromage de Herve. Mélangez le tout, à feu constant, jusqu'à obtention d'une crème consistante. Sur chaque toast, placez une tranche de jambon. Disposez les toasts dans un plat à gratin et couvrez avec la crème de fromage. Éparpillez quelques noisettes de beurre. Faites gratiner au four.

Remarque : le fromage apportant suffisament de sel, il ne faut surtout pas saler la préparation ! Néanmoins, la crème de fromage peut être relevée avec une petite cuillerée à café de moutarde et un ou deux tours de moulin à poivre.

Welsh rarebit
(Société suisse des Brasseurs)

Ingrédients (4 personnes) : 30 g de beurre, 1 cuillerée à soupe rase de farine, 3 cuillerées à soupe de lait, 2 cuillerées à soupe de bière blonde de type *lager*, 1 cuillerée à café de moutarde forte, 120 à 150 g de gruyère râpé, sel, poivre, quelques gouttes de Worcestershire sauce, 4 tranches de pain à toast beurrées.

Faites chauffer le beurre dans une poêle. Ajoutez la farine et laissez « rôtir » 2 mn environ. Puis versez dessus le lait et retirez la poêle du feu.

Mélangez bien les autres ingrédients à cette préparation. Répartissez le tout sur les tranches de pain et placez celles-ci dans le four préalablement chauffé (200 °C environ). Faites dorer pendant quelque 5 mn.

Des tomates étuvées ou de la salade accompagnent parfaitement ces croûtes au fromage.

Remarque : dans la recette originale, anglaise, le fromage utilisé est le cheddar.

Harengs marinés à la bière
(recette suédoise)

Ingrédients (4 personnes) : 12 filets de harengs, 2 carottes, 2 oignons rouges, 2 feuilles de laurier, quelques grains de poivre blanc, 1 l de bière blonde, 1 dl de chapelure et de farine de blé mélangées, 1 cuillerée à café de sel, poivre moulu, beurre.

Préparez les filets de harengs. Mélangez chapelure, farine de blé, sel et poivre moulu. Enduisez les filets de poisson avec cette préparation et faites-les revenir dans du beurre, 5 mn de chaque côté, jusqu'à ce qu'ils soient foncés.

Confectionnez une marinade avec la bière, les oignons et les carottes coupés en rondelles. Ajoutez les grains de poivre. Placez les filets de harengs dans cette marinade et laissez-les ainsi pendant 24 h.

Fricassée de coquilles Saint-Jacques aux bigorneaux et aux oignons rouge à la façon d'Isabel
(Michel David, Restaurant « La Béguine des Béguines », Bruxelles)

Ingrédients (4 personnes) : 2 oignons rouges, 4 grosses pommes de terre, 8 noix de coquilles Saint-Jacques fraîches décortiquées, 3 cuillerées à soupe de bigorneaux cuits et décortiqués, sel, poivre, 60 g de beurre, 25 cl de bière *Spéciale Enghien*, 15 cl de fumet de poisson, 15 cl de crème fraîche, 2 cuillerées à soupe de ciboulette hachée.

Versez la bière et le fumet de poisson dans une sauteuse. Faites réduire de moitié. Puis ajoutez la crème fraîche et laissez réduire à nouveau jusqu'à obtention de l'onctuosité voulue.

Dans une poêle anti-adhésive, saisissez à sec les noix de Saint-Jacques escalopées et réservez-les au chaud. Dans la même poêle, mettez le beurre à colorer et faites-y revenir les oignons rouges (très finement émincés), ainsi que les pommes de terre (préalablement cuites à l'eau en robe et épluchées).

Tapissez le fond du plat de service avec pommes de terre et oignons. Dressez dessus les escalopes de Saint-Jacques et les bigorneaux. Rectifiez l'assaisonnement en sel et en poivre. Réservez au chaud pendant quelques instants.

Pendant ce temps, terminez la sauce. Nappez-en le pourtour du plat et saupoudrez de ciboulette hachée. Servez tel, bien chaud.

Remarque : ce plat est délicieux accompagné de haricots verts extra-fins et de lanières de tomates fraîches émondées.

Couronne de moules à la Breughel
(Brasserie Rodenbach, Belgique)

Ingrédients (4 personnes) : 125 g de riz, 2 kg de moules, 8 coquilles Saint-Jacques, 1 oignon, 1 céleri, des échalotes, 1 bouteille de bière *Rodenbach*, 1 jaune d'oeuf, crème fraîche, 1 pincée de safran.

Hachez oignon et échalotes, puis mettez-les à revenir au beurre. Ajoutez ensuite les moules et mouillez avec la bière (dans la proportion de trois fois le volume de cuisson). Égouttez les moules cuites et retirez-les de leurs coquilles. Préparez un peu de velouté avec le jus de cuisson des moules et la bière. Liez avec le jaune d'oeuf et la crème. Aromatisez au safran.

Faites cuire le riz. Disposez-le dans un moule à savarin. Passez ce « gâteau » quelques minutes au four, avant de le démouler sur un plat rond. Remplissez le creux central de moules. Garnissez le pourtour de coquilles Saint-Jacques, préalablement cuites, panées et frites.

Carpe à la bière
(recette allemande)

Ingrédients (4 personnes) : 1,5 kg de carpes, 3 carottes, 2 branches de persil, 3 oignons, un quart de céleri-rave, une pincée de gingembre en poudre, quelques clous de girofle, 2 feuilles de laurier, poivre en grains, bière blonde, 100 g de beurre, 1 demi-citron, 1 verre de vinaigre, un morceau de pain d'épices (ou du pain blanc émietté), 1 verre de bon vin rouge, sel.

Préparez les carpes et découpez-les en morceaux. Recueillez le sang dans du vinaigre.

Épluchez les légumes (carottes, oignons, céleri-rave) et détaillez-les en rondelles. Mettez-les dans une casserole, avec le persil, le laurier, le gingembre, les clous de girofle et quelques grains de poivre. Couvrez de bière et d'eau, à parts égales. Laissez cuire pendant 15 mn.

Puis plongez les carpes dans le liquide bouillant. Salez. Ajoutez le beurre, le citron (épépiné), le reste de vinaigre et le sang vinaigré. Poursuivez la cuisson durant 15 mn encore.

Quand les morceaux de carpes sont mous, retirez-les du bouillon et réservez-les. Ajoutez à la sauce le morceau de pain d'épices (émietté) et le vin rouge. Laissez-la mijoter quelques minutes avant de la passer au chinois.

Dressez les morceaux de poisson et nappez-les de sauce. Servez avec des pommes de terre.

Remarque : la bière ne doit pas être amère et la sauce doit être épaisse.

Carpe à la noire
(recette tchèque)

Ingrédients (4 personnes) : 1 belle carpe, 2 carottes, 1 morceau de céleri-rave, persil, 1 cuillerée à café de sucre en poudre, 30 g de pain rassis, 50 cl d'eau, 25 cl de bière brune, vinaigre, sel, poivre, 2 oignons, 1 gousse d'ail, 30 g de pain d'épices, 2 cuillerées à soupe de confiture de groseilles, 10 noix, des amandes émincées, 20 g de raisins secs, 10 pruneaux, quelques gouttes de jus de citron, beurre.

Rincez le poisson au vinaigre. Réservez le sang. Puis détaillez les carottes et le céleri-rave en dés. Hachez fin le persil. Mettez les légumes à dorer dans du beurre. Versez le sucre en poudre et faites un peu caraméliser. Ajoutez alors le pain rassis, préalablement réduit en chapelure. Mélangez bien. Arrosez avec bière, eau et vinaigre (mélangé au sang). Salez, poivrez.

Incorporez les oignons et la gousse d'ail hachés. Faites bouillir pendant 15 mn.

Passez ensuite au chinois. Ajoutez le pain d'épices râpé, la confiture de groseilles, les fruits secs (noix, amandes, raisins secs et pruneaux). Mouillez de jus de citron. Portez à ébullition et laissez tel durant 5 mn.

Placez dans ce mélange la carpe découpée en portions. Faites bouillir le tout pendant 15 mn. Servez aussitôt.

Lotte à la gueuze

(Claude Van Roy, Bruxelles)

Ingrédients (4 personnes) : 1 kg de lotte, 1 blanc de poireau, 1 branche de céleri, 1 oignon, 1 gousse d'ail, 37,50 cl de *gueuze*, thym, 1 cuillerée à café de persil haché, 1 cuillerée à café de cerfeuil haché, sel, poivre.

Coupez la lotte en morceaux. Mettez le poireau, le céleri et l'oignon à blondir dans du beurre. Ajoutez ensuite les morceaux de lotte. Salez, poivrez. Incorporez l'ail (écrasé) et le thym. Versez la *gueuze*. Laissez frémir pendant une quinzaine de minutes. Terminez par l'apport de persil et de cerfeuil.

Remarque : liez la sauce, si nécessaire.

Suprême de loup à la Trois-Monts*

(Didier Brasseur, « Restaurant du Commerce », Stenay, Meuse)

Ingrédients (4 personnes) : 4 tranches de loup de 150 g chacune, 25 g d'échalotes ciselées, 100 g de fruits de mer, 75 cl de bière *Trois Monts*, 6 cuillerées à soupe de crème fraîche, 3 jaunes d'oeufs, persil haché, sel, poivre.

Disposez les tranches de poisson sur un lit d'échalotes, dans une sauteuse. Salez, poivrez. Mouillez à niveau avec la bière. Ajoutez les fruits de mer et couvrez. Faites cuire au four pendant 15 mn environ. Puis retirez du four et réservez au chaud.

Préparez la sauce : mélangez la crème et les jaunes d'oeufs; faites frémir le jus de cuisson et, hors du feu, incorporez-lui le mélange crème-oeufs. Laissez épaissir durant quelques secondes. Rectifiez l'assaisonnement, si nécessaire.

Dressez les tranches de poisson sur un plat de service. Nappez de sauce. Parsemez de persil haché.

Filets de perche cuits à la vapeur de bière

(Émile Jung, Restaurant « Le Crocodile », Strasbourg)

Ingrédients (4 personnes) : 600 g de filets de perche, 200 g d'épinards, 1 poireau, 1 petite carotte, 1 oignon moyen, 60 g de céleri, 1 gousse d'ail, 75 cl de bière blonde, 10 baies de genièvre, 120 g de beurre.

Dans un couscoussier, faites cuire la bière pendant 10 mn avec carotte, oignon, céleri, poireau, ail et baies de genièvre. Enveloppez les filets de poisson dans les feuilles d'épinards, préalablement blanchies (1 mn). Mettez ces filets à cuire à la vapeur

* Bière blonde brassée entre Lille et Dunkerque (Brasserie Ricour-Saint-Sylvestre-Cappel).

Coll. A.P.-R. Phot. J. Klein / A. Perrier-Robert.

de la bière aromatisée aux légumes et aux baies de genièvre. Pour servir, garnissez avec quelques carottes cannelées.

Réalisez un beurre blanc avec 2 échalotes hachées, 3 cl de vinaigre de vin blanc, 5 cl de vin blanc, 5 grains de poivre écrasés et 4 baies de genièvre concassées. Laissez réduire jusqu'au quart, puis montez avec 200 g de beurre. Salez et poivrez selon le goût.

Saumon braisé à la Choulette*

(Didier Brasseur, « Restaurant du Commerce », Stenay, Meuse)

Ingrédients (4 personnes) : 4 escalopes de saumon de 200 g chacune, 1 tomate, persil haché, environ 50 g d'échalotes ciselées, 50 cl de *Choulette*, 2 jaunes d'oeufs, 125 g de beurre, sel, poivre.

Dans une sauteuse, mettez à colorer les escalopes de poisson, de chaque côté, avec 50 g de beurre chaud. Ajoutez les échalotes et faites-les suer. Puis incorporez la tomate coupée en dés et le persil haché. Couvrez de bière et laissez frémir pendant 10 à 15 mn.

Retirez ensuite le saumon et réservez-le au chaud. Faites réduire la bière à feu doux.

Pendant ce temps, préparez une sauce hollandaise : mettez le beurre restant à tiédir et montez-y les jaunes d'oeufs jusqu'à consistance d'une mayonnaise. Ajoutez à la sauce. Rectifiez l'assaisonnement, si nécessaire.

Dressez les escalopes de saumon dans un plat et nappez-les de sauce. Servez aussitôt.

* Bière ambrée de fermentation haute, brassée dans la région de Cambrai (Brasserie La Choulette, Hordain).

Saumon rôti au beurre de bière

(M. Barbier, Château d'Igé, Pierreclos, Saône-et-Loire)

Ingrédients (6 personnes) : 1 saumon de 2 kg, 100 g d'échalotes, 50 cl de bière blonde de type *Heineken*, 2 cuillerées à soupe de crème fraîche, 1 kg de beurre, huile d'olive, sel, poivre.
Demandez à votre poissonnier de lever les filets de saumon et de les découper en six portions d'environ 200 g chacune.

Dans une poêle - ou un plat à rôtir -, faites chauffer de l'huile d'olive. Quand elle est chaude, mettez-y les morceaux de poisson à rôtir. Salez et poivrez. Au bout de 10 mn, retirez le saumon et réservez-le sur un plat de service.

Placez les échalotes dans le plat de cuisson. Versez la bière. Laissez réduire jusqu'aux neuf dixièmes. Puis ajoutez la crème fraîche et faites bouillir pour que la sauce épaississe. Montez ensuite celle-ci au beurre, à chaleur moyenne. Rectifiez l'assaisonnement, si besoin est.

Nappez de sauce les filets de saumon. Servez avec des épinards cuits à la vapeur.

Filets de sole aux jets de houblon

(Pierre Romeyer, Hoeilaart, Belgique)

Ingrédients (12 personnes) : pour les jets de houblon : 1 kg de jets de houblon non nettoyés, le jus de 2 citrons, 10 g de farine, sel, poivre; pour les filets de poisson : 24 filets de sole, 4 branches de céleri blanc, 2 poireaux, 1 demi-tête d'ail, 2 carottes, thym, laurier, sel marin, poivre concassé; pour le fumet de poisson : arêtes de sole et têtes de turbot, carottes, oignons, céleri, poireaux, thym, laurier, 1 tiers de vin blanc, 2 tiers d'eau, poivre concassé; pour le beurre à la bière, 25 cl de bière blonde, 25 cl de fumet de poisson (*v. ci-dessus*), 10 g d'échalote, 600 g de beurre pommade.

Nettoyez les jets de houblon. Faites bouillir environ 3 l d'eau, additionnée de sel, de poivre, du jus des citrons et d'un blanc (farine + eau). À ébullition, plongez-y les jets. Leur cuisson est très rapide; aussi soyez vigilant(e). Mettez-les ensuite à égoutter. Au moment de servir, poêlez-les au beurre (sans les laisser rissoler).

Préparez le jus de cuisson des filets de sole : nettoyez les légumes, mouillez-les d'eau, ajoutez l'assaisonnement et portez à ébullition à couvert. Façonnez quelques pommes de terre en cylindres de façon à enrouler autour les filets de poisson (côté peau vers l'intérieur), en maintenant le tout avec un cure-dent. Salez les filets ainsi apprêtés et faites-les cuire à la vapeur, à couvert, durant 5 mn.

Dans une casserole, versez la bière et le fumet de poisson. Ajoutez l'échalote émincée et laissez réduire. Puis incorporez le beurre au fouet (par petites noix); si le beurre a trop réduit, allongez-le avec un peu d'eau. Passez-le au chinois fin, rectifiez-en l'assaisonnement, si besoin est, et gardez-le au chaud. Au moment de servir, réchauffez-le, sans le laisser bouillir.

Retirez les pommes de terre et les cure-dents. Dressez les filets sur un plat, remplissez-les de jets de houblon et nappez-les de sauce. Servez aussitôt.

Coll. A.P.-R. Phot. J. Klein / A. Perrier-Robert.

Remarque : le fumet se prépare en mettant dans une grande casserole les « déchets » de poisson, la mirepoix de légumes, le thym, le laurier et du poivre concassé (pas de sel !), en mouillant d'eau et de vin blanc, en portant le tout à ébullition et en laissant cuire une demi-heure avant de passer au gros chinois.

Suprêmes de sole du fourquet

(Joseph Eeckhout, « Restaurant Devos », Mons, Belgique)

Ingrédients (4 personnes) : 1 belle sole de 600 g, 50 g de beurre, 1 échalote, 10 cl de bière blonde, 20 cl de crème fraîche, le jus d'un demi-citron, 2 fleurons, cerfeuil ciselé, farine, sel, poivre.

Demandez à votre poissonnier de lever les filet de sole. Aplatissez-les, pliez-les en deux, assaisonnez-les et farinez-les.

Mettez le beurre à fondre dans une poêle. Lorsqu'il est bien chaud, déposez-y les filets de poisson et faites-les cuire des deux côtés. À mi-cuisson, ajoutez l'échalote finement hachée.

Retirez les filets cuits de la poêle et tenez-les au chaud. Déglacez avec la bière. Laissez réduire un peu. Incorporez ensuite la crème fraîche et le jus de citron. Portez à ébullition. Puis passez au chinois fin et rectifiez l'assaisonnement si nécessaire. Finissez la sauce avec une noix de beurre frais.

Dressez les filets de sole sur un plat de service chaud. Nappez de sauce. Parsemez de cerfeuil. Disposez les fleurons autour.

Filets de turbot à la Ch'ti *

(Didier Brasseur, « Restaurant du Commerce », Stenay, Meuse)

Ingrédients (4 personnes) : 600 g de filets de turbot, 60 g d'échalotes ciselées, 150 g de champignons frais émincés, 100 g de crème fraîche, 1 demi-litre de bière du *Ch'ti*, sel, poivre. Pour le roux : environ 25 g de farine et 25 g de matières grasses.

Sur une plaque creuse allant au four, disposez les échalotes, puis placez dessus les filets de poisson, légèrement salés et poivrés. Parsemez de champignons, avant de mouiller avec la bière. Recouvrez de papier d'aluminium. Faites cuire au four (200 °C) pendant 15 mn.

Retirez ensuite les filets et réservez-les au chaud.

Dans une casserole, mettez à bouillir le jus de cuisson du turbot. Liez à l'aide d'un roux blanc. Ajoutez la crème et rectifiez l'assaisonnement, si nécessaire.

Dressez les filets dans un plat de service et nappez de sauce.

Croustillants de turbot aux légumes farcis

(Michel David, Restaurant « La Béguine des Béguines », Bruxelles)

Ingrédients (4 personnes) : 4 feuilles de pâte à brick, 1 carotte, 1 poireau, 2 branches de céleri, 6 têtes de gros champignons blancs, 1 courgette, 50 g de beurre, sel, poivre du moulin, 4 filets de turbot de 100 g chacun, 1 cuillerée à soupe d'estragon haché, 4 écrevisses cuites mais non décortiquées, 1 bonne poignée d'épinards frais. Pour la sauce : 15 cl de fumet de poisson, 15 cl de *Bush Beer*, 15 cl de crème fraîche, 1 cuillerée à soupe de paprika doux, 25 g d'oeufs de saumon fumé.

Préparez les légumes (carotte, poireau, céleri, courgette, champignons) en julienne et faites revenir celle-ci au beurre. Laissez-la refroidir.

Étalez les feuilles de pâte à brick. Disposez au centre de chacune une portion de julienne de légumes, de l'estragon haché et un filet de turbot. Salez, poivrez. Repliez chaque feuille en portefeuille. Plongez ces « croustillants » dans une friture bien chaude; ils doivent cuire plus ou moins 2 ou 3 mn de chaque côté.

Pour la sauce : mettez à réduire, à feu très doux, le fumet de poisson avec la *Bush Beer*, la crème fraîche et le paprika doux en poudre, jusqu'à obtention de l'onctuosité voulue. N'ajoutez qu'au dernier moment les oeufs de saumon fumé.

Dressez chaque assiette en nappant le fond de celle-ci avec la sauce. Déposez le croustillant dessus. Garnissez avec les épinards frais revenus au beurre et placez dessus une écrevisse. Servez tel, bien chaud.

Remarque : ce plat se déguste fort bien avec une *Bush Beer* ou une *Duvel.*

Andouillette à l'Heineken

(Didier Brasseur, « Restaurant du Commerce », Stenay, Meuse)

Ingrédients (4 personnes) : 4 andouillettes de Troyes, 50 g de matières grasses, 50 g d'échalotes, 25 cl de crème fraîche, 50 g de beurre ramolli, 25 g de farine, 15 cl de bière *Heineken*, sel, poivre.

Faites cuire les andouillettes dans la matière grasse pendant 15 mn. Puis, dans une sauteuse, mettez 25 g de beurre à fondre et faites-y suer les échalotes.

Déglacez à la bière. Laissez réduire légèrement et passez au chinois. Liez à l'aide d'un beurre manié (25 g de beurre mêlés à la farine). Nappez l'andouillette de cette sauce.

* Bière blonde de la région de Lens. Brasserie Castelain-Benifontaine.

Gras-double à la gueuze

(Christian Vandeneeckhoutte, « Le Bois de Chêne », Cappelle-la-Grande, Nord)

Ingrédients (10 personnes) : 2 kg de panse de boeuf, 2 gros oignons, 2 gros poireaux, 3 l de *gueuze lambic*, 1 l de fond de veau lié, 1 grosse cuillerée à soupe de moutarde forte, thym, laurier, sel, poivre.

Dans une cocotte épaisse, faites suer dans l'huile oignons et poireaux émincés. Mettez-y la panse de boeuf préalablement blanchie et détaillée en gros dés. Mouillez avec la *gueuze* et le fond de veau. Incorporez la moutarde. Assaisonnez de sel et de poivre. Ajoutez thym et laurier.

Amenez à ébullition sur le feu et placez à four très doux (120 °-130 °C), à couvert, pendant 6 heures.

Servez ce gras-double accompagné de pommes vapeur ou de pommes allumettes.

Lapin Bruxellois

(Musée bruxellois de la Gueuze)

Ingrédients (4 personnes) : 1 lapin, 1 carotte, 1 gros oignon, 3 clous de girofle, bouquet garni, 1 gousse d'ail, 1 l de *lambic*, 125 g de lardons, 2 cuillerées à soupe de farine, 1 cuillerée à soupe de vinaigre, 2 cuillerées à soupe de gelée de groseilles, 10 petits oignons, 250 g de pruneaux, 100 g de raisins sultane, saindoux, sel, poivre, noix de muscade râpée.

Dans une terrine, placez le lapin découpé en morceaux égaux et versez la marinade (1 l de *lambic*, le gros oignon piqué de clous de girofle, la carotte détaillée en tranches, le bouquet garni, la gousse d'ail écrasée, du sel et du poivre). Couvrez et laissez mariner toute une nuit. Égouttez les morceaux de lapin et faites-les sécher.

Mettez les lardons à rissoler dans 2 cuillerées de saindoux. Ôtez-les ensuite pour leur substituer les morceaux de lapin. Dès que ceux-ci sont dorés à leur tour, saupoudrez-les de farine . Mélangez bien et mouillez avec la marinade. Au besoin, ajoutez du *lambic* pour couvrir la préparation à ras. Portez à ébullition. Incorporez les lardons, le vinaigre, la gelée de groseilles, les petits oignons, les pruneaux (qui ont trempé dans l'eau tiède pendant 30 mn) et les raisins secs. Assaisonnez de sel, poivre et noix de muscade. Couvrez et laissez cuire durant 1 heure environ.

Servez chaud.

Magrets de canard à la framboise

(Claude Van Roy, Bruxelles)

Ingrédients (4 personnes) : 4 magrets de canard, 1 blanc de poireau, 1 branche de céleri, 1 carotte, 1 oignon, 1 échalote, 1 gousse d'ail, brins de persil, 37,50 cl de framboise, gelée de groseilles (ou de framboises), sel, poivre.

Levez les filets de canard. Hachez menu les légumes et faites-les revenir, dans du beurre, avec l'ail (écrasé) et le persil (ciselé). Ajoutez un peu de framboise pour les imprégner et couvrez.

Mettez les magrets à braiser. Puis dégraissez avant de leur

Une bière de ménage telle qu'au début du siècle

« La bière de ménage, que tout le monde peut faire, ne revient pas à un sou le litre, et vaut souvent mieux que certaine bière faite avec du pied de boeuf, du buis et de l'alcool toxique.

« Pour une futaille d'une contenance de 100 litres, prenez 15 litres de seigle que vous mettrez dans un baquet avec de l'eau en quantité suffisante pour que le grain soit toujours humide sans être noyé. Remuez deux ou trois fois par jour. Quand les germes auront à peu près un centimètre de longueur, versez le grain dans votre futaille en y ajoutant une livre de levure de bière et 40 litres d'eau chaude, mais non bouillante ; agitez le mélange avec un bâton. Le lendemain, ajoutez encore 40 litres d'eau chaude et agitez le mélange. Le troisième jour, achevez de remplir le tonneau avec de l'eau chaude, agitez, louchez et laissez reposer le liquide pendant cinq à six jours. Au bout de quinze jours en été et trois semaines en hiver, soutirez la boisson, elle est prête à boire ».

(*les Recettes du Siècle*, 1901)

adjoindre les légumes. Mouillez avec le reste de framboise (25 cl environ). Assaisonnez. Lorsque la volaille est cuite (selon le goût), réservez-la au chaud et passez la sauce au chinois. Enrichissez-la de gelée de groseilles (ou de framboises). Liez-la, si nécessaire. Et nappez-en les magrets disposés dans un plat.

Coq à la bière (1)

(Maurice Coquelet, « Le Hochepot », Lille)

Ingrédients (6-8 personnes) : 1 coq de 4 à 5 kg, 500 g de lard fumé, 500 g de petits oignons blancs, 3 à 4 l de bière, 1 poignée de baies de genévrier, bouquet garni, 2 cuillerées à soupe de crème fraîche, farine, beurre, huile, pesil, genièvre, sel, poivre.

Découpez le coq en morceaux et faites dorer ceux-ci à la poêle dans un mélange beurre-huile. Puis disposez-les dans une grande cocotte et flambez-les au genièvre de Houlle.

Mettez à revenir dans une poêle le lard (en dés) et les oignons. Déglacez ensuite avec un peu de bière, avant de placer le tout dans la cocotte. Ajoutez alors les baies de genévrier et le bouquet garni. Couvrez de bière.

Laissez mijoter 2 à 3 heures selon la qualité du coq. Rectifiez l'assaisonnement.

Lorsque le coq est cuit, retirez les morceaux et passez la sauce au chinois. Faites-la réduire tout en lui ajoutant la crème fraîche et en la liant avec de la farine délayée dans du beurre.

Remettez la garniture dans la cocotte. Mélangez doucement. Nappez de cette préparation les morceaux de coq dressés sur un plat. Ajoutez quelques pommes à l'anglaise et saupoudrez de persil frais haché.

Coq à la bière (2)

(Office de Tourisme de Lille)

Ingrédients (6 personnes) : 1 beau coq, 5 cl de genièvre, 50 cl de bière blonde, 2 cuillerées à soupe de crème fraîche, 25 g de beurre, 50 g de saindoux, 1 carotte, 2 échalotes, 250 g de champignons de couche, 2 feuilles de laurier, 1 branche de thym, 10 grains de poivre, sel.

Coupez le coq en huit morceaux. Epluchez et lavez la carotte.Détaillez-la en rondelles. Hachez les échalotes. Faites blondir le tout dans une cocotte, au saindoux. Lorsque les morceaux sont dorés, flambez-les au genièvre. Ajoutez thym, laurier et poivre. Salez. Mouillez avec la bière. Couvrez. Laissez mijoter pendant 45 mn.

Nettoyez les champignons. Faites-les fondre au beurre, dans une casserole, durant 15 mn. Versez-les ensuite dans la cocotte. Pousuivez la cuisson à feu trés doux pendant quelques minutes.

Dressez la viande sur un plat. Nappez avec la sauce liée à la crème fraîche.

Coq à la flamande

(Christian Vandeneeckhoutte, « Le Bois de Chêne », Cappelle-la-Grande, Nord)

Ingrédients (8 personnes) : 1 gros coq (plus de 3 kg), 2 beaux oignons, 200 g de poitrine fumée, 200 g de pruneaux dénoyautés, 50 g de farine, 3 l de bière de garde *Jenlain*, sel, poivre.

Dans une cocotte épaisse, faites suer le coq détaillé en douze morceaux. Lorsque ceux-ci ont pris couleur, retirez-les et réservez-les.

Dans la graisse utilisée pour la volaille, mettez les lardons et oignons émincés à fondre. Ajoutez la farine, puis la bière. Portez à ébullition. Incorporez les pruneaux et enfin les morceaux de coq. Assaisonnez. Placez à four moyen (180°C) et laissez cuire 2 h environ.

Dégustez ce plat avec la même bière que celle employée pour la cuisson.

Coq à la kriek

(Didier Brasseur, « Restaurant du Commerce », Stenay, Meuse)

Ingrédients (8 personnes) : 1 coq de 2,5 à 3 kg, 2 l de *kriek*, 3 l de fond brun de volaille, 300 g d'oignons ciselés, 200 g de carottes en brunoise (petits dés), 150 g de farine, 1 bouquet garni, 300 g de champignons frais émincés, 200 g de lardons, 300 g de cerises à l'eau-de-vie, matière grasse.

Découpez le coq de manière à avoir seize morceaux. Faites rissoler ceux-ci dans de la matière grasse, puis déposez-les dans une casserole en fonte.

Mettez oignons et carottes à suer, puis farinez et faites prendre couleur 5 mn au four. Mouillez avec la *kriek* et le fond de volaille. Salez et poivrez. Ajoutez le bouquet garni. Laissez cuire durant 2 h au moins.

Trois quarts d'heure avant la fin de la cuisson, incorporez les champignons, les lardons et les cerises à l'eau-de-vie. En fin de cuisson, ôtez le bouquet garni et rectifiez l'assaisonnement, si nécessaire. Servez sur un plat chaud.

Poulet à la gueuze

(Recette créée pour le millénaire de Bruxelles, Pierre Romeyer, Hoeilaart, Belgique)

Ingrédients (6 personnes) : 3 poulets de 1,2 kg chacun, 100 g d'échalotes émincées, 100 g de champignons de Paris, 100 g de blanc de céleri, thym, laurier, 1 gousse d'ail, 1 pincée de poivre concassé, beurre, 1 l de crème fleurette, *gueuze*, 600 g de salsifis, 18 boudins limbourgeois.

Poêlez les poulets. Découpez en aiguillettes la chair de la poitrine et celle des cuisses désossées. Réservez le tout au chaud.

Hachez les carcasses et mettez à revenir dans le beurre de cuisson. Ajoutez les échalotes, les champignons, le céleri, le thym, le laurier, l'ail et le poivre. Quand les légumes sont « tombés », retirez la matière grasse et couvrez de *gueuze* à ras. Faites réduire à glace.

Incorporez ensuite la crème fleurette, portez à ébullition et laissez cuire à feu doux jusqu'à obtention de la consistance voulue.

Passez la sauce au chinois fin, rectifiez-en l'assaisonnement et montez-la au beurre.

À part, faites cuire les salsifis à l'anglaise ; ils doivent être croquants. Et chauffez les boudins.

Dressez les aiguillettes. Disposez salsifis et boudins. Nappez de sauce et conservez le tout 5 mn sur le coin du fourneau avant de servir.

Poulet au faro

(M et Mme Eyndels, Restaurant « Au Saucier », Bruxelles)

Ingrédients (4 personnes) : 1 poulet d'1,5 kg, 250 g de champignons, une dizaine de petits oignons, quelques lardons, thym, laurier, julienne de poireaux et de carottes, 1 branche de céleri, graisse d'oie, 75 cl de faro doux, sel, poivre.

Découpez le poulet en quatre morceaux. Farinez-les et faites-les dorer à la graisse d'oie. Salez et poivrez.

Dans une cocotte, mettez les oignons émincés à blondir. Déposez-y ensuite le poulet et arrosez largement de faro. Ajoutez le thym et le laurier. Laissez mijoter pendant 20 mn.

Incorporez les lardons et les petits légumes (poireaux, carottes, céleri), préalablement blanchis au sucre, puis le vinaigre et les champignons. Faites réduire.

Servez avec des petites pommes de terre.

Tournedos montois

(Maurice Compère, « Restaurant Devos », Mons, Belgique)

Ingrédients (4 personnes) : 4 tournedos de 200 g chacun, 50 g de beurre, 4 cuillerées à soupe de brunoise de légumes précuite (3 échalotes, 1 carotte, 3 petites branches de céleri, fleur de thym), 1 demi-bouteille de bière blonde de type *pils*, 20 cl de crème fraîche, persil et estragon hachés, sel, poivre.

Dans une sauteuse, faite fondre le beurre. Lorsqu'il est bien chaud, déposez-y les tournedos. Saisissez-les, salez-les, couvrez-les et laissez cuire selon votre goût (à point, saignant ou bleu). Puis retirez la viande et réservez-la.

Dégraissez le jus de cuisson. Mettez la brunoise dans la sauteuse et mouillez avec la bière. Faites réduire de moitié. Incorporez la crème et laissez bouillir quelques instants, pour que la sauce réduise à nouveau. Rectifiez l'assaisonnement, si besoin est. Ajoutez le persil et l'estragon hachés. Déposez les tournedos sur un plat de service. Nappez-les de sauce. Servez ce mets accompagné de légumes de saison et de pommes croquettes.

Carbonnade flamande

(Office de Tourisme de Lille)

Ingrédients (5 personnes) : 800 g de viande de boeuf (culotte), 300 g d'oignons, sel, poivre, 60 g de saindoux, 50 cl de bière blonde, 1 grand verre de bouillon, 1 cuillerée à soupe de moutarde, bouquet garni.

Coupez la viande en petites tranches très minces. Salez-les et poivrez-les avant de les faire dorer à la poêle dans 30 g de saindoux. Retirez-les ensuite de la poêle.

Épluchez les oignons et découpez-les en lamelles. Mettez-les à dorer doucement dans 30 g de saindoux. Puis saupoudrez-les de farine et mélangez bien avec une cuillère en bois.

Tapissez le fond d'une cocotte avec la moitié des oignons. Placez la viande dessus. Recouvrez avec le reste des oignons. Salez, poivrez. Mouillez avec le bouillon et la bière. Ajoutez le bouquet garni et la moutarde.

Lorsque la préparation est à ébullition, couvrez la cocotte et faites cuire à four très doux (préchauffé) durant 3 h.

Jarret de bœuf à la bière

(Maurice Coquelet, Restaurant « Le Hochepot », Lille)

Ingrédients (6-8 personnes) : 1 jarret de boeuf de 1,5 à 2 kg, 12 carottes moyennes, 6 beaux poireaux, 12 navets, 5 oignons, 6 à 8 pommes de terre, 4 à 5 l de bière légère (blonde, de préférence), 2 cuillerées à soupe de crème fraîche, clous de girofle, bouquet garni, farine, beurre, sel, poivre.

Dans une marmite à bouillon, placez la viande, préalablement dégraissée et parée des bouts de tendrons. Couvrez de bière. Portez à ébullition et écumez bien. Ajoutez ensuite les légumes (carottes, poireaux, navets, pommes de terre, 4 oignons) et le bouquet garni. Salez et poivrez. Puis laissez cuire à petits bouillons durant 3 h. Veillez au niveau du bouillon et rajoutez de l'eau chaude si nécessaire.

Lorsque le jarret est cuit, retirez 1 demi-litre de bouillon. Dans une casserole, faites suer 1 oignon émincé. Salez et poivrez. Versez dessus le bouillon passé au chinois. Incorporez la crème fraîche et liez à souhait avec de la farine délayée dans du beurre.

Disposez sur le plat de service les légumes (émincés en tranches de 5 mm d'épaisseur) et le jarret (détaillé en tranches de 1,5 à 2 mm d'épaisseur). Nappez de sauce et servez chaud.

Aiguillette de bœuf braisé à la Jenlain*

(Didier Brasseur, « Restaurant du Commerce », Stenay, Meuse)

Ingrédients (4 personnes) : 1,2 kg d'aiguillette de rumsteak lardée, 200 g d'oignons, 4 gousses d'ail, 200 g de carottes, 1 pied de veau, 5 tomates, 2 cl de cognac, bouquet garni, 2 l de *Jenlain*, 2 l de fond brun de veau, sel, poivre.

Faites préparer l'aiguillette par votre boucher. Taillez les légumes en petits dés.

Saisissez fortement l'aiguillette dans l'huile et laissez-la prendre couleur, pendant 15 mn sur chaque face. Faites suer les oignons et carottes, puis flambez le tout avec le cognac. Mouillez avec le fond de veau et la bière. Ajoutez les tomates (en dés), le pied de veau, l'ail haché et le bouquet garni. Salez, poivrez. Laissez cuire pendant 2 h à 2h 30.

Retirez l'aiguillette. Réduisez la sauce jusqu'à obtention de la consistance voulue. Coupez la viande et dressez-la sur un plat, entourée de sauce.

Côtes de veau Saint-Feuillien

(Paul Dandoy, « Restaurant Devos », Mons, Belgique)

Ingrédients (2 personnes) : 2 belles côtes de veau, farine, 50 g de beurre, mirepoix de légumes (fine), 1 demi-bouteille de bière *Saint-Feuillien*, 20 cl de crème fraîche. Légumes d'accompagnement : jets de houblon (en saison) ou chicons (endives) et champignons ou encore haricots et tomates grillées.

Parez les côtes de veau. Assaisonnez-les et farinez-les. Dans une sauteuse, mettez le beurre à fondre. Lorsqu'il est bien chaud, déposez-y la viande. Laissez colorer légèrement. Puis ajoutez le mirepoix de légumes et poursuivez la cuisson. Une fois les côtes cuites, retirez-les et réservez-les au chaud.

Déglacez le jus avec la bière. Faites réduire. Incorporez la crème. Continuez la cuisson jusqu'à obtention de la consistance voulue. Passez la sauce au chinois, en écrasant bien les légumes. Rectifiez l'assaisonnement, si besoin est. Éventuellement, liez avec un peu de Maïzena.

Placez les côtes de veau sur un plat très chaud. Nappez-les de sauce. Garnissez de jets de houblon ou de tout autre légume d'accompagnement.

Escalope de veau au maredsous et au faro

(M et Mme Eyndels, Restaurant « Au Saucier », Bruxelles)

Ingrédients (4 personnes) : 4 escalopes de veau, 1 tranche de jambon blanc et 1 tranche de 50 g de fromage de Maredsous pour les fourrer, 500 g de champignons de couche, 1 gousse d'ail, 3 échalotes, 4 tranches de jambon cuit, 4 branches d'estragon, 4 tomates, 50 cl de faro, 3 dl de crème fraîche, beurre, sel, poivre.

Fourrez les escalopes de jambon et de fromage. Mettez-les à cuire au beurre dans une cocotte pendant 20 mn.

Pendant ce temps, hachez en brunoise les champignons, l'ail, les échalotes, le jambon cuit, les feuilles d'estragon et les tomates.

Retirez les escalopes de la cocotte lorsqu'elles sont cuites et réservez-les au chaud. Jetez alors le beurre de cuisson et déposez la garniture dans la cocotte. Faites suer à feu doux, durant 3 mn. Arrosez de faro. Puis laissez réduire. Rectifiez l'assaisonnement, si nécessaire.

Dressez les escalopes sur un plat. Nappez-les de sauce. Servez avec des pommes croquettes ou dauphine.

Choesles

(Musée bruxellois de la Gueuze)

Ingrédients (4 personnes) : 500 g de poitrine de mouton, 250 g de poitrine de veau, 5 pancréas de veau, 6 pieds de mouton, 1 demi-rognon de boeuf, 2 ris de boeuf, 1 queue de boeuf, boulettes (moitié veau, moitié porc), 500 g de champignons de couche, 500 g d'oignons, thym, laurier, clous de girofle, 1 grosse cuillerée à soupe de farine (ou fécule de pomme de terre), 1 verre de madère, 1 l (1,5) de *gueuze*, noix de muscade râpée, sel, poivre.

Faites revenir les oignons (ciselés) dans un peu de beurre. Ajoutez la queue de boeuf (découpée), le thym, le laurier, les clous de girofle et la noix de muscade. Salez, poivrez. Couvrez le tout d'eau et laissez cuire à feu doux pendant 1 h.

Mettez alors la poitrine de mouton (découpée en dés) et faites cuire encore 30 mn sur feu doux.

Placez ensuite les pancréas de veau (dégraissés et énervés), la poitrine de veau (détaillée en morceaux réguliers), les pieds de mouton (préalablement cuits aux trois quarts et coupés en quatre), le demi-rognon de boeuf (émincé) et les ris de boeuf (en gros dés). Arrosez le tout de *gueuze*. Couvrez et laissez étuver jusqu'à cuisson parfaite.

Un quart d'heure avant de servir, ajoutez les boulettes et les champignons (épluchés, lavés et grossièrement émincés).

Pour lier la sauce, ajoutez de la farine (ou de la fécule de pomme de terre) délayée dans un verre de madère.

Filets de porc à la bière et au cumin

(Jacques Herbaut, Restaurant « Le Vieux Berlin », Paris)

Ingrédients (6 personnes) : 1,2 kg de filet de porc, 3 pommes golden, 100 g de confiture d'airelles, 15 g de cumin, 150 g de poitrine fumée, 50 cl de bière de type *Munich*, persil, 50 g de farine, 100 g de carottes, 100 g d'oignons.

Coupez le filet de porc en médaillons. Faites revenir dans un peu de saindoux les oignons hachés, les carottes coupées en brunoise, ainsi que la poitrine fumée. Ajoutez la bière. Faites cuire cette préparation pendant 15 mn. Liez cette dernière avec la farine préalablement mélangée dans un peu d'eau.

Épluchez les pommes et évidez-les, coupez-les en deux et faites-les revenir au beurre.

Salez et poivrez les médaillons de porc. Faites-les poêler. Réservez-les. Déglacez le sautoir avec la sauce précédente.

Dressez les médaillons en disposant autour des pommes remplies de confiture d'airelles. Nappez avec la sauce.

Servez avec des galettes de pommes de terre en garniture.

* Bière de garde brassée dans la région de Valenciennes (Brasserie Duyck-Jenlain).

Carré de porc à la bière et au cumin, garni de galettes de pommes de terre, de pommes et d'airelles

(Jacques Herbaut, Restaurant « Le Vieux Berlin », Paris)

Ingrédients (8 personnes) : 1,6 kg de carré de porc, 2 gros oignons, 60 g de poitrine fumée, 1 gousse d'ail, 40 cl de bière de type *Munich*, 25 cl de vin blanc, 40 cl de fond de veau, 3 cuillerées à soupe de cumin, 50 g de beurre, 1 demi-pomme fruit par personne.

Salez et poivrez le carré de porc. Mettez-le dans un plat avec un peu d'huile. Faites-le cuire dans le four préchauffé (180 à 200 °C). Au bout de 40 mn, déglacez avec 30 cl d'eau, retournez la viande et poursuivez la cuisson pendant encore 35 mn.

Parallèlement, préparez la sauce. Dans une casserole, faites fondre le beurre. Mettez-y à revenir les oignons hachés, la poitrine fumée, l'ail et le cumin. Ajoutez le vin blanc et la bière. Laissez réduire à feu doux (5 mn). Incorporez le fond de veau ou, à défaut, le jus de cuisson de la viande préalablement passé au tamis. Faites mijoter durant 2 mn. Salez et poivrez.

Sur un plat chaud, découpez le carré en tranches. Nappez-le avec la sauce, dont vous servirez le reste en saucière.

Confectionnez la garniture. Coupez les pommes en deux. Ôtez-en les pépins. Placez-les sur une plaque beurrée, ajoutez un peu de vin blanc et mettez au four pendant 10 mn. Quand les pommes sont cuites, garnissez-en le coeur avec des airelles.

Choucroute à la bière

(Didier Brasseur, « Restaurant du Commerce », Stenay, Meuse)

Ingrédients (6 personnes) : 1,5 kg de choucroute d'Alsace, 1,5 à 2 l de bonne bière blonde, 1 petit jambonneau demi-sel, 300 gr de palette de porc, 300 g de poitrine fumée, 6 saucisses à cuire (3 fumées et 3 non fumées), 6 saucisses de Strasbourg, baies de genièvre, 2 échalotes piquées de clous de girofle, 1 branche de thym, 2 feuilles de laurier, couennes de porc, saindoux, 10 à 12 pommes de terre.

Dans une casserole, mettez de l'eau à bouillir. Ajoutez-y la choucroute crue. Laissez bouillir quelques instants. Puis égouttez la choucroute, lavez-la à l'eau froide et pressez-la pour en retirer toute l'eau.

Graissez de saindoux une cocotte en fonte. Placez les couennes et, desssus, la moitié de la choucroute. Disposez ensuite jambonneau, palette, lard fumé, échalotes, baies de genièvre, thym et laurier. Couvrez avec le reste de la choucroute. Versez la bière jusqu'à 2 cm au-dessous de la surface de la choucroute. Mettez la cocotte sur le feu vif et faites bouillir quelques instants. Réduisez le feu et couvrez. Laissez cuire à feu doux pendant 3 h.

Une demi-heure avant la fin de la cuisson, placez les pommes de terre épluchées sur la choucroute.

Dans une autre casserole, mettez les saucisses à cuire à bouillir. Et seulement quelques minutes avant de servir, ajoutez les saucisses de Strasbourg.

Nature morte avec cruche à bière, *Pieter van Amraadt, XVIIe siècle (La Haye, Mauritshuis). Phot. C.B.B., Bruxelles.*

Étalez la choucroute dans un grand plat et garnissez avec l'ensemble des pièces de charcuterie. Servez aussitôt.

Aubergines farcies Moyen-âge

(Brasserie Rodenbach, Belgique)

Ingrédients (6 personnes) : 6 belles aubergines, 6 échalotes, 1 gousse d'ail, 50 g de beurre, 500 g de hachis de porc pas trop gras, 1 bouteille de bière *Rodenbach*, 1 cuillerée à soupe de persil haché, 2 cuillerées à soupe de mie de pain, parmesan, chapelure, sel, poivre, 3 oignons.

Fendez les aubergines dans la longueur. Incisez-les au milieu et plongez-les dans une friture chaude. Lorsqu'elles sont cuites, retirez-en la chair, hachez-la et réservez-la.

Hachez les échalotes et la gousse d'ail. Faites-les revenir dans le beurre. Ajoutez la viande de porc, en mélangeant bien à la fourchette. Mouillez alors avec de la bière, salez, poivrez et laissez cuire pendant 30 mn.

Quand la réduction est complète, incorporez la persil, la mie de pain et la chair des aubergines. Rectifiez l'assaisonnement, si nécessaire.

Emplissez les aubergines, lissez le dessus. Saupoudrez de parmesan et de chapelure. Mettez à gratiner au four. Servez les légumes accompagnés de rouelles d'oignons frites et dorées à l'huile.

Chou farci braisé à la bière

(Émile Jung, Restaurant « Le Crocodile », Strasbourg)

Ingrédients (4 personnes) : 1 chou frisé, 350 g de chair de volaille, 200 g de lard gras, 50 g de foie de volaille, 100 g de jambon cuit, 1 échalote, 2 brins de persil, sel, poivre, 8 petites tranches de lard salé. Pour la cuisson : 1 carotte, 1 oignon, 1 gousse d'ail, 1 dl de bière blonde, 2 dl de bouillon.

Effeuillez le chou frisé et faite-le cuire pendant 10 mn. Étalez ensuite les feuilles, en marguerite, sur la table et garnissez-les de quatre boules de farce. Enveloppez celles-ci et reformez quatre petits choux. Disposez dessus les petites tranches de lard salé. Ficelez.

Dans une cocotte, mettez à dorer oignon et carotte coupés en rondelles. Ajoutez une gousse d'ail. Disposez sur ces légumes les quatre boules de chou farci et faites cuire au four (180 °C), durant 45 mn, avec la bière et le fond blanc léger (bouillon).

Accompagnez ce plat de pommes de terre vapeur et de quelques carottes.

Préparation de la farce : laissez suer l'échalote hachée avec le persil. Passez au hachoir la chair de volaille; le lard gras et le foie de volaille. Mélangez. Incorporez enfin le jambon cuit coupé en dés. Salez, poivrez.

Crêpes à la bière (1)

(C.E.D.U.S)

Ingrédients (18-20 crêpes) : 100 g de farine, 2 cuillerées à soupe de Maïzena, 2 cuillerées à soupe de sucre, 2 cuillerées à soupe d'huile, 1 demi-cuillerée à café de sel, 1 sachet de sucre vanillé, 2 verres de bière blonde, 2 gros oeufs.

Mettez la farine tamisée dans une terrine. Mélangez-la à la Maïzena. Creusez un puits, versez-y le sucre, le sel, l'huile, le sucre vanillé et la moitié de la bière. Délayez progressivement. Quand presque toute la bière est absorbée, incorporez les oeufs entiers. Travaillez la pâte durant quelques minutes. Puis ajoutez le reste de bière pour l'amener à la consistance voulue : fluide sans excès.

Crêpes à la bière (2)

(recette suédoise)

Ingrédients (4-6 personnes) : 5 jaunes d'oeufs, 20 cl de farine, 7 blancs d'oeufs, 1 demi-bouteille de bière blonde, 1 pincée de sel, le zeste d'un citron ou d'une orange.

Battez les blancs d'oeufs en neige très ferme. D'autre part, battez les jaunes d'oeufs, la bière et la farine ensemble. Ajoutez le zeste. Puis incorporez délicatement les blancs d'oeufs. Faites chauffer de l'huile et, avec une louche, mettez à frire un peu de « pâte », jusqu'à ce que la crêpe soit dorée. Servez ces crêpes chaudes, accompagnées de crème battue mêlée à de la confiture d'airelles.

Tarte à la bière

(C.E.D.U.S.)

Ingrédients (6 personnes) : 200 g de farine, 135 g de beurre, 1 cuillerée à soupe de sucre semoule, 1 pincée de sel fin, 1 demi-verre d'eau, 1 canette de bière blonde, 200 g de vergeoise (brune ou blonde), 2 gros oeufs (ou 3 petits).

Confectionnez la pâte brisée : coupez 100 g de beurre en petits morceaux, mélangez-le à la farine, ajoutez le sel, le sucre et l'eau, de manière à former une pâte souple; mettez celle-ci en boule et laissez-la reposer.

Étalez la pâte sur une surface farinée et garnissez-en un moule de 24 cm de diamètre.

Répartissez la vergeoise sur le fond de la tarte. Dans un bol, battez les oeufs et les deux tiers de la canette de bière. Versez sur la vergeoise. Parsemez de petits morceaux de beurre.

Faites cuire à four chaud (th. 7 / 240 °C) pendant 35 mn environ. Servez cette tarte chaude ou tiède.

Guinness cake

Ingrédients : 200 g de beurre, 4 cuillerées à soupe de cassonade, 4 oeufs, 1 kg de farine tamisée avec 2 cuillerées à café de *allspice*, 600 g de raisins secs de Smyrne et de Corinthe mélangés, 300 g d'écorce d'orange confite, 300 g de noix concassées, 1 bouteille de *Guinness*.

Mélangez le beurre et le sucre. Ajoutez les oeufs, puis la farine (en pluie). Versez les deux tiers de la bouteille de bière. Travaillez le tout jusqu'à obtention d'une pâte épaisse. Incorporez les raisins secs et l'écorce d'orange coupée en petits morceaux.

Beurrez un large moule à manqué. Mettez-y la pâte. Faites cuire 2 h 30 à four moyen. Laissez ensuite refroidir le gâteau avant de le démouler.

Piquez des trous au fond du gâteau. Versez-y de la Guinness. Enveloppez le « cake » dans une feuille de papier d'aluminium et placez-le au réfrigérateur durant une semaine.

Poires Williams au sabayon à la bière brune

(Émile Jung, Restaurant « Le Crocodile », Strasbourg)

Ingrédients (4 personnes) : 4 poires Williams au sirop, 1 bâton de vanille, 4 tranches de pain d'épices, 4 boules de glace à la vanille, 120 g de gelée de groseilles. Pour le sabayon : 4 jaunes d'oeufs, 12 cl de bière brune, 60 g de sucre en poudre.

Faites pocher les poires dans de l'eau sucrée avec le bâton de vanille. Dressez sur chaque assiette une tranche de pain d'épices avec une boule de glace. Nappez avec la gelée de groseilles. Puis, entourez chaque poire du sabayon. Servez aussitôt.

Préparation du sabayon. Dans une casserole à feu moyen ou au bain-marie, fouettez les jaunes d'oeufs avec la bière brune et le sucre en poudre, jusqu'à obtention d'une composition mousseuse, que vous verserez tiède autour de chaque poire.

Remarque : on peut humecter le pain d'épices avec du kirsch.

Sorbet à la brune griottine

(Émile Jung, Restaurant « Le Crocodile », Strasbourg)

Ingrédients (6 personnes) : 25 cl de bière brune, 5 cl d'Amer Picon, 70 g de sucre semoule, 80 g de purée de griottes.

Mélangez délicatement tous les composants en veillant que le sucre soit bien dissout. Puis montez le liquide à la sorbetière.

QUELQUES BOISSONS À LA BIÈRE

Bière chaude

(Société suisse des Brasseurs)

Ingrédients (4 personnes) : 1 l de bière brune forte ou de bière spéciale, 1 petit verre de rhum ou de cognac, 6 clous de girofle, jus d'orange et sucre (ou miel) à volonté, un quart de cuillerée à café de poudre Ingwer.

Faites chauffer tous les ingrédients dans une casserole sans laisser cuire. Portez un instant à ébullition. Servez aussitôt.

Les recettes suivantes nous ont été aimablement communiquées par « La Chope d'Or », 8, place Saint-Michel, Paris.

Amer Alsacien

3 cl de Picon, 2 cl de sirop de citron, 25 cl d'une bière blonde de type alsacien (*1664*, par exemple).

Nord Express

5 cl de jus de citron, 2 cl de crème de cassis, 25 cl d'une bière blonde de type alsacien.

Russian

5 cl de jus de citron, 4 cl de vodka, 25 cl d'une bière *pils* (*Pilsen Urquell*, par exemple).

Satanique

5 cl d'alcool de framboise, 50 cl de Rauschbier. Faites flamber dans un bil à punch.

Tomato Beer

3/4 de jus de tomate, 1/4 de bière blonde (*ale* ou bière de type alsacien).

Les recettes suivantes nous ont été aimablement confiées par M. Alain Servaty, Brasserie-Cocktaillerie « Aux 4 vents », Jemeppes, Liège, Belgique.

Il est recommandé, pour les réaliser, d'utiliser des verres évasés d'une contenance de 40 à 50 cl, afin d'obtenir un beau col de mousse.

Anaïde

2 cl de vodka, 6 cl de champagne ou de vin mousseux. Complétez avec de la *Leffe Radieuse* à 10 ° ou de la *Ciney Bleue* à 10 °.

Collégiale

2 cl d'*Amaretto di Saronno*, 2 cl de crème d'abricot, 2 cl de cognac. Complétez avec de la *Leffe Radieuse* à 10 °.
(Verre échanson.)

Corne

4 cl de sherry dry, 2 cl de genièvre, cervoise de l'Avouerie d'Anthisnes (bière de type *ale* au goût légèrement amer).

Diable rouge

2 cl de grenadine, 2 cl de sirop de fruit de la passion, 4 cl de Gancia, 2 ou 4 cl de genièvre. Complétez avec de la *pils*.
(Verre Fjorg.)

Dorothée

2 cl de Picon, 2 cl de Cointreau, 4 cl de porto blanc. Complétez avec de la *Duvel*.
(Verre Windsor.)

Julie

(créé spécialement pour cet ouvrage)

2 cl de Picon, 2 cl de grenadine, 4 cl de Pimm's n° 1, *pale ale Whitbread*.

Grand Prêtre

4 cl de crème de pêche, 2 cl de vodka, 1 *Chimay bleue*.

Mannenkenpis

3 cl de mandarine Napoléon, 1 cl de Campari. Complétez avec de la *gueuze lambic* bouchonnée.
(Verre : gros ballon à *gueuze*.)

Président

4 cl de crème de cerise, 2 cl d'akvavit, 1 *Rodenbach* grand cru *Cuvée Spéciale*.

Des cocktails de fête « à la suédoise ».

Festumma

(cocktail pour les jours de fête)

2 bouteilles de *porter*, 2 bouteilles de bière forte, 50 cl de mousseux.

Julmumma

(mumma de Noël)

2 bouteilles de *porter*, 2 bouteilles de bière de Noël, 1 bouteille de soda, 5 cl de vin de Madère, 1 demi-cuillerée à café de cardamome. Mélangez la cardamome et le vin de Madère. Ajoutez le soda, la bière forte et la *porter*. Remuez et servez.

Mumma

(cocktail très apprécié au moment de Noël ou avec des crustacés, surtout des écrevisses au mois d'août)

1 bouteille de bière, 1 bouteille de *porter*, 2 à 3 cuillerées à soupes de sucre en poudre. Diluez le sucre dans la bière. Ajoutez la *porter* et remuez avec une cuillère, de préférence en argent - ce qui, paraît-il, donne une plus belle mousse.

LYON
LILLE
BAVIERE
CAFE DE SUEDE

II La bière de A à Z

abbaye (bière d'), bière se réclamant de la tradition d'une abbaye existante ou ayant existé. De nombreuses brasseries de couvent ont disparu ou sont passées, depuis longtemps, aux mains de propriétaires laïcs. Aussi, il ne subsiste aujourd'hui que peu de bières réellement fabriquées au sein d'un monastère. Parmi les véritables *bières d'abbaye*, les plus connues sont les trappistes* (Belgique et Pays-Bas). Par ailleurs, l'Allemagne est le seul pays qui a conservé ce type de bière et cela malgré la sécularisation de 1803, qui signa l'arrêt de mort des brasseries de couvent ; il lui en reste, en effet, onze, les plus célèbres étant celles d'Andechs et d'Ettal.

Abbaye de Grimbergen, *v. Maes.*

Abbaye de Leffe, *v. St-Guibert.*

Abbaye des Rocs, bière de fermentation haute brassée par la brasserie du même nom, la plus petite de Belgique, sise à Montignies-sur-Roc, dans le pays d'Émile Verhaeren. Cette bière ambrée, créée en 1979, subit une seconde fermentation en bouteille et développe, en vieillissant, un doux arôme de porto. Taux d'alcool : 9 %. Elle se consomme dans un verre tulipe à une température de 10° à 14 °C. Sa production est limitée : 130 bouteilles par brassin tous les quinze jours.

Abbaye de Steenbrugge, *v. De Gouden Boom.*

Adambräu, l'une des plus importantes brasseries autrichiennes, installée à Innsbruck depuis sa création en 1825. C'est, en effet, en 1822 que Josef Adam, fabricant de soieries dans le sud du Tyrol, acheta le château de Windegg (XVe s.) et le transforma en brasserie, l'inaugurant, trois ans plus tard, par un premier brassin. L'entreprise devait rester familiale jusqu'à sa reprise, en 1917, par un groupement d'aubergistes d'Innsbruck, désireux d'alimenter leurs établissements en bière de qualité. Si l'entreprise changea alors progressivement de dimensions, se faisant connaître au-delà des frontières, jusqu'aux États-Unis, mais avant tout en Suisse et en Italie, elle resta néanmoins fidèle à son label de marque : la silhouette, en forme de tour, de la chapelle St. Bartlmä de Wilten.

Au sein de sa production, citons : la *Gletscher Pils*, fine et racée, à la mousse blanche très légère et à l'arôme légèrement âpre dû au houblon de Saaz ; la *Gold Export*, bière classique d'un beau blond doré, délicatement houblonnée ; la *Märzen*, bière blonde pleine et douce au palais, au goût équilibré ; la *Bock*, ambrée, finement houblonnée, plus alcoolisée, brassée à l'occasion des grandes fêtes ; et la *St Bartlmä Dunkel*, bière spéciale, brune robuste, au goût marqué de malt brun. Par ailleurs, la brasserie a mis au point une bière diététique, *D-Pils*, qui, pour une même teneur en alcool, comporte moins d'hydrates de carbone et moins de calories, tout en conservant l'amertume de la vraie *pils*.

Adnams, petite brasserie britannique indépendante du Suffolk, très réputée pour la qualité de ses produits. La brasserie, probablement fondée vers 1641, a été reprise en 1872, par la famille Adnams et est devenue depuis société anonyme. Ses *bitters*, distribuées à la pression dans 68 pubs équipés de pompes manuelles et livrées par des attelages de chevaux, sont réputées parmi les amateurs de *real ale*. On trouve, en bouteilles, une *pale ale* excellente et plusieurs fois primée, sous la marque *Champion*, ainsi qu'une *ale* fruitée, la *Nut Brown Ale*, une brune savoureuse, la *Fisherman*, une *ale* assez corsée, la *Broadside Strong Pale Ale*, et une délicieuse *barley wine*, à la saveur liquoreuse, la *Tally Ho*.

Albani, brasserie danoise établie à Odense au coeur du pays. Fondée en 1859, cette entreprise compte parmi les plus anciennes du Danemark. Elle produit des bières de type *lager* et quelques autres sans alcool.

ale, nom d'origine néerlandaise utilisé en tant que terme générique pour désigner les bières de fermentation haute de type anglais. Les *ales* couvrent un large éventail de produits de coloration plus ou moins foncée, au goût et à la force en alcool très divers. (*V. bitter, brown ale, India pale ale, light, mild, pale, old, scotch ale.*)

Alken-Kronenbourg, troisième groupe brassicole belge, né en 1982 de la fusion de la brasserie Van Alken et de la brasserie anglo-belge de Zulte au sein du groupe B.S.N.. La société Alken trouve ses origines en 1881 dans la brasserie Ste-Aldegonde d'Alken (Limbourg) qui, ayant pris son nom définitif en 1923, connut le succès dès 1928 en lançant sur le marché la *Cristal Alken*, première *pils* fabriquée en Belgique où n'était alors pratiqué que le brassage de fermentation haute. Cette bière est plus claire et plus sèche que la *Kronenbourg*, qui, ici, diffère de celle qui est fabriquée en France. En effet, brassée en Belgique et à partir de produits belges, elle s'est quelque peu adaptée au goût du pays, en se faisant plus légère, amère et moelleuse.

Allied Breweries, deuxième groupe brassicole britannique, formé en 1961 par la fusion des brasseries Ind Coope, Answells et Tetley Walker. En 1978, l'association avec la firme des produits alimentaires Joe Lyons a déterminé un changement du nom du groupe en Allied Lyons. Il possède six grandes unités de production, a des intérêts dans de nombreuses brasseries moins

Chope à bière en porcelaine blanche, peinte à la manière d'Eduard v. Grützner (Dresde, XIXe s.). Phot. Coll. Rastal.

Étiquettes de bières d'abbaye. Phot. J. Klein/A. Perrier-Robert.

Page de gauche : *La bière de A à Z, vue par le* Musée des Familles *(juillet 1861). Coll. A. P.-R. Phot. J. Klein/A. Perrier-Robert.*

Phot. J. Klein/ A. Perrier-Robert.

En haut :
Plat en céramique en hommage à Düsseldorf et à son altbier.
Coll. « Bière Magazine », Musée Européen de la Brasserie, Romedenne (Philippeville), Belgique.
Phot. J. Klein/ A. Perrier-Robert.

importantes, nationales et étrangères dont Irish Ale Breweries qui est détenue en majorité par Guinness et produit par la Smithwick's, ainsi que 20 % de la brasserie australiene Castlemaine-Tooheys. Allied Breweries contrôle directement 7 000 pubs. Ind Coope produit notamment une excellente *bitter* à la pression et une *pale ale* de très bonne tenue, vendue en bouteilles sous la marque *Allsopps Export*. Tetley brasse également une *Bitter* crémeuse et agréable.

Alpirsbacher Klosterbraü, la plus célèbre brasserie du Bade-Wurtemberg, en Allemagne. C'est en l'an de grâce 1095 que les comtes Ruotman von Hausen, Adalbert von Zollern et Alwig von Sulz, fondateurs du monastère bénédictin d'Alpirsbach, posèrent la première pierre d'une brasserie qui, après être passée entre les mains de divers propriétaires, allait devenir, à la fin du siècle dernier, le fief de l'aubergiste-maître de poste Köbel, puis celui de son postillon Carl Glauner, dont les descendants assurent aujourd'hui la continuité de l'entreprise.

« L'Alpirsbacher Klosterbraü possède une eau de brassage comme peu de brasseries en ont », affirmait le professeur Windisch en 1912. Sans doute les qualités rares des sources de la Forêt-Noire expliquent-elles le succès de ses bières, tout autant que le savoir-faire des moines, qui s'est transmis par delà les siècles. La production comporte notamment : deux classiques, une *Pilsner* et une *Spezial* ; une *Kloster-Bock*, blonde et forte, spécifique de la bière de monastère au goût rond et marqué ; une *Kloster-Dunkel*, brune gouleyante ; une *Kloster-Weisen*, claire rafraîchissante et pétillante, de fermentation haute comme la *Kloster-Hefeweissbier*, moins limpide mais tout aussi savoureuse.

altbier, bière allemande de fermentation haute produite surtout à Düsseldorf et dans ses environs. Cette *bière à l'ancienne*, d'une couleur spécifique - entre or et bronze -, joint à une fraîcheur désaltérante et digeste une saveur légèrement amère due à une fort houblonnage. Taux d'alcool : 4,5 à 4,7 %. Elle résiste bien, aujourd'hui encore, à la poussée des bières à fermentation basse.

Les producteurs d'altbier sont implantés le long du cours inférieur du Rhin, au nord de Cologne et jusqu'à la frontière hollandaise.

Amos, brasserie française fondée à Metz (Lorraine) en 1868 par Gustave Amos. C'est actuellement la seule brasserie indépendante de la région et la dernière en activité à Metz, où l'on en comptait seize à l'époque de sa création. En 1908, l'affaire familiale a été transformée en société anonyme, mais toutes les actions sont aujourd'hui encore détenues par les descendants de son fondateur. Outre l'activité de brasserie, Amos s'est diversifiée dans la distribution de boissons et le négoce des vins. Elle produit des bières blondes de type *pils*, légères et pétillantes,

Phot. J. Klein/ A. Perrier-Robert.

sous les marques *Mosbrau* et *Amos*. La *Kolblan* est une variante un peu plus forte en alcool. Enfin, la brasserie fabrique également un mélange apéritif de bière et d'amer, sorte de kir traditionnel des régions de l'Est, sous l'étiquette *Amertime*.

Amstel, brasserie hollandaise appartenant depuis 1968 au groupe Heineken*. Sa *pils*, dorée et cristalline, harmonieusement équilibrée, est renommée à l'étranger, où elle est vendue dans quelque soixante-cinq pays.

Anchor Brewing Company, brasserie américaine, fondée en 1896 à San Francisco et reprise en 1965 par Fritz Maytag, alors qu'elle était au bord de la faillite. Sous son énergique impulsion,

Une brasserie à l'ancienne

La *Hausbrauerei Altstadthof*, fondée en 1984 à Nuremberg, remet à l'honneur la méthode brassicole d'autrefois en employant des outils traditonnels. Sur 80 m^2 de superficie, elle ne produit certes qu'une modeste quantité annuelle de bière (quelque 1 000 hl), mais réduisant l'intervention de la technique au strict minimum, le maître-brasseur consacre à cette production toute sa vigilance et tous ses soins pour lui garder une qualité constante.

Artisanale et naturelle, la *bière de chez nous* (*Das bier von hier*, dit le slogan de la maison) utilise des composants rigoureusement choisis. L'orge vient directement du Haut-Palatinat, de champs cultivés sans adjonction chimique. Le houblon provient des meilleures exploitations du Hallertau, de Spalts et d'Hersbrucks, elles aussi soumises à la réglementation sur la culture écologique en R.F.A. . Quant à l'eau, puisée dans un puits appartenant à la brasserie, elle n'est pas polluée et contient 99 % de nitrates de moins que la limite autorisée. En outre, la bière n'est ni stabilisée ni filtrée. Elle *mûrit* naturellement avant d'être mise en bouteille *à la main*. Et la bière obtenue au terme de ce processus *à l'ancienne* ne manque ni de saveur ni de digestibilité. L'attestent les prix que certaines de ses variétés se sont vu décerner par la Fédération Agricole Allemande.

Anchor Brewing Co. est devenue une brasserie modèle réputée dans tout le pays pour la qualité de ses produits. L'*Anchor Steam Beer*, plusieurs fois médaillée, est produite par fermentation basse mais à température élevée, selon une méthode propre aux brasseurs de la baie de San Francisco (*v. steam teer*) ; c'est une bière originale, qui allie la rondeur d'une *lager* et le fruité d'une *ale*. La brasserie produit également une large gamme de bières de fermentation haute : *Anchor Porter*, à la texture riche et crémeuse, *Wheat Beer*, *Anchor Liberty Ale* et *Old Fughorn Barley Wine*. Cette dernière, au goût subtil malgré sa teneur élevée en alcool (7 %), est une intéressante interprétation des vins d'orge. Chaque année, Anchor Brewing Co. brasse une bière de Noël, dont chaque cru à un caractère spécifique.

Andechs, brasserie de monastère allemande sise en Bavière, près de Herrsching, au bord du lac Ammersee. Elle est installée dans les dépendances de l'abbaye bénédictine d'Andechs et, malgré les vicissitudes de l'histoire, a conservé sa tradition monastique de brassage, tout en s'adaptant aux techniques les plus modernes. Son débit de bière et, en été, son « jardin de bière » attirent de nombreux visiteurs.

Anheuser Bush, la plus grande brasserie du monde. Fondée en 1852 à Saint Louis (Missouri) par Goerg Schneider, elle fut rachetée en 1860 par Eberhard Anheuser, dont la fille épousa un immigré allemand, Adolph Bush. Ce dernier, devenu président de la firme, fut l'un des promoteurs de la *lager* aux États-Unis. La *Budweiser*, brassée pour la première fois en 1976, fut lancée sur le marché comme le « sommet de l'art moderne du brassage ». En dépit de son intérêt médiocre, ce fut la bière la plus vendue dans le monde. Anheuser Bush produit également sous la marque *Michelob*, une *lager* de type d'Europe Centrale aujourd'hui distribuée en Europe.

Anheuser Bush produit 60 à 70 millions de barils par an, brassés dans dix brasseries réparties sur le territoire américain. Par sa capacité et ses techniques innovatrices, elle est le modèle des grandes brasseries européennes. Les vrais amateurs de bière ont toutefois une moindre considération pour ses bières qui, si elles sont désaltérantes, ne laissent pas au palais une sensation inoubliable.

Anker (Het), brasserie belge établie à Malines, dans la province d'Anvers. Elle est aujourd'hui seule à perpétuer la tradition de la bière brune de Malines (*Mechelschen Bruynen*), dont l'origine remonte à l'an 1421, lorsque Charles le Téméraire, duc de Bourgogne, comte de Flandres et d'Artois, seigneur de Malines, accorda le droit de brassage au béguinage de la ville. La version actuelle est un peu plus forte que celle d'autrefois, qui se buvait des verres appelés « seaux de Malines », d'une contenance d'un demi-litre et même d'un litre et plus. Assez houblonnée (elle est fabriquée à partir de houblons belges exclusivement), cette bière naturelle, de fermentation haute sur lie, doit être consommée à une température de 12 °C.

La brasserie produit également la *Toison d'Or*, triple blonde de fermentation haute sur lie, plus forte que la précédente et très houblonnée, au goût moelleux et que l'on boit à la température de 10 °C. Cette bière tire son nom de l'ordre de la Toison d'or, créé à Bruges, en 1429, par Philippe le bon, duc de Bourgogne.

Toutefois, la plus connue des bières Het Anker est sans conteste la *Carolus d'Or* (*Gouden Carolus*), bière de fermentation haute, refermentée sur lie en bouteille et d'une forte teneur alcoolique (7,5 %). Sa couleur chaude et son arôme raffiné, joints à une saveur pleine de rondeur, lui ont valu le surnom de « Bourgogne des Flandres ». Elle se consomme à la température de 14 °C.

Annœullin (Brasserie d'), brasserie familiale française fondée en 1905, à Annœullin (Nord). Sa production se limite aujourd'hui à une seule bière de fermentation haute, la *Pastor Ale*, bière de garde pur malt, ambrée, de saveur bien équilibrée et d'une teneur en alcool de 6,5 %.

Arcense Stoombierbrouwerij, brasserie artisanale néerlandaise établie à Arcen, dans le Limbourg. Créée en 1981, elle ressuscite en quelque sorte une association de brasseries à vapeur qui, de 1915 à 1965, prospéra dans la région avant de disparaître. Elle se consacre à la fabrication de bières spéciales, ce qui, dans un

A droite:
Coll. « Bière Magazine », Musée Européen de la Brasserie, Romedenne (Philippeville), Belgique. Phot. J. Klein / A. Perrier-Robert.

pays attaché à la *pils*, apparaît comme une gageure. Sa production annuelle n'est que de 5 000 hl, mais elle exporte déjà à l'étranger. La *Grand Prestige* est une bière de fermentation haute, qui subit une seconde fermentation en bouteille et qui est de forte teneur en alcool (9,5 %). Moins forte, la *Magnus* est une bière brune non filtrée. Quant à la *Tripel*, elle rappelle la *Tripel* de Westmalle (Belgique) et titre 8,5 % d'alcool. Mais la brasserie brasse aussi une *bock*, une *bock de mai*, une *stout* et une *Special* (de type *pils*).

Artois, le plus important groupe brassicole belge, dont le siège est à Louvain, dans le Brabant. Un document daté de 1366 fait état, à Louvain, d'une brasserie « Le Cornet », considérée comme le berceau de l'entreprise actuelle. De fait, celle-ci fut achetée en 1717 par Sébastien Artois, qui lui donna son nom et fut à l'origine de son essor. Expansion à laquelle contribua, au milieu du XVIIIe siècle, la percée du canal Louvain-Malines, par l'ouverture de nouveaux débouchés à la production brassicole de la ville. Plus près de nous, l'évolution devait se faire par l'extension des capacités de production, par la prise de contrôle de plusieurs brasseries belges, par des participations dans des entreprises françaises, par la création de filiales en Hollande, par une implantation en Afrique, etc.

C'est à l'occasion de Noël 1926 que fut lancée la célèbre *Stella Artois*, bière blonde, de fermentation basse, de type *pils*. Mais du souci de faire face à la concurrence des bières danoises naquit plus tard la *Loburg*, bière spéciale blond foncé, à la saveur douce et veloutée, légèrement épicée, plus forte que la *Stella*. Enfin, le groupe Artois brasse aussi la *Ketje*, blonde de fermentation haute, assez forte, où se mêlent amertume et douceur, et l'*Artois Light*, *pils* très légère, à faible teneur calorique.

Augustiner, brasserie allemande de Munich. Elle remonte, semble-t-il, au XVe siècle, bien que d'aucuns la datent de 1328. À l'origine brasserie monastique, sise près de la cathédrale, elle est aujourd'hui une véritable institution munichoise et a sa propre malterie. Dans son célèbre « jardin de bière », on peut déguster une *hell*

classique, à l'arôme malté, une *Doppelbock*, une *Vollbier*, etc., de tradition et de qualité.

Bamberg. Cette ville allemande est réputée pour sa *rauchbier* (« bière fumée »), pour la fabrication de laquelle le malt est préparé au-dessus d'un feu dégageant de la fumée.

barley wine, terme anglais signifiant « vin d'orge ». En Grande-Bretagne et aux États-Unis, il s'applique à des *ales* d'une très forte teneur en alcool (à partir de 6 %, mais le plus souvent proches de 11 %). Ces bières, de couleur brun foncé et assez lourdes de corps, sont généralement conditionnées en bouteilles.

Bass, le plus important groupe brassicole britannique, qui contrôle environ 20 % du marché. Fondée en 1777 par William Bass, à Burton upon Trent, l'entreprise a fusionné avec la brasserie Worthington (1927), Mitchells and Butlers (1961) et Charrington (1967). Le groupe réunit 13 brasseries et s'est diversifié dans l'hôtellerie et les boissons non alcoolisées. Il possède près de 7 500 pubs.

Bass doit sa fortune à la *pale ale* qui portait autrefois son nom et son logo en forme de triangle rouge et qui est aujourd'hui vendue sous la marque *Worthington White Shield*. Cette *ale* fruitée, non pasteurisée, est vendue à la pression et en bouteilles, où elle fermente, présentant dans ce cas un dépôt de levure assez important. La *bitter* de Bass, également non pasteurisée, mérite mention ; malheureusement, elle n'est vendue qu'à la pression et on ne la trouve qu'en Grande-Bretagne.

Mitchells and Butlers offre une gamme d'*ales* de très bonne qualité, dont la *Light*, la *Sam Brown*, l'*Allbright* et l'*Export*. Charrington pro-

Le Bass Museum

Le plus riche musée de la bière de Grande-Bretagne a été inauguré en 1977, à Burton upon Trent, à l'occasion du bicentenaire de la fondation de la brasserie Bass, à laquelle il est consacré. Ses collections comportent des documents d'archives, des installations de brassage et des équipements de distribution anciens. On peut aussi y voir un très riche assortiment de verres, de pichets, de bouteilles, de publicités et d'œuvres diverses ayant trait au commerce de la bière.

duit sous sa marque une *Prize Medals* savoureuse et un bon *Barley Wine*. Mitchells and Butlers contrôle 1 700 pubs et Charrington 1 500.

basse, se dit de la fermentation lorsqu'elle s'effectue à basse température. Au terme de son travail, la levure se dépose au fond de la cuve. Ce type de fermentation donne notamment les *pils*, les *export*, les *bocks*, les *lagers*, les *bières de mars* et les bières de type *dortmunder*. *V. P. 18, 25 et 30.*

Battin, brasserie luxembourgeoise sise à Esch-sur-Alzette, à proximité de la frontière française. Fondée en 1937 par Charles Battin, avec, comme maître-brasseur, Kurt Mocker, originaire de Pilsen, le haut lieu de la bière tchèque, cette entreprise à caractère familiale demeure, depuis la fermeture de la brasserie d'Esch (1971), la dernière brasserie de ce bassin houiller durement touché par la crise. Forte de sa spécificité régionale, elle défend une bière au « goût luxembourgeois », c'est-à-dire blonde, très légère et pétillante comme le vin de Champagne. Sa production annuelle est d'environ 12 000 hl et sa distribution est exclusivement régionale.

Les différentes bières fabriquées chez Battin sont : l'*Edelpils*, bière blonde particulièrement houblonnée, claire et légère, à mousse très blanche, plus moelleuse que les autres *pils* luxembourgeoises ; la *Gambrinus* , bière blonde spéciale, fine et légèrement amère du fait d'un houblonnage plus accentué que celui de la précédente ; la *Gambrinus Urtyp*, bière blonde de type *dortmunder*, moins houblonnée, mais plus ambrée, à la mousse plus délicate et d'une densité plus élevée ; et la *Gambrinus Christmas*, bière brune brassée spécialement pour les fêtes de fin d'année, plus forte en alcool et plus douce au goût.

Bavaria, brasserie néerlandaise sise à Lieshout, dans le Brabant. Depuis plus de deux siècles, six générations de Swinkels se sont succédées à la tête de cette entreprise que mentionnent pour la première fois des archives de 1719. Toutefois, son nom ne lui fut donné qu'en 1924, à une époque où la bière de type *pilsner* connaissait une vogue grandissante. La *Bavaria*, blonde et cristalline, d'une qualité constante, est exportée dans le monde entier.

Bayerische Staatsbrauerei Weihenstephan, brasserie allemande de l'état de Bavière, considérée comme la plus ancienne brasserie du monde. Si la première trace historique du houblon remonte à l'an 768, avec la mention d'un « jardin de houblon » près du couvent de Freising, où sans nul doute le houblon était employé à la fabrication de bière, c'est en 1040 que le monastère bénédictin Weihenstephan obtint le droit de brasser et de servir de la bière à Freising. En 1601, au sortir des tumultes guerriers du XVIe siècle, la brasserie fut reconstruite et dotée d'installations nouvelles. Mais en 1648, au moment de l'invasion des Suédois et des Français, le couvent allait être à nouveau détruit... pour renaître dans le dernier quart du XVIIe siècle, sous la férule du prieur Benediktus III. La brasserie, relevée de ses ruines, contribua, d'ailleurs, largement à la prospérité retrouvée.

Sécularisé par Napoléon, le monastère devint propriété de l'état de Bavière, qui, dès le milieu du XIXe siècle, entreprit d'y installer un centre d'enseignement et de recherche consacré à l'industrie alimentaire, notamment à la bière. Et cela tout en conservant la brasserie en activité. Cette politique a été poursuivie jusqu'à nos jours et, depuis le début des années 1970, Weihenstephan est le haut lieu de formation des techniciens et ingénieurs de la brasserie ; y sont réunis douze chaires, cinq instituts, un laboratoire brassicole, une brasserie-école, tous dépendant de l'université technologique de Munich.

Quant à la brasserie, elle produit, en particulier, une *Edel-Pils* de belle qualité, qui n'est pas sans évoquer la bière tchèque, avec sa forte amertume et son goût un peu dur, une *Stephansquell*, bière blonde forte, et quelques bières de fermentation haute, telle la *Hefe-Weissbier*, brassée selon l'ancienne recette bavaroise.

Beck's Bier, bière allemande de type *pils* brassée à Brême par Beck & Co, l'une des plus grandes brasseries privées d'Allemagne. Elle a pour emblème la clé de cette ville hanséatique où elle fut créée en 1553. C'est, dit-on chez Beck, la caresse du vent de la mer sur les champs d'orge qui lui confère cet arôme malté caractéristique, qui lui valut déjà en 1874 d'être promue au rang de « bière impériale ».

La Beck's Bier, dont la production annuelle

Coll. A. P.-R.
Phot. J. Klein/
A. Perrier-Robert.

AUX ORIGINES DE LA « BIÈRE DE L'EMPEREUR »

Jadis capitale des Pays-Bas, Malines était renommée autant pour sa bière brune que pour son carillon et sa dentelle. Elle avait sa gilde des brasseurs. Et on y retrouve trace d'un certain Jan in den Anker (« Jean à l'Ancre ») qui, dans la seconde moitié du XIVe siècle, payait la dîme au chapitre de Saint-Rombaut. Son fils Mathieu devait, en 1433, racheter le matériel de la brasserie de la ville, celle-ci ayant cessé son activité. Ainsi poursuivit-il le brassage de la « cervoise », boisson que Charles Quint, élevé à Malines par sa tante, Marguerite d'Autriche, appréciait au point de s'en faire expédier jusqu'en Espagne.

Quelques tonneaux de la première cuisson étaient isolés et subissaient une fermentation séparée. L'usage voulait qu'ils fussent destinés aux nobles et aux personnages importants de la cité. Car cette bière avait son « image de marque », liée aux festivités et aux circonstances particulières, autant qu'aux parties de chasse au renard, au cours desquelles, nous dit une vieille chronique, elle créait une merveilleuse ambiance.

Aujourd'hui, la basserie *Het Anker* poursuit cette tradition à travers la *Carolus d'Or*, qui tire son nom de celui des pièces de monnaie en or frappées à l'effigie de Charles Quint.

Une confrérie bruxelloise : l'ordre du faro

Fondé en 1980, l'Ordre du Faro s'est fixé pour objectif la promotion de cette bière spécifiquement bruxelloise qu'est le *faro*, bière légendaire s'il en est et dont l'écrivain Michel de Ghelderode fut l'un des supporters de qualité. Les membres de la confrérie portent, sur une chemise et un pantalon noirs, le grand tablier gris de brasseur et le scapulaire de l'ordre. Deux fourquets croisés symbolisent le dur labeur du brasseur, la chope figure la soif apaisée en même temps que le pouvoir temporel, l'épée de Saint-Pierre la puissance du défenseur et la croix, enfin, les Templiers.

Le plus petit membre de l'Ordre du Faro est le Manneken Pis, qui, à l'occasion de son intronisation, a recu son 381e costume !

est d'environ 4 millions d'hectolitres, résulte d'une fermentation basse (9 °C environ). Elle subit une post-fermentation à la température la plus basse possible, soit - 2 °C, ce qui contribue à la rondeur de son goût. Filtrée à cette température, elle en ressort d'autant plus pure. Toute en finesse et en légèreté, d'une délicate couleur jaune pâle, elle est exportée dans le monde entier, surtout aux États-Unis.

Belhaven, la plus ancienne brasserie indépendante d'Écosse, fondée en 1719 à Dunbar, petit port de la côte orientale, près d'Édimbourg. Elle appartient aujourd'hui à la chaîne hôtelière Virani. Ses *ales* sont parmi les plus fines et les plus originales du pays. Sur place, on peut déguster une gamme de bières à la pression dont *Belhaven Light*, *Heavy*, *Export* et *Strong Ale*. La catégorie *Export*, conditionnée en bouteilles, est exportée sous le nom *Belhaven Scottish Ale*. Cette bière ambrée, mousseuse, à saveur composite où pointe une légère note cidrée, s'avère l'un des produits intéressants de cette brasserie.

Belle-Vue, brasserie belge établie à Bruxelles, qui couvre aujourd'hui environ 80 % du marché belge de la *gueuze**. Un commerce de *gueuze* créé en 1913 par Philémon Vanden Stock, qui assemblait des lambics, comme cela était alors la pratique, fut à l'origine de cette entreprise familiale qui, fondée en 1943, allait, en 1949, emprunter le nom du café Belle-Vue repris par la famille à Anderlecht quelque vingt années plus tôt. La brasserie connut son essor à partir des années 1950 avec le rachat de plusieurs brasseries de lambic en activité et devint rapidement le plus importante brasserie de *gueuze* du pays.

Berlin. Cette ville allemande de longue tradition brassicole est renommée pour la *weissebier* (« blanche de Berlin ») dont elle s'est fait une spécialité depuis le XVIe siècle. Il s'agit d'une bière de fermentation haute, de faible teneur alcoolique (moins de 3 %), dans la fabrication de laquelle entre un quart de malt de froment pour trois quarts de malt d'orge. Elle se caractérise par une saveur sure et un fort pétillement. On la boit la plupart du temps avec un « doigt » de sirop de framboise.

Berlin est réputée pour son institut de recherche et d'enseignement consacré à la brasserie, V.L.B. (Versuchs- und Lehranstalt für Brauerei).

Berliner weissbier, *v. Berlin*.

bière à pierres, *v. Rauchenfels Steinbier*.

Bitburger, brasserie allemande fondée en 1817 par Johann Peter Wallenborn, dans la petite ville de Bitburg et qui est aujourd'hui l'une des plus modernes et des plus célèbres du monde, avec sa production annuelle de près de deux millions d'hectolitres. Quelque 18 000 cafés, financés en partie par la brasserie, portent pour enseigne le fameux slogan : *Bitte, ein Bit* ! Et environ 750 concessionnaires distribuent sa production. Laquelle se limite à la *Bitburger Pils*, bière blonde très légère et sèche, au goût prononcé de houblon. Résultat d'une fermentation basse, cette *pils* doit son bouquet caractéristique à l'eau employée, puisée à 300 mètres sous terre dans la région volcanique de l'Eifel.

bitter ale, terme anglais désignant un type très courant d'*ale* bien houblonnée, généralement servie à la pression, dont la couleur varie du cuivre au brun foncé (dans ce cas, le goût est assez caramélisé). Les *bitter ales* ordinaires ont une teneur en alcool de 4 %. Les catégories *Best* ou *Special* ont une teneur un peu plus élevée et l'*Extra-Special* atteint 5,5 %.

Blanche de Bruges, bière blanche belge produite par la brasserie De Gouden Boom* à Bruges. Cette bière de fermentation haute, brassée à partir de malt, de froment, d'avoine et de houblon de Poperinge, n'est pas filtrée après la garde, ce qui lui conserve une grande partie de ses substances nutritives et ce goût si particulier de froment auquel vient s'associer l'effet pétillant de la refermentation en bouteille. Taux d'alcool : 5 %. La *Blanche de Bruges* se conserve à une température de 5° à 10 °C et se sert à 5 °C.

Blitz Wainhard, brasserie américaine de Portland (Oregon), qui fait aujourd'hui partie du groupe Heileman. *Henry Wainhard's Private Reserve*, son produit le plus connu, est une *pils* parfumée et légère, dans le style de l'Ouest américain. *Henry Wainhard Dark* et la *Blue Boar Ale* possèdent également une saveur fruitée agréable.

bock, bière allemande de fermentation basse dont Einbeck, en Basse-Saxe, est le berceau. C'est une bière généralement foncée, à forte teneur alcoolique. Pour certaines occasions sont brassés des bocks spéciaux (*bock de Noël* , *bock de mai*). Quant au double *bock* (*doppelbock*), son nom se termine le plus souvent par le suffixe *-ator*, ce qui permet de le reconnaître d'emblée.

Au milieu du XIVe siècle, la bière d'Einbeck était déjà exportée. Les ducs de Bavière l'appréciaient fort, mais l'importation étant coûteuse, choix fut fait d'installer en Bavière un maître-brasseur de cette ville du nord. Et l'implantation en sol « étranger » se fit si bien que la *bock* est aujourd'hui réputée comme typiquement bavaroise.

Boulder Brewing Company, petite brasserie américaine fondée à Longmont, près de Boulder (Colorado) en 1980 et qui est devenue en quelques années le deuxième producteur de bière du Colorado. La firme s'est consacrée à des bières de type européen d'excellente qualité. La *Boulder Extra Pale Ale* a un goût fruité assez doux, malgré son accent houblonné. La *Boulder Porter* possède un arôme profond et allie, dans une texture assez dense, les saveurs du houblon, du malt et de la levure. La firme produit irrégulièrement une *Boulder Stout* très agréable.

brassage, stade essentiel de la fabrication de la bière, au cours duquel le farine de malt est transformée en un moût sucré. *V. P. 20 et suiv.*.

Brasseries Réunies de Luxembourg, groupe brassicole luxembourgeois résultant de la fusion, en 1971, des brasseries Mousel et Clausen, auxquelles sont venues s'associer, en 1982, les bières Henri Funck. L'histoire de la brasserie Clausen et celle de la brasserie Mousel se confondent avec l'histoire brassicole du grand-duché. Toutes deux sont établies à Clausen, vieux faubourg du Luxembourg, qui tire son nom (du latin *clusa*, « gorge », « défilé ») de son implantation dans l'étroite et sinueuse vallée de l'Alzette. Les nombreuses sources qui jaillissent au pied des rochers de grès, le climat tempéré dont bénéficie la région, autant que la manque de terres cultivables et la difficulté de leur accès y favorisèrent très tôt la naissance d'une industrie brassicole.

La production annuelle des Brasseries Réunies du Luxembourg dépasse les 700 000 hl. Elle se compose de :
- bières de type *pils*, de fermentation basse, vendues sous les marques Mousel, Clausen et Funck (taux d'alcool : 4,8 %) ;
- bières de luxe, telles que la *Royal Altmünster* (Mousel), au taux d'alcool de 5,5 %, et la *Donkle Béer* (Mousel), bière brune de fermentation basse au goût de caramel et au taux d'alcool de 7 % ;
- bières du secteur alimentaire, comme la *Sterling*, propriété de la société Auchan, la *Lëtzebuerger*, bière blonde du type *pilsen ;*
- et de la *Mouseline*, bière chargée de peu de calories (85 cal par 25 cl) et au faible taux d'alcool (3,6 %), produite depuis 1978.

Étiquettes actuelles des Brasseries Réunies de Luxembourg. Phot. J. Klein/ A. Perrier-Robert.

Brême. Cette ville allemande est le plus ancien centre du commerce de la bière dans ce pays. Déjà au début du XIVe siècle, d'importantes quantités de bière étaient exportées vers la Hollande, les Flandres, l'Angleterre et les pays scandinaves.

Brigand, bière belge de fermentation haute brassée par la brasserie Van Honsebrouk, à Ingelmunster. Cette bière ambrée, légèrement maltée, à la saveur franche et ronde, titre 9° alcool. Elle gagne, selon d'aucuns spécialistes, à être consommée entre trois et six mois d'âge. Elle se boit fraîche ou tempérée selon le goût. Enfin, son nom lui vient d'un patriote qui, en 1798, s'illustra à Ingelmunster dans les combats contre les Français.

brown ale, *ale* fabriquée dans le sud de l'Angleterre, de couleur brun foncé, à la saveur douce et assez légère en alcool (3-3,5 %). Dans le nord-est, on trouve une *brown ale* de couleur plus rouge et plus forte en alcool (4-4,5 %).

Bruxelles. La capitale belge est avant tout la capitale du lambic*, même si celui-ci est aussi fabriqué hors de ses murs. Car on ne saurait imaginer de *faro*, ni de *gueuze*, ni de *kriek* sans cette ville dont le ciel permet la « fermentation spontanée* », unique au monde. Mais Bruxelles est également le siège des brasseurs belges et sa Maison des Brasseurs, sise sur la célèbre Grand'Place, abrite un musée tout entier consacré au métier brassicole. Construite en pierre en 1638, sur les bases d'une maison de bois du XIIIe siècle, qui avait pour nom « l'Arbre d'Or », elle ne résista pas, en 1695, aux boulets du maréchal de Villeroy, mais ressuscita trois ans plus tard pour s'intégrer à l'harmonieux ensemble de la Grand'Place. Confisquée en 1796, elle devait ensuite héberger diverses activités avant de retrouver sa fonction corporative initiale. Le musée fut inauguré en 1954. Y sont reconstitués une brasserie, une tonnellerie et un estaminet du XVIIIe siècle. Matériel de brassage et pièces servant au service de la bière recréent l'activité de l'époque.

Publicité de bières bruxelloises (début XXe s.). Coll. A. P.-R. Phot. J. Klein/ A. Perrier-Robert.

Budels, nom porté par les différentes bières néerlandaises produites par la brasserie De Budelse, à Budel, en Campine orientale. Cette entreprise brabançonne, créée en 1870 sous le nom de « De Hoop », a précieusement conservé ses traditions et doit à sa petite taille de pouvoir soigner sa production, qu'elle veut « bière de brasserie » et non « bière de fabrique ». Elle est

La bière et la bande dessinée

Si c'est en Belgique que naquit la bande dessinée d'expression française, avec Tintin dès 1929, la production de dessins « brassicoles » fut bien plus tardive. En effet, elle se limita longtemps à quelques éditions publicitaires. Tel le bel album *Colas et Colette chez le roi Gambrinus* (1935), réalisé par Jean Morette pour le compte de l'Association des Brasseurs de l'est de la France. Et, plus récemment, tel *Louvain, capitale de la bière*(1976), dessiné par Steven Wilsen pour les brasseries Artois. Deux albums où l'image illustre un texte souvent pédagogique. Plus amusante est la planche publicitaire de Jean Dratz que commanda la Brasserie de Nivelles pour sa bière *Archiduc*, dans les années 1950.

En 1931, la brasserie Piedboeuf édita un dépliant publicitaire, *Histoire d'une bonne bouteille de bière*, et récidiva en 1945 avec *J'ai vu naître une bonne bouteille de bière*, mais ce n'est qu'en 1950 que ce dernier titre, dessiné par Charles Mattelot, prit des allures de bande dessinée, sans toutefois avoir recours aux phylactères. Alors que la bande dessinée belge régnait sur les pays francophones tout au long de cette décennie, Gaston « gaffa » en demi-planches pour Piedboeuf. Non pas pour la bière, mais pour l'orangeade...

En fait, jusqu'à l'apogée des revues dites « adultes » (*Pilote*, *Fluide Glacial*, etc.) et avant l'émancipation des grands hebdos (*Spirou* et *Tintin*), la loi de 1949 sur les publications pour la jeunesse visait à protéger celle-ci ... notamment de l'éthylisme. Et, hormis quelques faire-valoir célèbres comme Dupillon [1] ou Pirlouit [2], les héros de bande dessinée étaient d'une sobriété exemplaire. Puis le « demi » s'imposa, de Régis Franc (*le Café de la Plage*) à François Walthery (*Natacha*, *le Grand Pari*), de Serge Clerc (*Phil Perfect*, où un espion est-allemand tente d'échanger la Pologne contre un verre de bière) à Goscinny et Uderzo (*Astérix chez les Belges*). Tout le monde du IXe Art se mit à consommer, avec plus ou moins de modération.

Le monde céleste ne résista pas davantage au bonheur d'une bière, dans l'étonnant album de Claus Sholz, Roger et Raf de Klerk, *l'Unique et Véritable Histoire de la Brasserie Moortgat* (1984). La même année, toute la Bavière succomba à une tentation identique dans *Anton Gsotthuber*, qu'édita Rosenheimer.

Ce fut en 1986, « année de la bière » en Belgique, que naquit la bande dessinée du même nom, dont l'action se situe essentiellement autour d'un bar. *L'Année de la Bière* et *la Tournée des Grands Ducs* (1987), éditées à Bruxelles, rassemblèrent les amateurs de bière et les « fous » de B.D.. Les dessins de Louis-Michel Carpentier et les textes de Raoul Cauvin, deux « professionnels » en ce domaine, firent l'unanimité. Puis furent publiées les *Mémoires d'Outre-Pompe*, avec des dessins de Jean-Jacques Gilbert sur un scénario de Charles Fontaine (1987). La bière s'est enfin trouvée sa bande dessinée...

(1) Alcoolique solitaire, mais invétéré du village de Champignac-en-Cambrouse (*v. les Aventures de Spirou et Fantasio*, d'André Franquin).

(2) Compagnon de Johan (*v. les Aventures de Johan et Pirlouit*, de Peyo, créateur des Schtroumpfs).

Phot. J. Klein/ A. Perrier-Robert.

l'une des rares brasseries artisanales des Pays-Bas et a obtenu des distinctions dans la monde entier pour ses bières. Celles-ci sont : une *pils* au goût nuancé (taux d'alcool : 5 %), une savoureuse brune vieillie, *Oud Bruin* (taux d'alcool : 3,5 %), une *Bock* rouge rubis (taux d'alcool : 6 %), une *Parel*, blonde de fermentation haute (taux d'alcol : 6 %), et une *Alt*, dans le style allemand (taux d'alcool : 5,5 %).

Bush-Beer, bière ambrée de fermentation haute brassée, en Belgique, par la brasserie Dubuisson Frères. Lancée en 1933, à une époque où les bières anglaises étaient en grande faveur, cette bière, filtrée, saturée, au goût légèrement caramélisé et bien houblonnée, dut son succès immédiat à l'heureux mariage du goût anglais avec les spécificités des bières belges. De teneur alcoolique élevée (12 %), la *Bush-Beer* doit être servie dans un verre ballon, à une température de 8 à 12 °C.

La brasserie Dubuisson Frères remonte à 1769, année de la fondation de l'entreprise à Pipaix, dans le Hainaut, par Joseph Leroy, ancêtre maternel de la famille Dubuisson, juste en dehors de la zone franche du domaine seigneurial de Ghyssegnies.

Cantillon, brasserie artisanale belge établie à Bruxelles et dont l'activité est toute entière consacrée à la fabrication du lambic* et de ses dérivés. Fondée en 1900, elle perpétue la tradition des bières de fermentation spontanée, spécifiques de la capitale belge, et brasse encore « à l'ancienne ». Elle abrite un Musée bruxellois de la Gueuze* qui vise, à travers le vie d'une brasserie, à faire mieux connaître cette bière originale.

Cardinal, brasserie suisse faisant aujourd'hui partie de Sibra* Holding et dont les trois unités de production sont établies à Fribourg, Rheinfelden et Wädenswil. Créée à Fribourg, en 1788, par l'aubergiste François Piller, qui l'adjoignit à son restaurant sis à la porte de Berne, puis transférée dans la Neuveville par le tonnelier André Keller, qui en fit alors acquisition, elle changea plusieurs fois de propriétaire avant d'être reprise en 1877 par deux hommes d'affaires jurassiens, Paul Hauert, brasseur à Saint-Imier, et Paul Alcide Blancpain, horloger à Villeret. Lesquels la réorganisèrent, la modernisèrent et l'équipèrent d'une des premières installations frigorifiques de Suisse. Le succès remporté par une bière brassée, en 1890, en l'honneur de l'élévation de Mrg Mermillod, évêque de Fribourg, à la dignité de cardinal lui attribua le nom dont celle-ci avait été baptisée : *bière du Cardinal*. Dès lors l'entreprise connut un essor

Phot. J. Klein/ A. Perrier-Robert.

constant, notamment à partir de 1901, sous l'impulsion des trois fils de Paul Alcide Blancpain et, plus près de nous, avec la troisième génération de propriétaires.

La production de la brasserie Cardinal comporte :
- une *Lager*, au bouquet de houblon et à la saveur moelleuse*(taux d'alcool : 4,7 %) ;
- une *Spéciale*, de type *pils*, alcooliquement plus dense que la précédente (5,2 %) et de goût plus houblonné ;
- la *Rheingold*, bière forte à l'amertume discrète et au moelleux subtil ; cette bière à la brillance ambrée a été créée en 1977 (taux d'alcool : 6,3 %) ;
- l'*Anker*, bière brune de fermentation haute, d'une grande richesse aromatique, dans l'esprit des bières produites à l'ancienne (taux d'alcool : 5,8 %).

La production annuelle de bières Cardinal est de l'ordre de quelque 800 000 hl, sans compter les bières sans alcool (250 000 hl). Avec environ 20 % du marché, cette brasserie est la deuxième de Suisse.

Carling O'Keefe, troisième groupe brassicole canadien, fondé par l'Irlandais Eugene O'Keefe. Arrivé au Canada en 1832, celui-ci s'établit brasseur d'*ale* et de *porter* en 1872. Il fut le premier à croire au succès au Canada de la bière de fermentation basse, qui avait commencé à révolutionner l'industrie de la brasserie aux États-Unis. Il ouvrit une braserie de *lagers* à Toronto. Puis, il s'associa avec la firme Carling O'Keefe, qui fait aujourd'hui partie du groupe des tabacs Rothman et possède des filiales en Angleterre et aux États-Unis.

Les marques les plus connues sont *Old Vienna*, *Carling Black Label*, *O'Keefe Ale*, mais le groupe possède de nombreuses petites marques distribuées localement. La *Stout* produite dans la brasserie de Beamish est d'une qualité intéressante.

Carolus d'Or, *Anker (Het)*.

Carlsberg, importante brasserie danoise de Copenhague, réunie, depuis 1970, à Tuborg* au sein du groupe *United Breweries Ltd.*. C'est en 1811 que Christen Jacobsen commença à brasser pour son propre compte. Son fils Jacob Christian, formé à l'art du brassage, prit sa succession à sa mort (1835). Ayant découvert en Allemagne le procédé de fermentation basse, celui-ci entreprit de le mettre en oeuvre au Danemark et lança, en 1847, la première bière de type bavarois brassée dans le pays (avec une production annuelle de 3 500 hl). Le succès fut immédiat. Et s'éleva bientôt, dans les faubourgs de Copenhague, à Valby, l'usine Carlsberg (du nom de son fils, *Carl*, et de celui de la colline de Valby, *berg*).

« Le premier brasseur européen sera celui qui saura marier l'expérience dans l'art de brasser et la qualification en science et chimie ». Ainsi Jacob Christian Jacobsen concevait-il le métier de brasseur. La politique de son entreprise en fut le parfait exemple. En 1875, un laboratoire y fut créé, d'où devaient sortir d'importants travaux concernant l'azote dans les matières organiques et la chimie des protéines notamment. Y fut aussi mis au point un appareil de culture pure de la levure, procédé qui allait être ensuite utilisé dans toutes les brasseries de *pils* du monde.

En 1871, Jacob Christian Jacobsen donna une brasserie à son fils, proche de la sienne, où ce dernier choisit de brasser des bières de type *porter* (de cette gamme, qui, en son temps, fut un échec, subsiste aujourd'hui une *stout*, la *Gammel Carlsberg Porter*), avant d'en revenir aux bières blondes. Toutefois, à la suite de dissensions, la collaboration entre père et fils cessa (1881). La réconciliation intervint quatre ans plus tard, mais Jacob Christian Jacobsen devait mourir en 1887. Les brasseries familiales furent alors réunies sous le nom de *Brasseries Carlsberg*.

La fondation Carlsberg

Créée en 1876 par Jacob Christian Jacobsen, elle devint propriétaire des brasseries de celui-ci (*Gammel Carlsberg*). Si son propos original était de mettre en place un système de contrôle et de recherche afin de produire une bière de qualité, ses activités actuelles se résument à trois points : le laboratoire, les subventions à la science et le musée d'Histoire Nationale du château de Frederiksborg, qui abrite, ainsi que l'avait défini son fondateur, « les reproductions évocatrices des souvenirs de l'histoire de la patrie, de l'introduction du Christianisme au Danemark jusqu'aux temps modernes ».

La fondation Ny Carlsberg

Cette fondation fut l'oeuvre de Carl Jacobsen et de sa femme Ottilia, tous deux grands amateurs d'art. Fidèle à la volonté de ceux-ci, elle crée des musées, vise à promouvoir l'étude des beaux-arts au Danemark, effectue des dons d'oeuvres d'art à des musées danois... La glyptothèque abrite des oeuvres de Corot, Gauguin, Monet, Bonnard, Rodin, Degas, etc., ainsi que des collections d'art égyptien, oriental, grec, etc.

Il faut noter que la *Petite Sirène* de Copenhague, sculptée par Edvard Eriksen, est l'une des oeuvres que l'on doit à la générosité de Carl Jacobsen.

Aujourd'hui, la bière Carlsberg est exportée dans plus de 130 pays. Elle est brassée sous licence, notammment, au Canada, en Grande-Bretagne, à Hong Kong, en Italie et au Portugal. Elle se boit de grands verres étroits, à une température de 8-10 °C.

Carlton and United Breweries (C.U.B.), le plus grand groupe brassicole australien, possédant des brasseries à Carlton, Melbourne, Abbotsford, Geelong et Ballarat. Il est spécialisé dans les *lagers*, dont il produit une large gamme : *Foster*, *Carlton Lager*, *Abbot Lager*, *Victoria Lager*, *Melbourne Lager*. Il offre, en outre, une *Malt Ale*, une *pils* et des *stouts*.

Cascade Brewery, brasserie australienne de Tasmanie, fondée en 1824. Elle produit des bières de fermentation basse et de couleur ambrée, sous les labels *Cascade Draught*, *Cascade Special Lager* et *Sparkling Pale Ale*, ainsi qu'une *stout*, *Cascade Export Stout*. La brasserie de Boag, également en Tasmanie, que Cascade à rachetée au début du siècle, brasse une *lager* agréable et une *stout*, *Boag Export Stout*, de saveur assez douce et de couleur très sombre. Seules les bières conditionnées en boîtes ou en bouteilles sont pasteurisées.

Castelain, brasserie artisanale française fondée à Bénifontaine (Pas-de-Calais) en 1926, sous le nom de « brasserie Delomel ». À l'époque, il s'agissait d'une simple brasserie de village. Rachetée en 1966 par M. Castelain, l'entreprise a été modernisée et s'est spécialisée depuis 1979 dans les bières de garde de fermentation basse d'une excellente qualité. Sous la marque *Bière du Ch'ti*, elle produit une bière blonde à saveur fruitée d'une teneur en alcool de 6,5 %, une bière ambrée légèrement plus amère et sensiblement de même degré alcoolique (qui, toutes deux, conviennent particulièrement bien à la dégustation de fromages), ainsi qu'une bière brune plus forte (7 %) et plus veloutée. La *Bière des Coulonneux* est une bière ambrée d'un degré alcoolique un peu moins élevé (5,8 %) et à la saveur amère plus marquée. La *Cuvée de Noël*, brassée en août et mise en bouteilles en novembre, existe dans une version blonde et une version brune. C'est une bière onctueuse et assez forte, puisqu'elle titre 7,5 %. Enfin, la *Jade* présente la particularité d'être une bière de garde fabriquée à partir d'orge de culture biologique. Elle n'est pas pasteurisée et est garantie sans adjonction de colorant, de conservateur ni de stabilisant de mousse. Sa teneur en alcool est de 4,6 %.

Toutes ces bières sont vendues en bouteilles de grande contenance, fermées par un bouchon de liège et en bouteilles individuelles. On trouve également la *Bière du Ch'ti* à la pression.

Castlemaine Perkins, importante brasserie australienne du Queensland, surtout connue pour sa marque XXXX (familièrement appelée en Australie *Fourex*), *lager* très populaire, à la saveur assez douce, mais à l' accent houblonné marqué typique du goût australien. Castlemaine produit également une *Gold Lager* à teneur en alcool un peu plus élevée et la *Carbine Stout*, *stout* épaisse et relativement pétillante, à la saveur originale.

Caudrelier, brasserie artisanale française fondée en 1982 à Fressain (Nord) par M. Caudrelier. Elle produit, sous la marque *Iris Beer*, une bière de garde ambrée, de saveur assez douce quoique bien houblonnée et d'une teneur en alcool de 6 %. Cette bière est conditionnée en bouteilles champenoises à bouchon de liège.

Champale Inc., petite brasserie américaine située à Trenton (New Jersey) et contrôlée par Iroquois Brands. Sa fondation remonte à 1891. Elle a successivement porté les noms de Trenton Brewing, Peoples Brewing, Metropolis Brewery, avant d'adopter celui de Champale en 1967. Elle produit une *ale* de bonne qualité, la *Black Horse Ale*, une bière sans alcool et trois variétés de *malt liquors* (*Golden*, *Extra Dry* et *Pink Champale*), aromatisées aux fruits et à la grenadine.

Chimay, trappiste* belge brassée par les pères de l'abbaye de Scourmont, dans le Hainaut. Créé en 1850 à Forges, le monastère abrite, depuis 1863, une brasserie dont la production annuelle atteint aujourd'hui 100 000 hl. Sa bière n'a, en fait, été commercialisée qu'à partir de 1920. De fermentation haute, avec une refermentation en bouteille, la *Chimay* existe en trois versions reconnaissables à leurs capsules : la rouge (6,2°) et la bleue (8°), lancées en 1948 ; la blanche (7°), mise sur le marché en 1960, qui a pour spécificité un houblonnage trois à quatre fois supérieur à celui des précédentes.

Choulette (La), brasserie artisanale française installée à Hordain (Nord). Fondée en 1885 par un tonnelier, elle produisait à l'origine uniquement pour la consommation locale et livrait à domicile, par des attelages de chevaux. Elle fabrique aujourd'hui deux excellentes bières de fermentation haute, sous les marques *La Choulette* et *Bière des Sans Culottes*.Le nom de *La Choulette* se réfère à un ancien jeu de crosse du Nord. Il s'agit d'une bière de haute densité, ambrée, à goût caramélisé et à mousse fine, d'une teneur en alcool de 6,8 %. Elle présente la particularité de refermenter en bouteille. La *Bière des Sans Culottes*, ainsi dénommée en souvenir de l'abolition des corporations par les Sans Culottes en 1789, qui conféra la liberté de brasser, est une bière sur lie, parfumée mais avec une pointe d'amertume, de couleur dorée et d'une teneur en alcool de 6,3 %. Elle présente parfois un dépôt de levure garantissant sa fermentation naturelle.

Toutes deux sont conditionnées en bouteilles champenoises, fermées par un bouchon de liège.

Clausen, brasserie luxembourgeoise faisant aujourd'hui partie des Brasseries* Réunies de Luxembourg. Son origine remonte à 1563 lorsque le comte de Mansfeld, gouverneur du duché, fit édifier, à Clausen, un palais avec de nombreuses dépendances, dont la Brasserie de Mansfeld. De ces constructions, malmenées par les siècles, ne survécurent que la conciergerie et la brasserie. Reprise à bail par Hubert Thyes en 1757, cette dernière allait devenir, par mariage, la brasserie Funck-Erdmer, avant de prendre son nom actuel, en 1920. Dès lors, sa modernisation et la rationalisation de sa production furent poursuivies avec constance jusqu'à sa fusion avc la brasserie Mousel*.

Clerck (Brasserie de), brasserie familiale française fondée en 1774 à Hondeghem par Jean de Clerck. L'actuelle brasserie de Péronne (Somme) a été reprise en 1928 et est toujours dirigée par les descendants du fondateur ; c'est la dernière brasserie encore en activité en Picardie. Elle fabrique d'excellentes bières blondes de fermentation basse, distribuées régionalement. Toutes sont assez fortes en alcool, mais la brasserie n'indique pas de degré précis. Elles se classent en deux types : les *classiques*, conditionnées en petites bouteilles et représentées par trois bières, la *hopfen*, assez douce, la *Paksen*, bien houblonnée, et la *Ketel*, au goût relativement amer ; les bières *à l'ancienne*, présentées en bouteilles de grande contenance à bouchon de liège, dont la *Colvert*, à la saveur douce, la *Belle Siska*, bien équilibrée, et le *Pot Flamand*, bière légèrement ambrée et caractérisée par une pointe acidulée.

Cologne. La tradition brassicole de cette ville allemande, aujourd'hui renommée pour sa *kölsch**, est des plus anciennes. Mention en est déjà faite dans l'acte de fondation du couvent de Gerresheim, près de Düsseldorf, acte confirmé lors du synode de 873 à Cologne. Ce document, qui cite les lieux où l'on brasse, établit que les moines devront s'attacher à améliorer la qualité de leur bière. Ce qui suppose une antériorité dans la production. Toutefois, le droit de brassage ayant été limité, au XIIe siècle, à quelques privilégiés, il fallut attendre le XIIIe pour voir se créer les premières « brasseries » : *Örtchen* (petit coin), dans la Ehrenstrasse, 1235, et *Zum Hirsch* (« Au cerf »), dans la Cäcilienstrasse, 1268. À la même époque fut fondée une confrérie de brasseurs (1254), placée sous le patronage de Petrus de Milan, dominicain assassiné en 1252 et canonisé l'année suivante.

C'est cependant plus tard, à la suite de l'attribution à Cologne d'une constitution démocratique s'appuyant sur les corporations (1396), que naquit la Corporation des Brasseurs de Cologne, la Peter-von-Mailand-Bruderschaft, qui existe encore aujourd'hui. La cité comptait vingt-deux *gaffel* (« corporations ») et celle des brasseurs était l'une des rares à ne représenter qu'un seul corps de métier. Elle fut particulièrement réputée pour ses principes religieux éthiques et sociaux.

Jusqu'en 1400, avant l'introduction du houblon, coutume était de brasser une bière aux herbes (*gruit*) . À l'extrait de malt ou de blé aromatisé aux herbes était généralement associé du miel, après fermentation, ce qui apparentait cette boisson à l'hydromel des Germains. Chaque brasseur avait sa propre recette. Myrte, romarin, achillée, anis, genévrier, etc. et épices diverses (gingembre, cumin, etc.) entraient dans la composition de cette « bière folle » - ainsi la nommaient les brasseurs -, qui n'avait rien de commun avec la *kölsch* que nous connaissons. Celle-ci n'est, en effet, apparue qu'au début du XVe siècle : le brassage de bière de froment, venu d'Allemagne du Nord, débuta à Cologne

Une confrérie bruxelloise : la chevalerie du Fourquet

Créée en 1943, mais devenue association en 1952, cette confrérie s'est fixé pour objectifs principaux :
- toutes recherches et études folkloriques relatives à la brasserie en général et à l'histoire de saint Arnould et de Gambrinus en particulier ;
- l'organisation de manifestations destinées à promouvoir les bières belges, dans le pays et à l'étranger ;
- l'aide aux jeunes membres de la profession de brasseur, de malteur et des activités connexes.

Au début de 1986, la chevalerie du Fourquet comptait 263 chevaliers de droit (dont 241 en Belgique), 428 chevaliers d'honneur et 46 membres resprésentant le Conseil Suprême et le Grand Conseil. Elle a son siège à la Maison des Brasseurs de Bruxelles. Sa devise : « Amitié et Servir ».

Le cheval et la brasserie Anglaise

Dès la fin du XVIIIe siècle, le cheval joua un rôle important dans l'industrie de la brasserie. D'abord utilisé pour la livraison de la bière dans les pubs, il fut, à partir du début du XIXe, également employé pour le brassage proprement dit ; tel un manège actionnant un moulin, il permettait de moudre le malt. Et il fallut attendre l'introduction de la machine à vapeur pour que fût supprimé cet emploi.

Le cheval allait néanmoins rester l'unique moyen de transport du brasseur jusque dans les années 1930, après avoir connu son « âge d'or » à l'époque victorienne où l'on comptait plus de 250 000 chevaux. Longtemps encore, on le conserva pour les petits parcours. Ainsi en dénombrait-on un peu moins de 2 000 en 1970. Aujourd'hui, ce mode de transport de la bière tend à renaître parce qu'il constitue une forme de publicité originale.

Chevaux légers et mules étaient les animaux utilisés pour le brassage, chevaux de trait léger et chevaux de gros trait étaient préférés pour les livraisons. Parmi ces derniers, les plus répandus étaient le Shire, le Suffolk Punch, le Clydesdale et le Percheron, bêtes lourdes et massives, qu'au XIXe siècle l'on élevait souvent spécialement pour ce travail brassicole.

Attelage de la brasserie Holsten à Hambourg.
Phot. Brasserie Holsten, R.F.A.

Timbre polonais.
Coll. «Bière Magazine», Musée Européen de la Brasserie, Romedenne (Phillipeville), Belgique.
Phot. J. Klein/A. Perrier-Robert.

Quelques étiquettes évoquant les chevaux de brasserie.
Phot. J. Klein/A. Perrier-Robert.

entre 1408 et 1436. Cette bière était alors appelée *wijss* (*bière blanche*).

L'interdiction, en 1603, par la municipalité, du brassage à froid dans l'enceinte de la ville entraîna l'exclusivité de la *kölsch*, qui régna sur la production brassicole jusquà la fin du XVIIIe siècle. De fait, au début de l'occupation française, en 1799, la corporation fut dissoute pour permettre la libre entreprise et d'autres bières furent alors introduites à Cologne, qui devaient s'y implanter surtout dans la seconde moitié du XIXe siècle.

En 1861 commença une guerre sans merci entre les 121 brasseurs de *kölsch* et les grandes brasseries établies dans la région ou qui importaient de la bière de Dortmund ou de Munich. Les petites brasseries payèrent le prix de cette concurrence : il n'en restait plus que 100 en 1889 et que 60 en 1900. Recul accentué par l'engouement pour les bières de fermentation basse et, en particulier, pour la *pils*. Aussi, en 1925, seulement 10 % des brasseries colonaises produisaient encore la *kölsch*, ce qui lui valut le surnom de *bière des pauvres*.

Elle ne devait être redécouverte qu'à partir de 1950, époque où la faveur des consommateurs se tourna vers les bières légères, de goût houblonné, moins riches en calories. De 366 000 hectolitres en 1960 la production passa à dix fois plus en 1983. Et à l'heure actuelle, elle représente 75 % de la bière bue à Cologne, avec une quantité de 3,8 millions d'hectolitres. Un décret du 1er octobre 1980 établit que la *kölsch* ne peut être fabriquée qu'à Cologne et dans ses environs par un certains nombre de brasseries nommées à cet effet. Plus près de nous, la Convention de la Kölsch, signée, le 6 mars 1986, par vingt-quatre membres de la fédération des brasseurs, est venue définir les règles à respecter, resserrant ainsi le cercle de la corporation.

Cooper and Son, brasserie australienne, fondée à Adélaïde en 1862 par Thomas Cooper et toujours dirigée par sa famille, bien que la South Australian Brewing Compagny possède une part importante du capital depuis 1962. Ses produits, d'une remarquable qualité, sont de fermentation haute et la firme s'ennorgueillit d'utiliser des fûts de maturation en bois. La *Sparkling Ale*, qui autrefois était relativement trouble en raison de la présence de levure, a été clarifiée tout en conservant l'accent fruité et la légère pointe d'amertume qui lui conféraient une saveur particulière. Elle est vendue uniquement en bouteilles et n'est pas pasteurisée. Cooper fabrique une version légèrement moins alcoolisée appelée *Light Dinner Ale*. La *Cooper's Extra Stout*, de saveur assez douce, a été spécialement conçue pour les cocktails qu'apprécient les Australiens. Enfin, chaque année, Cooper brasse une bière spéciale à l'occasion du Carnaval, dont la fabrication est prolongée si elle rencontre le succès auprès du public.

Coors, grande brasserie du Colorado, fondée en 1873 par Adolphe Coors et encore aujourd'hui contrôlée par ses descendants. La brasserie Coors lança le conditionnement en boîtes d'aluminium. Elle brasse un produit unique, la *Coors Extra-Dry Banquet Beer*, une *pils* pétillante, faite avec une variété d'orge spéciale et qui présente la particularité de n'être pas pasteurisée. Coors l'annonce comme « brewed with pure Rocky Mountain spring water », cette réputation de pureté semble assurer son succès.

Courage, important groupe brassicole britannique, fondé à Londres en 1787 par John Courage, dont le portrait figure fièrement sur l'emballage de certains produits. Courage possède actuellement trois brasseries à Bristol, Berkshire, et en Écosse à Tadcaster. Sous les marques Courage ou John Smith's, il fabrique des *ales* et des *stouts*, ainsi que quelques *lagers* sous licence (*Hofmeister Foster's* de Heinninger, *1664* de Kronenbourg et *Miller Lite* de Miller). La *Courage Director's* est une *bitter* pleine de corps, à la saveur fruitée et bien maltée, assez forte en alcool, fabriquée avec les meilleurs houblons des plantations du groupe. Elle est vendue uniquement à la pression. Mais l'amateur étranger goûtera avec plaisir la *Bulldog Pale Ale*, vendue à l'export sous le nom de *Martin's Pale Ale*, une bière dorée, assez corsée et d'excellente qualité. La brasserie de Bristol produit toujours l'historique *Imperial Russian Stout*, *ale* brune à la saveur riche et forte en alcool, proche des *Barley Wines*.

Cuauhtemoc, deuxième groupe brassicole mexicain, également propriétaire de Cruz Blanca. Ses bières, blondes ou brunes, sont généralement caractérisées par un arôme sec et une pointe d'amertume, qui les rendent particulièrement désaltérantes. Parmi les plus courantes, *Chihuahua* est une bière ordinaire et *Tecate* est habituellement servie localement avec une pincée de sel et une tranche de lime ou de citron. Sous la marque *Carta Blanca*, on trouve au Mexique une blonde et une brune spécialement fabriquées pour le marché américain. *Bohémia* est une *pils* à teneur en alcool assez élevée et *Indio Oscura* une bière brune de type viennois. Le groupe produit également une bière de Noël brune, assez forte, appelée *Commemorativa*, et une bière basses-calories, *Brisa*.

Phot. J. Klein/A. Perrier-Robert.

DAB, sigle de la *Dortmunder Actien-Brauerei*, l'une des plus grandes brasseries d'Allemagne, aujourd'hui intégrée au sein d'un vaste groupe brassicole qui comporte notamment Binding et Berliner* Kindl. Fondée en 1868 par Laurenz Fischer et par Heinrich et Friedrich Mauritz, elle devait prendre son nom actuel en 1872 et être la première, en 1877, à lancer une bière de type *Dortmunder* (*v. Dortmund*). Ce qui lui valut la médaille d'or à l'Exposition Universelle de Paris en 1900. Elle se releva rapidement après la Seconde Guerre mondiale et, en 1959, franchit le cap d'un million d'hectolitres dans l'année, devenant ainsi la deuxième brasserie du pays. C'est en 1971 qu'elle créa la *Dortmunder Actien-Pilsener*, l'une des bières les plus populaires en Allemagne à l'heure actuelle. Cette *pils*, un peu sèche, à la légère amertume, représente 59,7 % de la production de *pils* en R.F.A.

La DAB fabrique également : une *Premium Beer*, exportée aux États-Unis ; une *Dortmunder Actien-Export*, qui constitue 14,5 % des bières exportées ; une *Diät Pils*, bière de régime légère ; etc. Toutes productions de grande consommation et d'un bon rapport qualité-prix.

De Block, brasserie belge établie à Peizegem-Merchtem, dans le Brabant, depuis sa création en 1887. Cette entreprise reste fidèle aux méthodes traditionnelles de brassage pour une production variée et de qualité. Celle-ci comporte deux blondes (une *Pils*, taux d'alcool : 4,4 %, et une *Export*, taux d'alcool : 4,3 %) ; la *Special Block 6*, bière mixte (jeune et vieille), de fermentation haute, de couleur foncée (taux d'alcool : 5,5 %) ; la *Kastaar*, bière brune de fermentation haute (taux d'alcool : 6,2 %) ; la *Satan*, bière brune créée en 1986 et forte en alcool (7,2 %) ; et la *Bokrijk Tarwebeir*, bière blanche de froment (taux d'alcool : 4,7 %) lancée en 1987.

De Gouden Boom, brasserie belge établie à Bruges depuis 1872, année où Jules Vanneste acheta la distillerie « 'tHamerken », qui était, en fait, une fort ancienne auberge locale (1587) devenue distillerie de genièvre et brasserie. Cette entreprise qui doit son nom « L'Arbre d'Or » au symbole de la Bruges médiévale, fait revivre les bières typiques de la région, notamment la *Blanche* de Bruges* qui, comme les autres bières blanches, avait été éclipsée par le succès des bières blondes de fermentation basse (*pils*, *export*).

Elle brasse également, depuis l'après-guerre, la bière de l'*Abbaye de Steenbrugge*, produite jusqu'alors par les Bénédictins de cette abbaye Saint-Pierre qui, à proximité de Bruges, avait succédé à l'abbaye d'Oudenbourg, fondée au XIe siècle par saint Arnould, patron des brasseurs. Cette bière spéciale, refermentée en bouteille, titre 6,5 % de volume d'alcool. On peut visiter, chez De Gouden Boom, l'ancienne malterie avec ses machines et ses outils. Un bel exemple d'archéologie industrielle.

De Keersmaecker, brasserie belge établie à Kobbegem, dans le Brabant. L'entreprise, qui, depuis sa création, en 1720, est restée entre les mains de la même famille, est surtout connue pour sa *gueuze*, *Mort Subite*. Celle-ci tire son nom du café bruxellois auquel la brasserie vendait le lambic et qui préparait lui-même sa *gueuze*. En effet, c'est vers 1910 que le propriétaire de « La Cour Royale » rebaptisa son établissement « Mort Subite », empruntant cette appellation au jeu de 421 que pratiquaient ses habitués et qui, à l'heure de retourner au travail, s'interrompait brutalement au détriment du perdant, le « mort subite ». La *gueuze* qu'il fabriquait prit le même nom. Et lorsque la brasserie racheta le café, elle en hérita.

De Koninck, bière belge de fermentation haute brassée, à Anvers, par la brasserie du même nom. D'une belle teinte ambrée, pourvue d'un goût vif et d'un arôme velouté, cette bière pur malt se boit, à une température de 7 °C, dans un « bolleke », verre haut et assez étroit, au col légèrement évasé. Taux d'alcool : 5 %.

Elle est le seul produit de la brasserie De Koninck, née en 1833 (sous le nom de *De Hand*, « La Main ») au sein de l'auberge *De Plaisante Hof* (« Le Jardin des Plaisirs ») qu'avait acquise, six ans plus tôt, Joseph Henri De Koninck. Des ses origines l'actuelle brasserie De Koninck conserve le souvenir sur l'étiquette de sa bière : une main, celle qui se trouvait sur la borne-frontière entre la cité d'Anvers et la commune de Berchem et dont l'artisanale brasserie des débuts tirait son nom.

De Ridder, brasserie néerlandaise fondée en 1857 à Maastricht, dans le Limbourg. Construite sur la rive droite de la Meuse, au-dessus d'un puits dont l'eau vient directement d'une source des Ardennes, elle est la seule survivante des vingt-six brasseries existant en ce lieu au siècle dernier. Son appellation initiale (*Gebroeders van Aubel*, « Les Frères van Aubel ») a cédé place à celle d'aujourd'hui, dans les années 1930, pour des raisons commerciales.

Cette brasserie produit une bière de qualité, non pasteurisée, au goût de houblon marqué (la quantité de houblon utilisée est doublée). La *Pilsener* est douce, mais « énergique » (5 % d'alcool). La *Maltezer* est plus forte (6,5 % d'alcool). Quant à la *Ridder Donker*, avec sa couleur ambrée, son goût est plus accentué et sa teneur en alcool plus faible (3,5 %).

Descamps, brasserie artisanale française installée à Aulnoye-Aymeries (Nord). Dernière brasserie en activité de l'Avesnois, elle produit des bières de fermentation haute de bonne qualité, distribuées régionalement. Sa *Bière Bock* est une bière de table blonde, assez douce, titrant 3,8 % d'alcool. L'*Old Garde* et la *Triboulette*, bières ambrées de garde, ont une teneur en alcool plus élevée (6,2 %). Enfin, l'*Avesnoise* est une bière brune plus moelleuse, de 4,8 % d'alcool.

Deux Rivières (Brasserie des), brasserie artisanale française créée en 1984 à Morlaix (Finistère) par deux amoureux des *real ales* anglaises, J-F. Malgorn et C. Blanchard. Sous la marque *Coreff*, ils brassent deux *ales* de type britannique, de fermentation haute. L'une est

Phot. J. Klein/ A. Perrier-Robert.

une bière sur lie, distribuée uniquement en fûts, *bitter* ambrée, trés houblonnée et peu pétillante, qui titre 5 % d'alcool. L'autre, brune plus acide, avec une belle mousse et d'une teneur en alcool de 7 %, subit une seconde fermentation en bouteilles. La Brasserie des Deux Rivières produit aussi une bière de Noël de type *porter*, plus sucrée, titrant 6,5 % d'alcool et conditionnée uniquement en fûts. La majeure partie de la production est donc destinée aux cafés et restaurants régionaux, que J-F. Malgorn et C. Blanchard ont réussi à faire équiper de pompes manuelles, de façon à éviter la dénaturation des bières servies à la pression par le gaz carbonique des pompes modernes. Malheureusement, l'excellente production de cette petite brasserie doit être dégustée localement, car ces bières naturelles ont une durée de conservation maximale de deux mois et demi.

De Troch, brasserie belge établie à Wambeek, au coeur du Pajottenland, dans le Brabant. Cette entreprise artisanale, déjà exploitée à la fin du XVIIIe siècle, produit de la *gueuze** depuis 1850. À ce produit réputé pour sa qualité et son authenticité sont venues se joindre une *kriek**, non moins savoureuse, et une *Banane-Lambic* (taux d'alcool : 5 %), dont l'originalité n'est pas sans surprendre.

Diekirch (Brasserie de), brasserie luxembourgeoise établie depuis sa création, en 1871, à Diekirch, au pied du Herrenberg. Ses débuts furent assez mouvementés puisque la société fut dissoute, puis reconstituée cinq fois avant de prendre, en 1890, sa dénomination actuelle. Très tôt tournée vers l'exportation, elle dirigea sa production vers l'Allemagne, la France et surtout la Belgique. La construction d'une nouvelle brasserie, en 1930, contribua à son expansion, que vint toutefois freiner considérablement la Seconde Guerre mondiale, ralentissant les ventes à moins de 50 000 hectolitres. Mais à partir de 1958, la production reprit son élan et, aujourd'hui, la brasserie produit quelque 260 000 hectolitres de bière en bouteilles. Il s'agit d'une *Pils*, fine et légère, bien houblonnée, de type *pilsener* (taux d'alcool : 4 %), d'une *Réserve*, blonde au goût de malt discret, moelleuse et aromatique (12,8° Balling), et d'une *Grande réserve*, bière spéciale ambrée et forte, au goût de malt prononcé (16,2° Balling).

Dom, brasserie allemande de Cologne, célèbre pour sa *kölsch**, au léger goût salé et âpre à la fois. Reconnaissable à l'étiquette ornée des deux tours de la cathédrale de Cologne, cette bière, de fermentation haute, se consomme dans de hauts verres droits.

Née en 1894 de la fusion de plusieurs brasseries colonaises sous la férule des frères Steingrover, puis devenue en 1900 société par actions et ayant racheté, au cours des années qui suivirent, un certain nombre de petites brasseries locales, l'entreprise ne reçut son nom définitif « Dom » qu'en 1937. Bien que totalement détruite au cours de la Seconde Guerre mondiale, elle est aujourd'hui la brasserie la plus importante de la région, avec une production annuelle de plus de 500 000 hectolitres de *kölsch*.

Lorsque la bière se veut démoniaque ou diabolique...
Phot. J. Klein/ A. Perrier-Robert.

Image d'Épinal (XIXe s.). Phot. Musée de la Publicité, Paris.

Dommelsch, brasserie néerlandaise établie à Dommelen, dans le Brabant. Créée en 1744 par un agriculteur-brasseur, Willem Snieders, elle appartient aujourd'hui encore à la même famille. Son essor s'est accentué depuis la Seconde Guerre mondiale et elle s'est dotée d'un équipement des plus modernes. Néanmoins, elle continue à brasser « à l'ancienne » quatre bières : une *Pils* de qualité (5 % d'alcool) ; une *Oud Bruin*, bière brune très fine et légèrement sucrée (6,5 % d'alcool), qui demande d'être consommée à une température de 10 à 15 °C ; une *Bokbier*, à la couleur rubis et à la mousse crémeuse, très appréciée en hiver (6,5 % d'alcool), à boire à une température entre 10 et 12 °C ; et une *Dominator*, bière spéciale à la saveur particulière (6 % d'alcool), qu'il faut boire à 6-8 °C.

Dorignies (Brasserie de), brasserie artisanale française présentant la particularité d'être un atelier de travail protégé, qui s'est ouvert en 1986 à Douai (Nord). Elle produit une bière spéciale, blonde, assez amère, titrant 6 % d'alcool et vendue en bouteilles à bouchons de liège sous la marque *Orient Express*, ainsi qu'une bière ambrée de style viennois, la *Sainte-Hilde Gaarde*, de saveur plus douce et d'une teneur en alcool de 7 %. Sa *Pils* , bière légère de 3,9 % d'alcool, est seulement distribuée dans les cafés et restaurants locaux.

Dort, *v. Dortmund.*

Du temps des guerres de la bière

À la fin du Moyen-Âge, Dortmund, ville hanséatique, livrait sa bière à Hamm, Minden, Münster et Bielefeld. Piraterie qui lui valut un ultimatum. Mais celui-ci ne fut pas respecté et ainsi éclata la « guerre de la bière de Dortmund ». Des tonneaux furent saisis, la bière fut répandue. Pour protéger leurs chariots de bière, les brasseurs eurent alors recours à des escortes de mercenaires, lesquels durent affronter les tireurs d'élite engagés par la partie adverse pour arrêter ces convois. Et ce furent ces derniers qui eurent le dessus. Les « pirates » furent capturés et périrent, la tête plongée dans un tonneau de bière.

Dortmund. Ce foyer industriel de la Ruhr est aussi l'une des capitales allemandes de la bière. C'est le 22 août 1293 que lui fut accordé par le roi Adolphe de Nassau le droit de brasser. Privilège qui devait être confirmé, quarante années plus tard, par l'empereur Louis de Bavière, lors du Reichstag à Nuremberg.

Jusqu'au milieu du XIXe siècle, on y brassait des bières de fermentation haute, parmi lesquelles l'une, fraîche, à base de malt d'orge et de houblon, qui se consommait après un certain temps de garde et qui s'apparentait à l'*altbier** d'aujourd'hui, et une autre, capiteuse, à base de malt d'orge et de malt de blé, qui nécessitait un temps de garde d'un à deux ans avant d'être tirée. Puis avec la mise au point de la méthode de fermentation basse fut créée la *bière de Dortmund*, bière pâle, assez forte (taux d'alcool : 5,5 %), moins houblonnée que la *pilsener* ,très fermentée, moelleuse, voire un peu pâteuse, avec un goût prononcé de malt. Cette bière, désormais protégée par l'« appellation contrôlée » *Dortmunder* et devenue un « grand classique » allemand sous le label *Dortmunder Export*, tend à souffrir, à l'heure actuelle, de la vogue des *pils* auprès des brasseurs de la ville. Néanmoins, quelques-uns d'entre eux lui restent fidèles, tels *DAB** ou *Dortmunder* Kronen*.

Dortmunder, *v. Dortmund.*

Dortmunder Kronen, brasserie allemande de Dortmund, la plus ancienne de Westphalie. C'est, en effet, en 1729 que Johann Wenker acheta l'ancienne *Krone* (« Couronne »), établissement déjà presque tricentenaire puisque mention en est faite, pour la première fois, en 1430 par le chroniqueur Dietrich Westhoff et qu'en 1517 un document du greffe du tribunal de Dortmund le qualifie de « seule vraie brasserie de la place du marché ». Mais la véritable dimension de cette entreprise, restée familiale, lui fut donnée à partir du milieu du XIXe siècle, avec l'apparition du brassage à fermentation basse, l'installation d'une brasserie moderne au sud de la ville, sur le Kronenburg, et l'acquisition d'une malterie sur le port de Düsseldorf.

Sa bière, de qualité, est soignée, légère et savoureuse. L'*Export*, est particulièrement délicate et harmonieuse, tout comme la *Classic*, créée en 1974, bien équilibrée et à l'amertume légère, dans la pure ligne de la bière traditionnelle de Dortmund*.

Dortmunder Ritter, brasserie allemande établie à Dortmund depuis sa création, en 1889. Elle se trouvait, à ses débuts, au coeur de la ville, mais, dans les années 1960, une surface de 110 000 m^2 fut aménagée à l'extérieur de celle-ci pour ac-

Phot. J. Klein / A. Perrier-Robert.

cueillir une nouvelle brasserie alliant la tradition aux techniques les plus avancées. Elle produit trois variétés de bières : une *Pils*, une *Export* et la *First* (*Feines Premium Pils*). Comme toutes les bières de Dortmund, cette dernière, de fermentation basse, présente un goût original, à mi-chemin entre les bières maltées du sud et celles houblonnées du nord. Le chevalier de son emblème est connu bien au-delà de Dortmund.

drêche, produit résiduel de la filtration du moût en cuve-matière. *V. P. 23.*

Dubuisson Frères, *v. Bush-Beer.*

Düsseldorf, *v. altbier.*

Duvel, bière blonde de fermentation haute brassée par la brasserie belge Moortgat, à Breendonk, dans la province d'Anvers. Créée en 1922 par Albert Moortgat, elle n'a trouvé son plein épanouissement commercial qu'à partir de 1963, année où fut conçu le verre qui lui convenait - de type « verre à Bourgogne », mais plus ventru, avec une contenance de 65 cl permettant à son abondante mousse blanche de s'exprimer parfaitement. Cette bière de forte densité (8,5 % d'alcool) est pétillante comme le champagne, dont elle subit le traitement : une fermentation principale, suivie d'une garde d'un mois en cave froide ; une seconde fermentation en bouteille, après ajout de sucre et de levure fraîche. Originalité de la Duvel : la refermentation s'effectue une dizaine de jours, en cave chauffée (22 °C), puis, durant trois mois, en cave froide (3 °C).

De couleur pâle - à la différence des autres bières fortes -, cette bière présente un bouquet très agréable, accentué par l'emploi de houblons d'Europe Centrale. Elle se conserve un an ou plus dans un endroit frais (de 5° à 15 °C) et sombre.

Duyck, brasserie artisanale française, fondée en 1922 à Jenlain (Nord) et toujours dirigée par la famille Duyck. Installée dans une ferme, elle a été modernisée, mais a conservé ses procédés de fabrication artisanaux et brasse, sous la marque *Jenlain*, une bière de garde de fermentation haute, de couleur ambrée, d'une saveur riche et onctueuse et d'une teneur en alcool de 6,5 %. Elle produit également une bière de Noël, légèrement plus forte et plus ambrée. Ces deux produits sont vendus en fûts, en bouteilles champenoises à bouchon de liège et, depuis peu, (en raison des nécessités imposées par la grande distribution), par packs de bouteilles individuelles.

EKU, nom donné à la Erste Kulmbacher Actienbrauerei, brasserie allemande créée en 1872 à Kulmbach, en Bavière, et qui, en 1874, lança sa première bière blonde, en un temps où les Allemands ne consommaient que des brunes épaisses. À la pointe du progrès technique dès ses débuts, cette entreprise a connu une extension constante. Et aujourd'hui elle a adjoint à son secteur brassicole celui des boissons désaltérantes sans alcool.

Sa production comporte notamment : une *Pils* légère, à l'arôme de houblon et à la mousse fine (4,7 % d'alcool) ; une *Export* bien équilibrée, pleine de saveur, un peu plus maltée que la précédente et un peu plus forte (5,1 % d'alcool) ; la fameuse *EKU 28*, « la plus forte du monde » après la bière d'Hürlimann (12 % d'alcool), d'une couleur ambrée, au fin arôme de houblon et au fort goût de malt (sa maturation dure neuf mois dans des caves de garde bien froides) ; la *Rubin*, bière brune brassée à partir de malt foncé et légèrement houblonnée (4,8 % d'alcool) ; une *Weizen Dunkel*, bière brune de froment fabriquée selon l'ancienne tradition bavaroise (5,6 % d'alcool) ; et une *Edelbock*, bière blonde forte, à l'amertume modérée (6,8 % d'alcool).

Enfants de Gayant, brasserie française fondée en 1919 à Douai (Nord) aprés la fusion de quatre brasseries familiales. Son nom rappelle les deux géants protecteurs de Douai, M.etMme Gayant, qui défilent traditionnellement dans la ville, lors du carnaval. Elle brasse des *lagers*, pour lesquelles elle utilise une levure spéciale d'origine suisse (Enfants de Gayant possède également la brasserie Boxer en Suisse). Sous la marque *Saaz*, elle produit une bière de garde blonde, agréable, d'une teneur en alcool de 5,4 % et une brune plus dense, de 6 °. Mais la brasserie est surtout connue pour la *Bière du Démon*, ainsi dénommée parce que sa teneur en alcool est exceptionnellement élevée : 12 °. Il s'agit d'une bière de fermentation basse au corps savoureux, qui allie une pointe d'amertume à une note de base miellée. Enfants de Gayant produit également une bière sans alcool sous la marque *Celta*, ainsi que des sodas, un tonic et de la limonade.

Phot. J. Klein / A. Perrier-Robert.

Erdinger Weissbraü, brasserie allemande établie à Erding, en Bavière. Créée en 1886, cette entreprise doit à Frantz Brombach, qui la reprit en 1935, d'être sortie d'une situation sans avenir (3 500 hl par an) pour devenir la première brasserie de bières de froment d'Allemagne, avec une production annuelle avoisinant les 700 000 hl. À partir d'un mélange, à parts égales, de malt d'orge et de malt de froment, elle brasse trois types de bières : la *Kristall Weizen*, bière blonde filtrée titrant 4,3 ° ; la *Weizen Hefe Weisse*, bière blanche de même teneur alcoolique, qui constitue la majeure partie de la production ; et la *Pikantus*, brune de type *bock*, dense, forte (6,5 °). Toutes bières au goût bien malté et légèrement houblonné, d'une délicate acidité doublée d'une saveur fruitée.

La brasserie Erdinger exporte ses bières vers l'Autriche, l'Italie et les Pays-Bas.

Signe de reconnaissance sur l'étiquette, l'étoile des brasseurs à six branches. Phot. J. Klein/ A. Perrier-Robert.

étoile des brasseurs, l'un des symboles du métier de la brasserie. Les brasseurs ont, de tout temps, adopté un symbole leur permettant de distinguer leur brasserie de celle de leur voisin. Parmi ces marques de distinction, l'étoile a toujours recueilli leur faveur. Il s'agit d'une étoile à six branches, qui est aussi appelée *étoile de David*, *sceau de Salomon*, *noeud gordien*, *double étoile* ou *bouclier de David*. Scientifiquement, elle forme un hexagramme.

Son origine exacte n'est pas connue. La représentation la plus ancienne date de 1425 : elle accompagne le moine-brasseur allemand Hertell. À cette époque, la cuve de brassage était installée dans une *chambre à brasser*, séparée des deux chaudières d'ébullition. Placée au-dessus de cette cuve de brassage, l'étoile des brasseurs avait pour fonction de protéger le brassin, le moût en fabrication, puisqu'il s'agissait là de l'opération la plus délicate dans le processus de fabrication. Mais progressivement l'étoile abandonna la chambre à brasser. Au XVIIIe siècle, elle apparaissait à l'extérieur des brasseries. Puis, elle orna les facades des débits de bière, destinée à ne plus jouer qu'un simple rôle d'enseigne.

À l'intérieur de la brasserie moderne, l'étoile fut longtemps encore utilisée comme décoration, mais d'une façon restreinte : fenêtres des salles de brassage, des greniers à malt et à houblon, faîtières et cheminées. Ainsi fut-elle pendant des siècles le symbole des brasseurs et de leurs organisations professionnelles de Lorraine, d'Alsace et de la plupart des pays germaniques.

Selon les vieux brasseurs, l'étoile à six branches permettait de protéger le moût du diable, des sorcières ou des mauvais esprits. Cette pratique, alliée à une poignée de sel jetée dans la cuve ou la chaudière, assurait un bon brassage et une bonne filtration, garantissait la fermentation et évitait certains mauvais goûts. Toutefois, une autre explication peut être fournie, qui tient au fait que l'hexagramme est également un symbole alchimique. Il réunit toutes les phases de préparation du malt et de la bière, mais représente aussi les quatre éléments de l'Univers et leurs propriétés, indispensables au malteur et au brasseur. Cette explication aboutit, en alchimie comme en brasserie, à la perfection. L'étoile des brasseurs est, en fait, la conjugaison de quatre symboles :

Symbole				
Élément	Eau	Feu	Terre	Air
Opération de maltage	Trempe	Tourillage	Fournit les matières premières	Germination
Opération de brassage	Brassage	Brassage et ébullition		Fermentation

Le mélange alchimique de l'Eau et du Feu, de la Terre et de l'Air donne donc l'étoile à six branches.

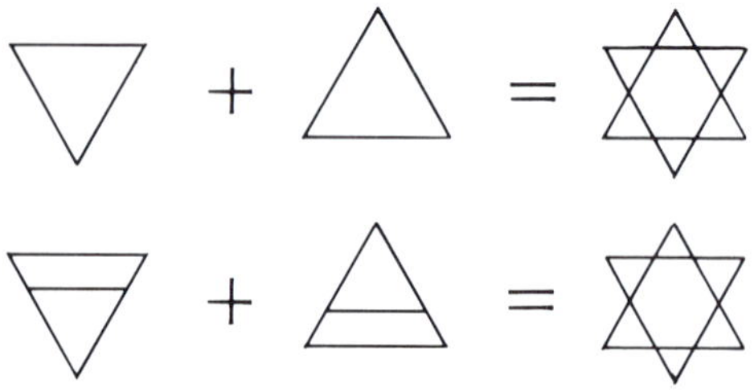

De plus, les divers éléments se conjuguent entre eux :
Air + Terre = culture du grain ;
Eau + Terre = croissance de la plante ;
Eau + Air = germination en malterie ;
Eau + Feu = transformations du brassage et de la cuisson ;
Air + Feu (température) = fermentation.

Enfin, la perfection est atteinte par la réunion de tous les symboles, de tous les éléments et de leurs propriétés.

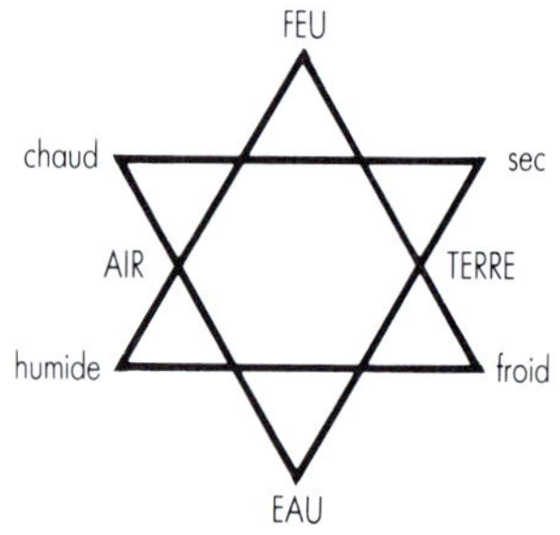

L'intérieur d'une brasserie au XVIIe siècle, représenté par l'imagerie de la fin du siècle dernier. Coll. A. P.-R. Phot. J. Klein/ A. Perrier-Robert.

Les anciens brasseurs pensaient-ils à tout ceci quand ils manipulaient le fourquet dans le malt humide? Il semble que la signification profonde de l'étoile des brasseurs soit perdue depuis longtemps. Mais il faut rendre hommage aux brasseurs, surtout lorrains et alsaciens, d'avoir su longtemps conserver ce symbole sur leurs bâtiments et leurs documents commerciaux.

Ex, la plus connue des bières suisses sans alcool, produite depuis 1937 par la Brasserie de Gurten. Il s'agit d'une véritable bière dont on a retiré l'alcool tout en lui conservant son apparence. Elle est distribuée par le groupe Feldschlösschen*.

Facon, brasserie belge établie à Bellegem en Flandre occidentale. Fondée en 1874, cette entreprise familiale est particulièrement fière de sa *pils*, qui représente plus de la moitié de sa production. Ses autres produits sont une *spéciale* de type *Dort*, une *Extra Stout*, plus moelleuse que la *stout* irlandaise, une *Scotch*, etc. En 1984 a été lancée une bière de fermentation haute, en deux versions - brune et blonde -, sous le nom de *Punch*.

Facon, brasserie française créée durant la Première Guerre mondiale à Saint-Léonard (Pas-de-Calais) et reprise en 1986 par le groupe des Caves de Saint-Arnould. Elle brasse des bières de fermentation basse. La *Facon de Luxe* est une bière blonde de type *pils* courant, peu amère et d'une teneur en alcool de 5 %. *L'Épi de Facon*, spéciale au froment, très pétillante, a une saveur assez douce et titre 5,9 % d'alcool. La *Saint-Léonard*, spéciale ambrée, est une bière de garde légèrement plus forte (Taux d'alcool : 6 %), présentée en bouteilles champenoises à bouchon de liège. La brasserie Facon produit aussi, en petites quantités, une bière de Noël, distribuée régionalement.

Falken, brasserie suédoise créée en 1898 à Falkenberg sur la côte orientale du pays. Absorbée par la brasserie Pripps* en 1977, elle continue néanmoins de produire ses propres marques, touts bières à la saveur plutôt sucrée, avec souvent une touche de toffé. Étrangement, sa production porte le nom de *Falcon* et non de *Falken* comme la brasserie.

faro, bière de type belge obtenue, à Bruxelles, par coupage de lambic* avec de la petite* bière et par addition de sucre candi, ce qui lui donne sa belle couleur ambrée. Son taux d'alcool varie de 4,5 à 5,5 %. Aujourd'hui, une dizaine de brasseries fabriquent encore du *faro*, alors qu'en 1900, la région bruxelloise en comptait plusieurs centaines. En effet, lors de l'Exposition Universelle de Bruxelles de 1897, le faro fut la bière la plus vendue (49 516 hl), mais il disparut presque totalement après la Grande Guerre.

La légende veut que son origine remonte à l'an 950, lorsque Hughes de Kantersteen, qui régnait alors sur Ixelles, las de boire des bières de Louvain, suscita, chez les cabaretiers-brasseurs de la région, une véritable compétition en quête d'une nouvelle bière suceptible de l'« enchanter ». La Brasserie de la Haute Pinte l'emporta, Hughes de Kantersteen s'étant exclamé, aprés avoir dégusté plusieurs bocs de sa production : « votre bière est merveilleuse ; elle est vivante et moelleuse, gaillarde et faraude ». Le mot demeura et naquit ainsi le *faro*.

Un chromo des dernières années du XIXe siècle à la gloire du faro. Coll. A. P.-R. Phot. J. Klein/ A. Perrier-Robert.

Quoi qu'il en soit, l'unanimité n'est pas faite sur l'origine du mot. Vient-il de l'espagnol *farro* (« liqueur d'orge »)? Évoque-t-il la ressemblance de couleur de cette bière avec le vin de Faro portugais? Ou est-ce un vocable wallon, qui se rattache à la racine néerlandaise *far* (« blé »)? La dernière hypothèse semble prévaloir.

Une architecture originale

Les voyageurs de la ligne ferroviaire Bâle-Zurich découvrent son imposante silhouette, sur tapis de verdure avec des bois en toile de fond. C'est la brasserie Feldschlösschen, pour laquelle ses fondateurs avaient choisi, en 1874, la cadre d'une ancienne usine chimique, dite « la maison aux poisons », et qui, par suite de transformations et d'agrandissements successifs (jusqu'en 1958), prit véritablement les allures de « petit château de campagne » que laisse supposer son nom. Lequel fut adopté en souvenir de la brasserie allemande du même nom, à Brunswick, où Theophil Roniger avait travaillé plusieurs années durant.

Au bureau d'architecture Langeloth, de Francfort-sur-le-Main, qui réalisa la première phase de travaux, en 1882, revient notamment l'heureuse association de briques jaunes et rouges qui participe à l'originalité de l'édifice. Étrange construction à créneaux, empreinte de réminiscences romantiques telles que les goûtait l'architecture de la seconde moitié du XIXe siècle. Sans doute faut-il voir là la tendance des fabriques d'autrefois à s'inspirer du style architectural des couvents, des hôpitaux et particulièrement des châteaux, mais aussi un sens avisé de la publicité avant la lettre.

La brasserie suisse Feldschlösschen, à Rheinfelden. Phot. Brasserie Feldschlösschen.

Faxe, brasserie danoise installée à 80 km au sud de Copenhague, à Fakse où on peut encore voir la petite chaumière dans laquelle la famille Nielsen fabriqua sa première bière, en 1901. L'entreprise, devenue florissante au terme de dures années de labeur, bénéficia, grâce à un forage qu'elle fit effectuer dans les années 1930, d'une eau exceptionnellement pure, sans fer ni manganèse, « faite sur mesure » pour de la bière blonde non pasteurisée et dont la qualité participe aujourd'hui encore à la renommée de sa production. Laquelle est exportée, pour plus de 30 %, à travers le monde, notamment en R.F.A., en Italie et en Grande-Bretagne. Cette bière claire, dont la version la plus connue est *La Grande Danoise*, présente une teneur en alcool de 4 à 5 %.

Feldschlösschen, brasserie suisse établie à Rheinfelden depuis 1876 et qui est aujourd'hui la plus grande brasserie du pays. Née de l'association d'un agriculteur d'Olsberg, Mathias Wüthrich, et d'un brasseur de Magden, Théophil Roniger, qui choisirent d'installer leur entreprise à proximité de la ligne de chemin de fer du Bözberg reliant Bâle à Zurich afin de toucher l'ensemble du marché helvétique, cette brasserie bénéficia de la perspicacité de ses fondateurs, puisque ce moyen de transport intervient, aujourd'hui encore, pour 75 % des livraisons aux centres régionaux. La Maison Wüthrich et Roniger (brasserie Feldschlösschen) allait connaître connaître une expansion considérable : elle absorbait vingt-trois brasseries entre 1882 et 1930, faisant passer sa production de 2 000 hl en 1876 à 4 000 en 1885, à 121 000 en 1900 et à 250 000 en 1914. Élargissant sans cesse sa zone de distribution, agrandissant ses installations de production, acquérant les équipements les plus modernes, elle poursuivit sa politique d'absorption et reprit, successivement, dans les années 1970, la Brasserie du Gurten (la plus grande brasserie bernoise), la Birreria Lugano, Nessi & Cia (Lugano), la brasserie Muller SA, de Neuchâtel, et la Brasserie Valaisanne SA, de Sion. Ces mêmes années allaient aussi voir apparaître une nouvelle orientation du groupe Feldschlösschen, qui s'implanta résolument dans le marché des boissons sans alcool.

Sa production annuelle d'environ 1 500 000 hl couvre la gamme des bières appréciées en Suisse, de la blonde normale, désaltérante et légère, à la bière forte, plus recherchée, plus alcoolisée aussi. Mentionnons, entre autres, les bières spéciales conmme l'*Hopfenperle*, blonde, et la *Dunkle Perle*, brune, la *Festbier 1876*, bière de fête traditionnelle, et la *Castello*, bière forte aromatique.

Felsenkeller, brasserie allemande établie à Herford, en Westphalie. Depuis sa création en 1878, cette brasserie a connu une croissance constante et elle produit, aujourd'hui, plus d'un million d'hectolitres par an. L'essentiel de sa production est la *Herforder Pils* (4,8 % d'alcool), qui a remporté de nombreuses distinctions à l'étranger.

fermentation, stade de la fabrication de la bière, au cours duquel le moût houblonné s'alcoolise et devient bière. On la dit *primaire* ou *principale*. *V. P. 24 et suiv.*. Est appelée *secondaire* la fermentation de la bière en cave, au terme du processus de brassage (syn. *garde*).

fourquet, fourche ou palette en bois autrefois utilisée par le maître-brasseur pour brasser le mélange d'eau et de malt. Il est aujourd'hui l'un des éléments de l'emblème de ce métier. On peut le voir sur les écussons consacrés à la brasserie, aux côtés de cônes de houblon. À Bruxelles*, une confrérie lui a emprunté son nom : la Chevalerie du Fourquet.

framboise, bière belge de fermentation spontanée, spécifique de la région de Bruxelles. Dérivée du lambic*, elle suit le même processus de fabrication que la kriek*, mais à partir de framboises. Elle se boit frappée comme le champagne, à 6-7 °C.

Française de Brasserie, deuxième groupe brassicole français, réalisé par la fusion, au cours des années 1960, de seize brasseries de petite et moyenne importance, devenues sous la direction des Brasseries et Glacières de l'Indochine (firme autrefois très implantée dans l'ancien empire colonial français et qui possède toujours des brasseries en Afrique) l'Union de Brasserie. En 1984, cette dernière s'est associée avec Heineken France, qui possédait déjà quatre brasseries en Alsace. Le groupe gère plusieurs unités de production en région parisienne, dans l'Est, dans le Nord et à Marseille.

La Française de Brasserie produit essentiellement des *pils* sous les marques *Slavia*, *33* et *Mützig*, ainsi qu'une brune sous la marque *Porter* sans que cette dernière ressemble le moins du monde à une véritable *porter**.

Dans le Nord, l'ancienne brasserie Pelforth a conservé ses productions antérieures. Fondée en 1863 à Mons-en-Baroeul, près de Lille, elle a été associée au groupe en 1984. Elle fabrique des bières de fermentation basse, dont une bière de consommation courante sous la marque *Pélican* et, sous la marque *Pelforth*, une blonde d'une teneur en alcool de 5,5 % et une brune de type *stout*, de saveur douceâtre et fortement maltée, titrant 6,8 % d'alcool. Elle brasse également, sous la licence de George Killian Lett, une *ale* irlandaise rousse, la *George Killian's*, à l'accent sec et malté, titrant 6,6 % d'alcool.

Frauenfeld, brasserie suisse sise à Frauenfeld, dans le canton de Thurgovie. Créée en 1877 par Carl Storz, elle fusionna, en 1904, avec la brasserie zum Sternen de Valentin Horn pour former l'actuelle brasserie par actions, toujours gérée par les descendants de son fondateur. L'entreprise produit annuellement quelque 11 000 hl de bière, répartis en *lager*, *spéciale* et en spécialités. De ces dernières les plus renommées sont : l'*Ittinger* Klosterbräu*, bière de gourmets

* Fondé en 1152, le monastère d'Ittingen fut repris par les Chartreux en 1461. La chartreuse, restaurée de 1979 à 1982, abrite aujourd'hui un centre culturel.

Phot. J. Klein/ A. Perrier-Robert.

brassée artisanalement selon la tradition monastique ; cette bière blonde est forte et modérément amère, toute de rondeur et de fraîcheur ; la *Frauenfelder Weizenbeir*, la plus ancienne bière de froment suisse ; enrichie de levure, cette bière de fermentation haute est une spécialité de la région du lac de Constance.

Früh, brasserie allemande sise à l'ombre de la cathédrale de Cologne. Propriétaire d'une auberge, Josef Früh lui adjoignit une brasserie, au début du XIXe siècle, afin de répondre à la demande de ses clients. Auberge et brasserie constituent aujourd'hui encore une entreprise familiale, même si celle-ci a pris de l'extension avec une brasserie moderne à l'extérieur de la ville.

La brasserie Früh produit, chaque année, 3,6 millions d'hectolitres de *kölsch**. L'étiquette de la marque porte les armoiries de Cologne : trois couronnes, symbolisant les trois rois mages, dont les ossements reposent dans la cathédrale, et onze larmes, figurant les onze mille vierges qu'Attila aurait massacrées à Cologne.

Fuller, brasserie anglaise établie dans la banlieue de Londres, près d'Heathrow, et qui possède de nombreux pubs dans les quartiers ouest de la ville. Les excellents produits de cette petite brasserie, régulièrement primés, se caractérisent par l'équilibre atteint entre le fond aromatique et la note houblonnée. Parmi les meilleures *ales* débitées à la pression que brasse Fuller, il faut citer trois *bitter* : la *Chiswick Bitter*, la *London Pride* et l'*Extra Special Bitter*, la plus forte des trois. Fuller produit également une remarquable *ale*, de couleur ambrée, plus dense (1084), d'une texture onctueuse et d'une saveur miellée légèrement fumée, qu'on trouve en bouteilles sous la marque *Golden Pride*.

Fürstenberg, brasserie allemande sise à Donaueschingen et appartenant à la maison princière de Fürstenberg. Son histoire est liée à celle de l'une des plus vieilles familles de la noblesse allemande. En effet, le 18 janvier 1283, Rodolphe Ier de Habsbourg conféra au comte Heinrich de Fürstenberg la dignité de landgrave sur le comté de Baar. Et parmi les privilèges ainsi accordés figurait le droit de brasser de la bière. À cette époque remontent donc les origines de la brasserie Fürstenberg, qui, d'abord destinée à la consommation de la maison du landgrave, prit une ampleur commerciale à partir de 1705, sous l'impulsion du prince Anton

Phot. Fürstlich Fürstenbergische Brauerei, R.F.A.

D'abord destinées à attirer les légionnaires romains vers les débits de boissons, les enseignes se virent ensuite confier un rôle de « jalons » routiers pour les postillons et les diligences. Puis auberges et tavernes reçurent des noms. Et l'enseigne devint symbole du droit de servir à boire. La plus ancienne enseigne avait forme de couronne. Tressée avec des branches de pin, de sapin et du feuillage, elle « couronnait » les trois débits du domaine de Charlemagne et signifiait la licence accordée. Rien d'étonnant à ce que l'étoile à six branches, jadis signe du droit de brassage, ait été souvent utilisée.

Puis l'enseigne se fit invitation, signe publicitaire. Sans toutefois perdre de sa valeur de reconnaissance. Ainsi fut-il décrété, en 1692, que tout aubergiste de l'empire germanique recevant des hôtes pour la nuit devait posséder une enseigne... contre paiement d'un impôt. Mais cela n'empêcha pas les enseignes de suivre les courants artistiques successifs. L'attestent les survivances de cette imagerie que conservent précieusement les brasseries allemandes d'aujourd'hui.

Une famille de mécènes

Épris d'art et de science depuis des générations, les Fürstenberg ont réuni d'importantes collections qui peuvent être admirées au musée de leur château de Donaueschingen, en Souabe. La galerie de peintures abrite des oeuvres des XVe et XVIe siècles. La bibliothèque est la plus importante bibliothèque privée d'Allemagne, avec plus de 130 000 volumes, dont des centaines de manuscrits médiévaux.

Le mécénat de la maison de Fürstenberg se traduit, d'une part, par son soutien aux Journées Musicales de Donaueschingen, festival de musique d'avant-garde célèbre dans le monde entier, et, d'autre part, par son patronage pour l'un des plus grands concours hippiques allemands qui se déroule dans le parc du château et au cours duquel se rencontre l'élite des cavaliers du monde entier.

Egon de Fürstenberg. Le succès fut tel qu'en 1739 le prince Josef Wilhem Ernst fit construire une grande brasserie à Donaueschingen, premier jalon d'une brillante évolution dont les étapes marquantes allaient être la création, en 1886, par le maître-brasseur Josef Munz, d'une bière dorée qui connut une immense faveur en Allemagne, notamment auprès du chancelier Bismarck, et la mise au point, quelques années plus tard, par le même maître-brasseur, d'une bière de type *pils*, que l'empereur Guillaume II éleva officiellement au rang de « boisson de table de sa Majesté l'Empereur ». Cette dernière bière a donné l'actuelle *Fürstenberg Pilsener*.

Bénéficiant d'une eau de source idéale (la brasserie utilise les quelque trente sources qui jaillissent dans le parc du château de Donaueschingen), cette *pils*, d'un beau jaune doré, se caractérise par un arôme soutenu et une saveur houblonnée. La brasserie produit quelque 950 000 hectolitres par an de cette bière et d'autres variétés, dont une bière brune fabriquée selon une technique employée en Bohême.

Gaffel, brasserie allemande établie dans le vieux Cologne et dont le nom (fr. « corporation ») est à lui seul toute une histoire, celle de la corporation des brasseurs de cette ville (*v. Cologne*). Cette brasserie, fidèle à la tradition colonaise, produit de la *kölsch**, au goût un peu âpre, mais moins acide que celui des autres bières du même type.

Ganter, brasserie allemande établie à Fribourg im Breisgau. Le grand humaniste Érasme, propriétaire, en 1531, du 7 de la Schiffstrasse à Fribourg, était loin d'imaginer que trois siècles plus tard, en ce même lieu serait fabriquée une grande bière badoise. En effet, c'est en 1865 que Louis Ganter acheta cette maison pour 65 000 florins. Le nom de Ganter devint vite célèbre et il fallut bientôt agrandir la brasserie. Celle-ci s'installa donc, en 1877, dans l'ancienne huilerie, dont les puits profonds offraient une eau fraîche et pure, parfaite pour le brassage. Emplacement qui est encore le sien aujourd'hui. Sa croissance fut dès lors continue. Dirigée actuellement par Hans Ganter, elle reste fidèle à la tradition qu'illustre son slogan : *Ein Bier wie unser Land*, « Une bière comme notre pays ».

Sa production comporte : l'*Heller Bock*, la plus forte ; la *Privat-Pils*, généreuse ; l'*Export*, blonde ou brune, gouleyante dans les deux cas ; et, agréablement pétillantes, la *Badisch Weizen kristallklar* et la *Badisch Weizen hefetrüb*.

garde, *v. fermentation, p. 25 et 26.*

Gatzweiler, brasserie allemande établie à Düsseldorf depuis 1313 et dont la spécialité est l'*altbier**. Du Moyen-Âge à nos jours, la famille Gatzweiler est restée fidèle à la fabrication de l'authentique « bière à l'ancienne ». Un long destin jalonné de périodes florissantes, mais aussi de revers cruels. Et à la fin de la Seconde Guerre mondiale ne subsistait plus que la maison-mère, la brasserie « Zum Schlüssel » (« À la Clé »), au coeur du vieux Düsseldorf. Bien qu'une brasserie moderne ait vu le jour en 1963 dans le quartier d'Oberkassel, la maison-mère continue de brasser la *Gatzweilers Alt* selon des procédés artisanaux, cette bière étant servie uniquement aux clients du restaurant adjacent.

La qualité particulièrement soignée de la production et la constance de sa « personnalité » tiennent à la rigoureuse sélection des composants autant qu'à un savoir-faire séculaire. Le malt est ici touraillé plus fortement que pour d'autres bières, ce qui confère à la *Gatzweilers Alt* une teinte or et bronze caractéristique. Cette bière au goût subtil doit être consommée à une température se situant entre 6° et 9 °C.

Sur son étiquette : le pittoresque fronton à trois pignons de « Zum Schlüssel », symbole de l'entreprise.

Genesee Brewing, brasserie américaine régionale importante, établie à Rochester, dans l'état de New York et dont les produits sont distribués sur une grande partie du territoire national. La brasserie fondée en 1855 par Jacob Rau prit le nom actuel en 1878. Dans les dernières années du XIXe siècle, la *Genesee's Liebot Schaner Beer* était connue dans toute la région. Spécialisée dans les *ales* de type américain, carbonisées et à l'accent de malt prononcé, elle produit notamment la *Genesee Twelve Horse Ale*. En 1965, la firme a racheté la Fred Koch Brewery, de Dunkirk, et brasse maintenant à Rochester la *Black Horse Ale*, une malt liquor fruitée et légèrement crémeuse.

George Killian's, *v. Française de Brasserie*

ghilde, corporation. Tous les pays brassicoles eurent leurs ghildes (ou guildes) de brasseurs, apparues avec le Moyen-Âge.

Gildenbier, *v. Haacht.*

Grande Brasserie Moderne (G.B.M.), brasserie française créée en 1920 à Roubaix (Nord), sous la forme d'une coopérative de production. Ses bières, de fermentation basse, sont assez typées, plutôt fortes en alcool et de bonne tenue. L'*Ubald*, blonde de table, assez douce, titre 4,8 % d'alcool. La *Pilshem*, pils blonde désaltérante mais peu moussante, a une teneur en alcool de 5,8 %. La *Terken*, le produit le plus courant de la Grande Brasserie Moderne, existe

Le Terminus Gruber à Strasbourg, à la fin du XIXe siècle.
Coll. Musée de la Bière, Stenay (Meuse).
Phot. J. Boulanger / A. Perrier-Robert.

La ghilde des eswards cervoisiers

Cette confrérie française, créée par l'association « Les Amis de la Bière », évoque le souvenir des « eswards » qui, à l'époque des corporations, étaient chargés, sous la conduite du prévôt, de vérifier la qualité de la bière, tant chez les brasseurs que chez les cabaretiers. Elle est animée, selon la tradition ancestrale, par un chapitre dont le Grand Maître est assisté de dignitaires. Quant aux intronisés, ils se répartissent en trois collèges : les Eswards, amateurs convaincus montrant par leur action leur attachement à la bière des Pays-Bas français ; les Goudaliers, professionnels de la distribution ; et les Cambiers (brasseurs). Son siège est à Lille.

en versions blonde et brune, titrant respectivement 6 % et 5 % d'alcool. La *Christmas*, plus forte (8,2 % d'alcool), est une nière ambrée apéritive, ronde et bien en bouche. La Septante 5, une bière de garde, ambrée, d'une teneur en alcool de 7,8 % ; elle se caractérise par sa saveur amère, relevée par une pointe acidulée. La brasserie produit, en outre, une bière de Noël ambrée, assez corsée, et une bière sans alcool, sous l'appellation *Sportess*.

Phot. J. Klein / A. Perrier-Robert.

Grisette, bière ambrée de fermentation haute brassée par la brasserie belge Friart (*v. Saint-Feuillien*). Au début du siècle, chaque petite brasserie fabriquait une bière de ce type, qui était soutirée en tonneaux de bois, placés dans les caves des particuliers et des estaminets, les clients se servant d'un cruchon pour aller chercher la bière au tonneau. Cette bière avait pour nom *grisette* dans le Hainaut et l'une des plus réputées était brassée à Thieusies. Malheureusement, la coutume s'en perdit avec l'introduction des pils.

La fabrication artisanale de la gueuze

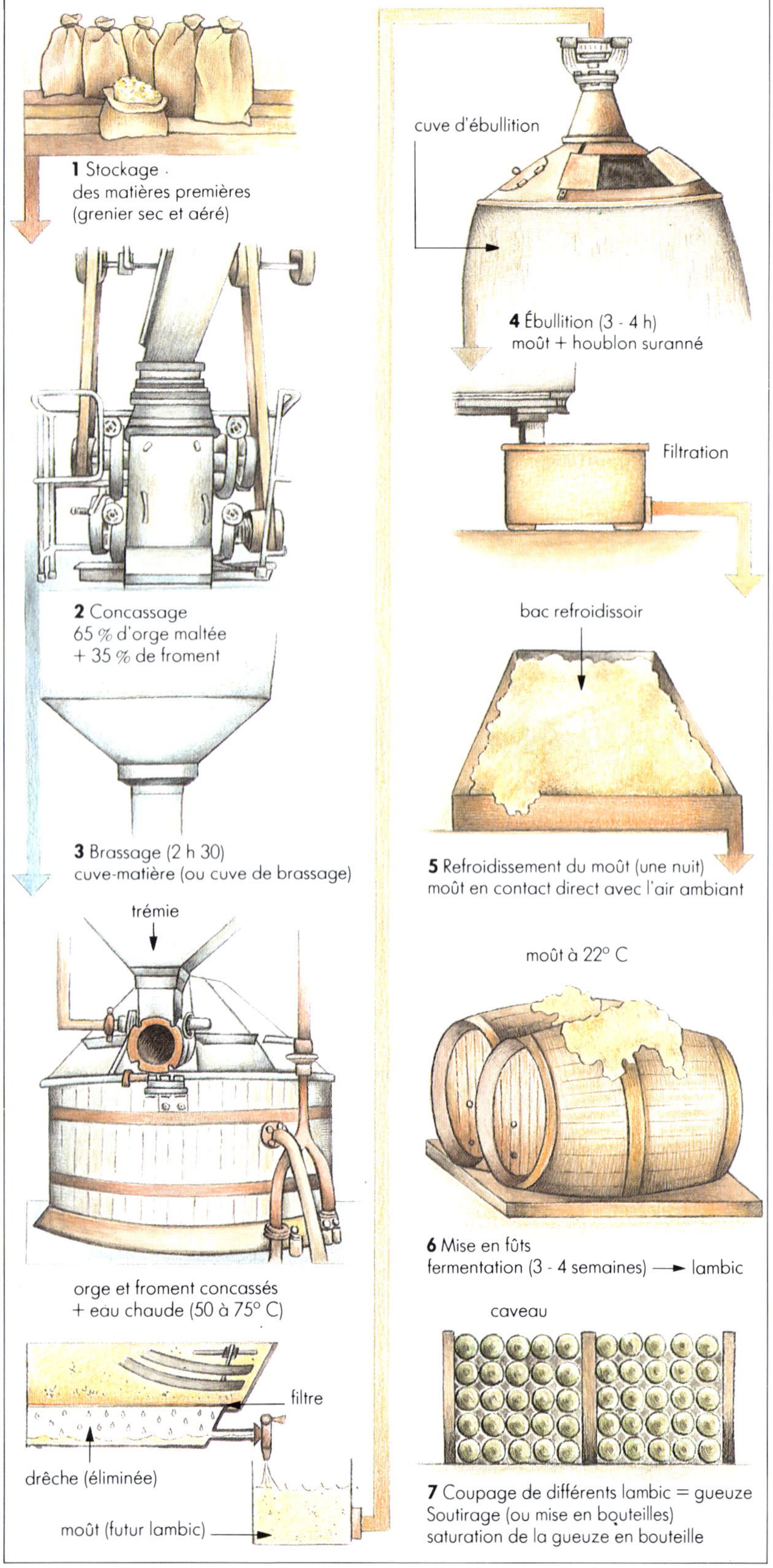

Résultat d'une fermentation spontanée, le lambic, *duquel naît par la suite la* gueuze, *ne se brasse que pendant les mois d'hiver, soit généralement du 15 octobre au 15 mai. C'est donc au cours de cette période qu'il convient de visiter le Musée bruxellois de la Gueuze, établi dans la dernière brasserie artisanale, encore en activité, de l'agglomération bruxelloise. Phot. Musée bruxellois de la Gueuze, brasserie Cantillon, Belgique.*

gueuze, bière spécifiquement belge, de Bruxelles, résultant d'une fermentation spontanée et composée de lambics de différents âges (un, deux et trois ans). L'écrivain néerlandais Anton Van Duinkerken trouve l'origine du mot *gueuze* dans la guerre des Gueux, au XVIe siècle. Mais quelle que soit l'explication de son nom, elle a pour berceau la vallée de la Senne et Bruxelles, où elle a acquis ses titres de noblesse vers 1830. Elle n'a toutefois été véritablement lancée qu'à la faveur de l'Exposition Universelle de Bruxelles en 1897. À travers le lambic* dont elle est dérivée, la *gueuze* bénéficie aujourd'hui d'une appellation contrôlée.

Le « champagne bruxellois » se conserve à la température de la cave et doit reposer au minimum un mois après tout transport, les bouteilles étant couchées. Au moment de la dégustation, la gueuze est à 12-15 °C ; il faut la verser précautionneusement dans le verre, incliné d'abord, puis lentement redressé, de façon à ce que la mousse soit parfaite. Cette bière ayant une saveur sure, il est possible de l'adoucir et d'en supprimer le caractère acide en lui ajoutant un sucre et en opérant le mélange avec un pilon (*stoemper*) avant de boire.

Coll. Musée de la Bière, Stenay (Meuse). Phot. J. Klein/A. Perrier-Robert.

Phot. Brasserie Cantillon, Bruxelles.

Le musée bruxellois de la gueuze

Inauguré en 1978, ce musée a pour originalité d'être « vivant » puisque, créé sous la férule de la brasserie bruxelloise *Cantillon**, il est installé sur les lieux mêmes de la fabrication de la gueuze. Et son intérêt est d'autant plus grand que, face au brassage industriel des bières à fermentation spontanée, cette brasserie est l'une des rares à avoir préservé les moyens et les techniques d'antan.

Conférences, visites guidées, expositions, etc. sont autant de manifestations d'un souci profond de promouvoir une bière qui, pour être parfaitement naturelle, ne représente pas plus de 2 % du marché belge et est absente des marchés étrangers. La vocation de ce musée est donc la protection d'une tradition spécifiquement bruxelloise.

Du temps où les soucoupes déterminaient au seul regard la consommation de bière… Coll. « Bière Magazine », Musée Européen de la Brasserie, Romedenne, Philippeville (Belgique). Phot. J. Klein/A. Perrier-Robert.

Le quai d'exportation de la brasserie Guinness, au siècle dernier.
Coll. A. P.-R.
Phot. J. Klein/ A. Perrier-Robert.

Phot. J. Klein/ A. Perrier-Robert.

Guinness, la plus importante brasserie irlandaise, fondée en 1759 à Dublin. Elle possède actuellement quatorze brasseries disséminées en Irlande, à Londres, en Afrique, en Malaisie et aux Antilles et fait brasser ses produits sous licence dans vingt-quatre autres pays. Elle fabrique essentiellement une *stout* connue dans le monde entier sous la marque *Guinness Extra Stout*, assez épaisse, de couleur presque noire, à mousse abondante et de saveur très caramélisée. Une autre qualité, plus forte et plus amère, appelée *Foreign Extra Stout* ou *XXX*, est fabriquée à Dublin.

À l'encontre des brasseurs britanniques, Guinness ne possède pas de pubs, mais assure l'installation des pubs débitant sa stout à la pression. Cette dernière est vendue non pasteurisée sur le territoire irlandais. Guinness contrôle partiellement Irish Ale Breweries, qui produit la *Smithwick's*.

Le *Guinness Museum* mérite visite. Y est retracé l'historique de la brasserie et de ses produits, de la première *porter* à la *stout* actuelle. Le musée abrite également une intéressante collection de verres, pichets et de divers objets relatifs à la bière en Irlande.

La Gildenbrier : un long passé

Déjà connue et fort appréciée au Moyen-Âge, dans la cité de Diest dont elle est originaire, la *Gildenbier* était, en fait, la bière produite à l'occasion du bal annuel des gildes. Brassée un an avant la fête et additionnée de miel pour lui assurer une meilleure conservation, elle était jalousement gardée en cave communale jusqu'à sa consommation. Et, lors du bal, à minuit sonnant, les candidats-membres des gildes étaient soumis à une épreuve traditionnelle : ils devaient boire un litre de cette bière, debout sur un pied. Celui qui réussissait, malgré l'alcool précédemment absorbé, était admis dans la gilde.
V. Haacht.

Gulpener, brasserie néerlandaise établie à Gulpen, dans le Limbourg. Restée familiale depuis ses origines (1825), elles'est attachée au brassage de bières spéciales et de *premiums* de qualité, non pasteurisées. Aux côtés de la *Pilsner*, qui titre|5 % d'alcool|et ne manque pas de saveur, la *Dort* (6,5 % d'alcool) et la *X-Perts* (5 % d'alcool), de type *lager*, sont fabriquées selon la méthode traditionnelle. La première des deux présente un arôme de malt prononcé ; sa saveur est légèrement houblonnée et généreuse.

Haacht, brasserie belge établie à Boortmeerbeek, dans le Brabant. Créée en 1898, elle s'est spécialisée dans le brassage de bières de fermentation basse. La plus célèbre d'entre elles, *Super-Haacht*, fut rebaptisée *Primus* en 1975, du nom du duc de Brabant dans lequel la légende reconnaît Gambrinus. Aux côtés de cette blonde qui titre 5° alcool, elle produit aussi une *export*, une bière de table, etc.

À la suite de l'absorption de la brasserie Cerckel, en 1979, elle reprit la fabrication de la *Gildenbier* (« bière des gildes »), bière de fermentation haute, de couleur rouge foncé, composée de 44 % de malt, de 40 % de levure et 16 % d'avoine, toute en douceur malgré sa forte teneur alcoolique (6,7° alcool).

Hacker-Pschorr, célèbre brasserie allemande de Munich, née en 1972 de la fusion de deux brasseries non moins réputées (*Hacker* et *Pschorr*) et qui a été absorbée dans les années 1980 par la brasserie Paulaner*.

L'histoire de la brasserie *Hacker*, vieille de plus de cinq cents ans, est intimement liée à celle de Munich*. Elle est mentionnée pour la première fois en 1417 ; sise alors dans le quartier Haggen et sans doute entourée d'une haie (*hag*) - d'où son nom originel *Hagker* -, elle eut pour première clientèle les charpentiers, très occupés à l'époque par l'agrandissement de la cité ducale, et trouva là le thème de son emblème : deux haches de charpentier croisées. Ayant survécu aux tumultes de l'Histoire et ayant pris son nom définitif d'*Hacker*, elle fut achetée à la fin du XVIIIe siècle par Joseph Pschorr, à la suite de son mariage avec Therese Hacker (1793), et ne tarda pas à devenir la première brasserie de la ville. Le même Joseph Pschorr allait acquérir, en 1820, une autre brasserie à laquelle il donna son nom. À sa mort, en 1834, son fils Mathias hérita de la brasserie Hacker et son autre fils Georg de la brasserie Pschorr, chacun recevant la moitié des gigantesques caves de garde qu'il avait créées en dehors de l'ancienne ville, de cette « forteresse de la bière » qui lui permettait de stocker plus de 35 000 hl, sur 4 000 m^2, et ainsi de brasser tout au long de l'année la même bière fraîche et savoureuse. Reconstruite de 1863 à 1865 dans la Bayerstrasse, l'*Hackerbraäuhaus* allait se trouver plus tard, du fait de l'extension de la cité, au coeur même de Munich. Un pont en fer, le « Hackerbrücke », tout proche, porte son nom.

De son côté, la brasserie *Pschorr* se fit rapidement une réputation à l'étranger. Récompensée par un diplôme de qualité à l'exposition de Philadelphie (1876), elle eut dès 1894 son agence

A gauche : *Publicité des années 1930 pour l'une des plus anciennes brasseries de Munich, dont l'histoire est autant indissociable de celle de la cité bavaroise que de celle de la brasserie Pschorr à laquelle elle est aujourd'hui réunie. Coll. A. P.-R. Phot. J. Klein/ A. Perrier-Robert.*

américaine et fut la première brasserie à exporter de la bière en fûts aux États-Unis. Sa taverne munichoise de la Neuhauserstrasse pouvait accueillir 2 000 clients à la fin du siècle dernier.

Les deux guerres mondiales allaient peser lourdement sur la destinée des deux brasseries, qui, toutefois, réussirent à surmonter les difficultés et constituent aujourd'hui l'une des entreprises brassicoles les plus importantes d'Allemagne, exportant dans le monde entier.

Parmi les bières brassées par Hacker-Pschorr, mentionnons : une *lager* typiquement munichoise (*Pschorr Hell*) ; une *pils* (*Braumeister Pils*), blonde classique, pâle et houblonnée ; une *export* (*Edelhell Export*), très blonde, houblonnée, à la bonne amertume (taux d'alcool : 5,4 %) ; une bière blanche de froment (*Weiss Bier*), que d'aucuns boivent avec un filet de jus de citron ou du sirop de framboise ; une *Animator*, bière brune, forte (taux d'alcool : 7,6 %), très maltée, qui aurait des vertus fortifiantes et sédatives ; ainsi que, enfin, les spécialités telles que bock de mai et bière de l'Oktoberfest (taux d'alcool : 5,5 %).

Il est à noter que les variétés de bière Pschorr portent sur leur étiquette les deux tours à bulbe de l'église Notre-Dame de Munich.

Hambourg. Cette ville allemande a, de tout temps, été un important centre brassicole. N'était-elle pas surnommée, au Moyen-Âge, « la brasserie de la Hanse » ? Au début du XVIe siècle, elle ne comptait pas moins de six cents brasseries, spécialisées dans l'exportation vers l'Angleterre, les pays scandinaves et les pays baltiques. Notre époque est cependant loin de ce chiffre, puisqu'il n'en reste actuellement que trois, dont la plus importante est l'Holsten* Brauerei.

Hannen Alt, bière allemande de type *altbier** fabriquée par la brasserie Hannen, sise à Mönchengladbach. L'eau qui entre dans la composition de cette bière brune, de fermentation haute, est l'une des meilleures d'Allemagne. Puisée à 127 mètres de profondeur (alors que la profondeur est, en général, d'une trentaine de mètres), au-dessous d'un barrage géologique qui la protège de toute pollution, cette eau est limpide comme du cristal. De plus, elle ne contient qu'un milligramme de nitrate par litre. Un rêve pour les brasseurs qui s'efforcent, pour la plupart, de ne pas dépasser les 50 milligrammes prescrits par la loi !

Hanovre. Il est, pour la première fois, fait mention des brasseries de cette ville allemande dans des documents de 1322. Le droit de brassage était accordé par le duc de Brunswick-Lunebourg à des citoyens de plein droit, propriétaires de terres familiales. Ces privilégiés devaient être plus tard réduits au nombre de 317.

Une famille célèbre

Les mérites de Joseph Pschorr étaient tels en son temps que le prince régent Luitpold fit ériger son buste sous le portique de la gloire, à côté de la statue de « Bavaria », qui domine le vaste espace où se déroule la fête annuelle de la bière. C'est le seul brasseur qui eut droit à pareille reconnaissance.

Autre hommage à l'égard de la même famille : celui du compositeur Richard Strauss, qui dédia son opéra *le Chevalier à la rose* (1911) à sa « bien-aimée famille Pschorr », car, par sa mère, Joseph Pschorr était son arrière-grand-père.

A droite :
Phot. Brasserie Heineken, Pays-Bas.

C'est à l'instigation de Cord Broyhan, qui avait découvert à Hambourg la technique donnant une « drôle de nouvelle bière », que les gens de Hanovre abandonnèrent, dans la première moitié du XVIe siècle, leur bière rousse traditionnelle au profit de celle-ci, plus claire, composée de houblon, d'un tiers de malt de froment et de deux tiers de malt d'orge. L'évolution brassicole de la ville fut alors fulgurante : en 1600, on produisait 100 000 hectolitres... pour seulement 6 000 habitants.

L'année 1546 vit l'apparition de la corporation des brasseurs de Hanovre, la Brauergilde, dont la maison allait être construite, un siècle plus tard, dans l'Osterstrasse. En 1754 commença l'installation de brasseries par la Brauergilde. Dans ce contexte furent ainsi fondées les brasseries Broyhan (1794) et la Städtische Lagerbier Brauerei (1832). Mais en 1868, une loi vint résilier l'exclusivité des brasseurs de la Corporation.

Hapkin, *v. Louwaege.*

Hartwall, groupe finlandais de boissons qui assure 40 % de la production brassicole de ce pays. C'est en 1836 que Victor Hartwall obtint licence pour faire commerce d'eau minérale, mais ce n'est qu'en 1966 que cette entreprise familiale s'orienta vers la bière en acquérant la brasserie Karjala, à Lappeenranta, au bord du lac Saimaa. Acquisition suivie de la reprise des brasseries Lapin Kulta, à Tornio, à moins de 100 km du cercle polaire.

Ces brasseries produisent essentiellement des bières de type *lager*. La *Karjala Export A IV* est une bière brun doré, au goût de houblon frais et à l'arôme légèrement malté. La *Lapin Kulta Export IV* est légère et aromatisée, avec une saveur douceâtre. Quant à l'*Aura Export A IV*, son goût aromatique s'allie à une fraîcheur tonique.

haute, se dit de la fermentation lorsqu'elle s'effectue à haute température. Au terme de son travail, la levure remonte à la surface. Ce type de fermentation donne les *spéciales*, les *trappistes*, les *scotch* et les *pale ales*. *V. P. 18, 31.*

Heineken, brasserie hollandaise fondée à Amsterdam au cours de la seconde moitié du XIXe siècle et qui, aujourd'hui, constitue un groupe brassicole puissant, ayant des intérêts dans plus de soixante brasseries du monde entier. C'est, de fait, en 1864 que Gerard Adriaan Heineken reprit la petite brasserie *De Hooiberg* (« La Meule de Foin »), établie depuis 1592 au coeur d'Amsterdam. La bière de fermentation basse qu'il entreprit de produire fut très rapidement appréciée, notamment pour la stabilité de son goût, une qualité rare en un temps de balbutiements industriels. Dès lors, sa renommée ne cessa de s'étendre, favorisée par les constantes recherches de cette brasserie en matière de brassage.

L'entreprise allait absorber la non moins connue brasserie *Amstel* (1968) et d'autres sociétés hollandaises ou étrangères, tout en exportant de plus en plus son savoir-faire technologique au-delà des frontières. Ainsi acquit-elle, en 1972, la majorité des actions de l'*Alsacienne de Brasserie* (Albra), ce groupement devant prendre, en 1980, le nom de *Heineken France SA*, avec ses cinq principales marques : *Mützig*, *Ancre*, *Colmar*, *Perle* et *Old Lager*.

À l'heure actuelle, la *Heineken Lager Beer* poursuit sa carrière, fidèle à sa saveur légèrement houblonnée et à sa pétillante douceur. Ses exportations intéressent plus de 145 contrées. Et elle est brassée sous licence dans plusieurs pays.

Henninger, brasserie allemande de Francfort-sur-le-Main, qui, aujourd'hui, possède des filiales à Mannheim, Frankenthal et Karlsruhe et exporte dans le monde entier. Sa production est d'environ 1,8 million d'hectolitres. Par ailleurs, quelque 2 millions d'hectolitres de ses bières sont brassées sous licence en Espagne, en Italie et en Grèce.

L'origine de la brasserie remonte à 1655, année de la fondation de la brasserie Steinschen à Francfort. Transférée en 1869 sur la Sachsenhäuser Berg (« montagne saxonne »), celle-ci fut reprise, quatre ans plus tard, par Heinrich Christian Henninger et prit le nom de son nouveau propriétaire. C'est depuis 1881 une société par actions, dont EKU* a acquis la majorité en 1987.

Sa production comporte essentiellement : des *pils* classiques, qui ne manquent ni de finesse ni de saveur et présentent un volume d'alcool allant de 3,8 à 4,2 % ; une *Heller Bock*, aromatique et forte (taux d'alcool : 5,5 %) ; une *Festbier*,

En haut à gauche :
Coll. Brasserie Henninger, Francfort-sur-le-Main. Phot. J. Klein/ A. Perrier-Robert.

pleine de noblesse (taux d'alcool : 4,3 %) ; une *Doppelbock*, brune alcoolisée pour les jours de fête (taux d'alcool : 6 %) ; et des bières de régime, selon la vogue actuelle en Allemagne.

Henri Funck, brasserie luxembourgeoise intégrée depuis 1982 aux Brasseries* Réunies de Luxembourg. Son histoire est étroitement liée à celle de l'industrie brassicole du grand-duché. En effet, Henri Funck, né en 1775, fut le fondateur de toute une lignée de brasseurs : Funck-Erdmer de Clausen, Funck-Nouveau de Pfaffental et, enfin, Funck-Schamburger, qui est à l'origine de la Brasserie Henri Funck et Compagnie. Établie à Neudorf, dans un site choisi pour la qualité de ses sources et pour son grès propice au percement de caves nécessaires à la garde des bières de fermentation basse, cette brasserie débuta son activité en 1864 et son essor fut tel que la première machine frigorifique du grand-duché y fut mise en service en 1894. En 1930, pas moins de 58 chevaux étaient requis pour les attelages de ses voitures de livraison ; sa production atteignit 562 808 hectolitres cette année-là. Travaux de construction et innovations techniques se succédèrent, interrompus par les épreuves de la Seconde Guerre mondiale. Puis apparurent sur le marché les bières spéciales *Christmasbraü* et *Osterbraü*. Les derniers foudres en bois furent remplacés par des tanks en acier vitrifié et la brasserie Henri Funck devint l'une des plus modernes du Luxembourg, jusqu'à son assimilation par le plus important groupe du grand-duché.

Un musée au sommet d'une tour

Le musée de la brasserie Henninger (*Frankfurter Brauerei-Museum*), unique en Hesse, est le plus haut musée d'Europe. Il se trouve, en effet, situé au sommet de la tour Henninger, haute de 120 m, qui, depuis 1961, domine Francfort et la plaine du Main. À travers outils, pichets, chopes, bouteilles, documents et gravures anciennes y est évoquée la tradition brassicole de la ville, vieille de quelque neuf siècles.

Mais visitant le musée et s'attardant dans le restaurant panoramique tournant qui la surmonte, on tend à oublier la caractéristique essentielle de cette tour aux murs curieusement hermétiques sur plusieurs dizaines de mètres et dont la surface à la base n'est que de 441 m^2. Car il s'agit là d'un immense silo, permettant de stocker 16 000 t d'orge, ce qui produit près de 60 000 t de malt !

V. Henninger

Herrnbräu, brasserie allemande installée dans la périphérie d'Ingolstadt, en Bavière, et qui est aujourd'hui le plus important producteur de bières du nord de cette région. Sa spécialité est la bière à base de froment : 100 000 hl sur les quelque 250 000 hl fabriqués annuellement. Étendue sur 70 000 m^2, dont 14 000 m^2 de surface construite, la brasserie a un débit de 60 000 bouteilles à l'heure. Sa tour de 40 mètres de haut permet de stocker 500 tonnes de malt, soit de quoi brasser 3 millions de litres de bière. L'eau, pure et filtrée naturellement, provient d'un puits de 100 mètres de profondeur.

De fermentation basse, la bière à base de froment « mûrit » en bouteille durant quatre semaines, sans filtrage, ce qui lui conserve toutes ses propriétés gustatives. Il s'agit de : la *Weizen-Delikatesse*, blonde ou brune (taux d'alcool : 4,5 %), et de la *Weizen-Bock*, plus forte (taux d'alcool : 5 %). Quant à la *Leichtes Weizen*, avec son faible taux d'alcool (1,4 %) et ses 50 % de calories en moins, elle doit cette faible teneur alcoolique à une lente évaporation qui permet de soustraire environ deux tiers d'alcool.

Mais la brasserie produit également : une *Herrnbräu Herrntrunk*, blonde désaltérante ; une *Pils* (taux d'alcool : 4 %) ; une *Export Hell*, blonde à boire en toutes occasions ; une *Export Dunkel*, brune au malt brun ; une *Herrnbräu Tradition*, selon la tradition bavaroise des bières de fête ; etc.

Heileman, grande brasserie américaine de La Crosse (Wisconsin), qui produit des bières sous des labels anonymes tels que *Old Style* ou *Special Export*. Cette firme s'est orientée vers des bières de haut de gamme, en rachetant des firmes aux produits réputés comme Blitz-Weinhard* ou Rainier* .

Hibernia Brewering, brasserie américaine fondée en 1878 à Eau Claire (Wisconsin) et rachetée en 1890 par la famille Walter, qui en fut propriétaire jusqu'en 1985. Son nouveau président changea alors le nom de *Walter Brewering* en celui d'*Hibernia*. La firme continue de produire des bières créées antérieurement sous la marque *Walter*, mais elle s'oriente vers des produits plus originaux et de meilleure qualité. *Eau Claire All Malt* est une *lager* savoureuse et les bières saisonnières sont remarquables : *Dunkel Weisen*, bière brune pour la saison chaude ; *Oktoberfest*, à l'accent malté ; et *Winterbräu*, bien houblonnée.

Hofbräuhaus, célèbre brasserie allemande de Munich. Créée en 1589 dans l'Alter Hof, elle fut transférée en 1644 là où se trouve aujourd'hui l'immense salle à bière qui débite sa production par milliers de *masskrüge* chaque soir. La « brasserie de la cour » est à l'origine de l'introduction du *bock** à Munich. Son *Maibock* est, d'ailleurs, spécifique de ce type de bière. C'est le « bock de mai » avec lequel on trinque au début de ce mois. La fête officielle se déroule à la Hofbräuhaus, en présence de personnalités du Land de Bavière.

Outre la bière courante, rafraîchissante, et une *Export* au goût malté, cette brasserie produit aussi d'excellentes bières de froment.

Hofmark, brasserie allemande installée depuis 1590 à Cham-Loifling, en Bavière, près de la frontière avec la Bohême. Elle produit une *pils* qui doit grande part de sa finesse à une eau de brassage exceptionnelle, naturellement douce. En effet, grâce au filtre géant de quartz et de granite que constituent les monts rocheux entre Bavière et Bohême, la brasserie n'a pas à traiter l'eau, employée dans sa pureté authentique. À ce privilège s'ajoute le secret brassicole de la famille qui, depuis 240 ans, tient les rênes de la brasserie : lors de la fermentation, des bûches de hêtre sont incorporées au brassin, ôtant à la bière une amertume indésirable et permettant, par ailleurs, son affinement.

Il existe deux versions de cette *pils* : la *Würzig Mild*, au goût de malt prononcé, et la *Würzig Herb*, à la saveur agréablement houblonnée.

C'est au gobelet qu'on reconnaît le buveur

Ainsi va le proverbe... Et le musée Hürlimann, à Zurich, vient confirmer l'importance que les siècles passés accordèrent au contenant. Récipients classiques et raffinés, chopes hautement décoratives, façonnées en os, en bois, en étain ou simplement en argile, coupes élégantes de la Renaissance, verres et chopes empreints de toute l'exubérance de l'âge baroque... Se trouvent réunies en ce musée plus de cinq cents pièces, dont la plus ancienne remonte à 1576. De plus, chaque année, est réalisée la « cruche à bière de l'année », pièce en porcelaine illustrée de coutumes populaires suisses. Une série exclusive créée par des artistes zurichois.

Holsten, brasserie allemande établie à Hambourg*. Créée en 1879 par des négociants de cette ville, elle constitue aujourd'hui l'un des plus importants groupes brassicoles allemands, avec des brasseries à Kiel, à Neumünster, à Brunswick (brasserie Feldschlösschen AG) et à Lunebourg (Lüneburger Kronen-Brauerei), ces dernières brassant la *Moravia-Pils* et la *Lüneburg Pilsener*. La production annuelle du groupe est, en Allemagne, de 3,5 millions d'hectolitres et, à l'étranger, de 475 000 hl (il existe notamment une brasserie au Nigéria). Fidèle à la vocation internationale que lui voulurent ses fondateurs, la société Holsten exporte 20 % de sa production, occupant ainsi la deuxième place parmi les exportateurs allemands.

Au centre de cette production : l'*Holsten Bier*, *pils* au taux d'alcool de 5,1 % ; l'*Holsten Edel Pils* ; et l'*Holsten Pilsener*. Sans compter les spécialités allant de la *bock* à la bière de régime.

Le groupe Holsten pratique le mécénat, se mêlant intimement à la vie de Hambourg et de ses environs. Son action s'exerce dans trois domaines : le sport (football et équitation), la protection de la nature et les arts (à Lunebourg, le « Kronen-Preis » récompense de jeunes musiciens).

Horse, *v. Jupiler*

Hürlimann, brasserie suisse de Zurich, la troisième du pays. Créée en 1836 à Feldbach par Hans Heinrich Hürlimann, le baron von Schenkenberg et le docteur Staub, l'entreprise allait être cédée à Otto Raschle qui la géra jusqu'en 1876. Mais, formé à l'art du brassage en Bavière, le fils d'Hans Heinrich Hürlimann, Albert Hürlimann-Müller, entendit persister dans cette activité et, s'étant établi à Zurich en 1865, y construisit sa propre brasserie. Laquelle prit son essor à partir du dernier quart du XIXe siècle (21 763 hl en 1873-74, 112 812 hl en 1907, environ 246 000 hl en 1926). Aujourd'hui, agrandie par l'absorption de plusieurs brasseries (de 1977 à 1983) et par la prise de participations dans la société Löwenbräu à Zurich, cette brasserie produit quelque 700 000 hl par an.

Parmi les bières brassées, retenons : une *Lager*, fraîche et légère (3,9 % d'alcool) ; une bière spéciale, de type *pils*, fortement houblonnée, sous la marque *Sternbräu* (4,5 % d'alcool) ; une *Premium Gold*, subtilement houblonnée et dépourvue d'amertume (4,1 % d'alcool) ; une bière plus forte, *Dreikönig*, moyennement houblonnée, qui existe en versions blonde (5,3 % d'alcool) et brune (5,7 % d'alcool) ; et la *Birell*, bière sans alcool (0,7 %), racée, d'une amertume rafraîchissante. La *Festbier* est brassée deux fois l'an et est réservée au temps des fêtes (Pâques et Noël) ; chaque année, un nouvel artiste dessine l'étiquette de cette bière au goût malté et à la délicate amertume (4,5 % d'alcool). Quant à la *Samichlaus*, bière brune au taux d'alcool de 14 %, elle est la bière la plus forte du monde, devant l'*EKU 28**.

india pale ale, terme désignant autrefois une *ale* fabriquée pour l'exportation dans les colonies britanniques (et particulièrement en Inde), très houblonnée et assez forte en alcool pour supporter le transport. Ce nom est encore utilisé aujourd'hui. Au Canada, la firme Molson brasse une bière spéciale à taux d'alcool élevé, nommée *India Pale Ale Malt Liquor*.

Ingolstadt, ville allemande sise en Bavière et arrosée par le Danube. Elle se trouve en bordure du plus grand domaine de houblon d'Allemagne. C'est là que débuta l'« histoire » de la bière, car le duc Guillaume y édicta, en 1516, la célèbre « loi de pureté », la plus ancienne réglementation en matière d'alimentation, encore en vigueur actuellement. De plus, Ingolstadt fut, des siècles durant, à la fois ville de garnison et ville universitaire... et la bière y coulait à flots.

Jeanne d'Arc, petite brasserie française fondée en 1898 à Ronchin, près de Lille (Nord) et appartenant toujours à la même famille. Elle produit des bières de fermentation basse, dont trois *pils* courantes qui sont surtout : des bières de table, sous la marque *Pilsor* ; une *pils* plus amère et légèrement plus forte (5,2 % d'alcool), vendue sous la marque *Orpal* ; une bière brune assez corsée, la *Scotch Triumph*, et sa version blonde fruitée, la *Gold Triumph*, toutes deux d'une teneur en alcool de 6 % et enfin une bière de Noël, de garde, ambrée, à l'accent malté, titrant 5,8 % d'alcool.

Jupiler, groupe brassicole belge dont le siège social se trouve à Jupille, dans la province de Liège. Il s'est constitué autour de la brasserie créée en 1853 à Jupille, aux confins de la Hesbaye et du pays de Herve, par la famille Piedboeuf, qui y fabriquait auparavant des chaudières pour les brasseurs allemands. De la petite entreprise locale du XIXe siècle au groupe actuel, qui couvre 26 % du marché belge de la bière, s'inscrit toute l'évolution d'une entreprise qui, malgré les ravages de la Grande Guerre, était déjà devenue à la veille de la Seconde Guerre mondiale la plus importante brasserie de l'est du pays et dont l'expansion devait être ensuite incessante. L'absorption de différentes brasseries belges, une implantation dans le nord de la France et des accords de distribution avec des firmes britanniques assurèrent, en effet, sa progression. Et aujourd'hui, si le siège de Ghlin gère techniquement le rayonnement du groupe dans le Hainaut et vers la France, celui d'Eeklo produit les bières de table et celui d'Ostende (*Gistel*) les bières spéciales. Quant à celui de Malines, ancienne brasserie Lamot, il abrite un centre de soutirage ultramoderne.

La production du groupe Jupiler se compose de :
- bières familiales, de fermentation basse, de densités diverses et dont le taux d'alcool est inférieur à celui des *pils* : *Blonde Piedboeuf*, *Foncée Piedboeuf*, *Export Krügel* et surtout *Triple Piedboeuf* (4 %) ;
- bières de type *pils*, de fermentation basse : *Lamot*, *Krüger*, *Brasseurs de la Dyle*, *Kassel* (France) et *Jupiler**, célèbre entre toutes ;
- bières spéciales, de fermentation haute : soit des bières anglaises et écossaises élaborées et conditionnées sous le contrôle des maisons mères, soit la *Horse Ale*, spéciale belge née au début du siècle et dont le nom vient du cheval blanc qui tirait la voiture publicitaire de la brasserie. Cette dernière bière, qui se consomme très fraîche dans un verre ballon, présente une couleur fortement ambrée et un arôme soutenu (taux d'alcool : 4,8 %).

Jupiler, bières belges produites par le groupe *Jupiler**. La *Jupiler*, lancée en 1966, s'est rapidement imposée en Belgique comme la première *pils*. Cette bière, de fermentation basse classique, se caractérise par une saveur moelleuse, un discret arôme de malt et de houblon et par

Une brasserie devenue musée

En 1985, le groupe Holsten* a créé le premier musée de la Bière d'Allemagne du Nord. Son cadre : l'ancienne brasserie Kronen de Lunebourg, mentionnée dans des documents du début du XVe siècle et qui fut reconstruite, sous sa forme actuelle, vers 1540. Depuis 1485, plus de quinze générations de brasseurs s'y sont succédés, jusqu'à ce que lui fût dévolu le rôle de musée. Car, désormais, le brassage se fait à l'extérieur de la ville, dans une usine très moderne.

Si la façade en briques sur la Heiligengeiststrasse est restée inchangée, superbe exemple de l'architecture gothique allemande, l'intérieur a été modifié, à l'exception, toutefois, de la grande salle Renaissance, restaurée en 1982 et qui a conservé son aspect originel. Le musée abrite une remarquable collection de chopes et d'outils de brasserie traditionnels, des temps artisanaux à l'époque industrielle.

V. Holsten

« Sel et malt »

La devise de la brasserie Kronen, *Sel et Malt*, vient du fait que Lunebourg dut sa richesse, il y a plus de mille ans, à sa situation sur la route du sel. Le sel donnant soif, les brasseries se multiplièrent dans la ville et ainsi naquit sa destinée brassicole. Vraisemblablement, le brassage y était déjà auparavant pratiqué par les moines. Mais la véritable éclosion de cette « industrie » se fit grâce à l'« or blanc du Moyen-Âge et le droit de brassage fut alors accordé aux citoyens. Au XVe siècle, grande époque de la bière, Lunebourg comptait quatre-vingts brasseries, dont huit dans la seule Heiligengeiststrasse (« rue du Saint-Esprit »), où se trouve le musée Holsten d'aujourd'hui.

Coll. « Bière Magazine », Musée Européen de la Brasserie, Romedenne (Philippeville), Belgique. Phot. J. Klein / A. Perrier-Robert.

une jolie couleur jaune pâle. (Taux d'alcool : 5,3 %.)

De création plus ancienne, puisqu'elle est l'oeuvre d'Albert Van Damme, époux de la soeur d'Henri Piedboeuf, qui, après la Grande Guerre, entreprit de concurrencer les bières pur malt allemandes, la *Jupiter Urtyp* est une bière de type *Dortmunder pur malt*, de fermentation basse classique, à la couleur légèrement ambrée et au goût de malt prononcé. (Taux d'alcool : 5,9 %).

Ces bières doivent être servies très fraîches pour atteindre la température de 6 °C au moment de la consommation.

Kölsch, bière allemande de fermentation haute, brassée exclusivement à Cologne* et dans sa région. Cette bière claire, d'un beau doré, à la mousse durable, a un goût inimitable ; elle est, en effet, à la fois aromatique et corsée comme l'*altbier* et fraîche et pétillante comme la *pils*. Elle contient peu d'acide carbonique et sa teneur en alcool (3,7 %) est moins élevée que celle de la *pils*. Elle se déguste, à une température de 6 °-8 °, dans des verres hauts et droits, à fine paroi.

Au siècle dernier, les brasseries brassaient uniquement pour leur propre débit de boissons. Aujourd'hui, parmi les vingt-quatre producteurs de *kölsch*, seule la brasserie Päffgen, sise dans la Friesenstrasse depuis 1883, observe encore cette règle. Les brasseries les plus anciennes sont la brasserie Sion (1511) et la brasserie Malzmühle* (1572), toujours à leur emplacement d'origine, dans la vieille ville.

König, brasserie allemande établie à Duisbourg, premier port fluvial du monde, au confluent du Rhin et de la Ruhr. Sa *Pils* est distribuée dans les hauts lieux de la gastronomie. Quant à son *Urgäuer Weizen*, brassée dans l'Allgäu, au nord du lac de Constance, selon une vieille recette bavaroise, il s'agit d'une bière cristalline, perlée, fraîche et lumineuse, appréciée pour son goût naturel de levure. Elle demande à être servie avec précaution, de façon à produire un certain volume de mousse et à ne pas entraîner le fond de levure dans sa coulée. Elle se conserve, debout, à 6-8 °C.

Par ailleurs, la brasserie König participe à la vie culturelle et sociale par sa riche collection de tableaux modernes et contemporains, par les rallyes « romantiques » et gastronomiques qu'elle organise et le prix qu'elle a créé au derby de Dinslaken.

Königsbacher, brasserie allemande établie à Coblence depuis plusieurs siècles et qui produit des bières fabriquées selon la méthode traditionnelle, à partir d'une eau puisée dans le massif du Hunsrück. Elle possède un réservoir géant de 150 000 hl sous l'apparence d'un immeuble. C'est là que « mûrit » la bière *frisch, fein und rein* (« fraîche, fine et pure ») qui a fait sa renommée.

La production de Königsbacher comporte : une *Alt*, de fermentation haute, brassée à l'ancienne (*v. altbier*) ; une *Malz*, boisson énergétique dans la formule de laquelle entrent 30 grammes de sucre de raisin ; une *Fest-Bock* brune ou blonde, qui, brassée au printemps, repose jusqu'en novembre où elle atteint sa saveur optimale ; une *Ur-Bock*, bière blonde spécialement « mûrie » ; une *Pils*, au bouquet subtil, à la fois frais et amer ; une *Spezial Export*, bière forte, traitée conformément à la tradition ; et une *Diät Bier*, bière blonde de régime, à fermentation basse (elle est légère et pauvre en hydrates de carbone).

Quant à la *Richmodis Kölsch*, fabriquée par la succursale de Cologne, c'est une bière de fermentation haute (*v. kölsch*); sur son étiquette figurent les célèbres chevaux de la ville.

krausening, procédé de brassage utilisé par certaines brasseries américaines, consistant à ajouter un peu de bière jeune à la bière en première fermentation, de façon à provoquer une seconde fermentation et un apport d'acide carbonique supplémentaire.

kriek, bière belge de fermentation spontanée fabriquée à partir de *lambic**, additionné de cerises de Schaerbeek. Les cerises macèrent pendant quatre à huit mois. La chair des fruits fermente et la bière obtenue est soutirée. Cette spécialité bruxelloise ne doit pas être conservée trop longtemps. Elle se boit à la température de la cave (12-15 °C).

Pour la fabrication de la kriek, *le déversage des cerises dans les pipes de lambic.*
Phot. Brasserie Belle-Vue, Belgique.

Krombacher, brasserie allemande installée depuis 180 ans à Krombach, dans le massif du Rothaargebirge. L'histoire remonte, en fait, à 1722, lorsqu'un inspecteur des mines, en quête de métaux précieux, découvrit une source. Quelque 80 ans plus tard, un brasseur-aubergiste allait l'utiliser pour brasser la première bière de Krombach. Puis, au cours de la seconde moitié du XIXe siècle, un compagnon brasseur rapporta de Bohême la recette de la *pils*. Ainsi ne brassat-on plus, en ces lieux, que de la *pils* ! Et cela d'autant plus que l'eau de source utilisée, douce et pauvre en minéraux, est particulièrement adaptée pour ce type de bière.

Au début du siècle, la *Krombacher Pils* était déjà connue au-delà des frontières de son pays d'origine. Aujourd'hui, toute l'Allemagne et même des pays étrangers apprécient cette bière, d'une belle couleur dorée, à la mousse épaisse et à la saveur houblonnée sans excès d'amertume.

Kronen, *v. Holsten*.

Kronenbourg, le plus important groupe brassicole français, installé à Strasbourg (Alsace). La brasserie d'origine a été fondée en 1664 par Jérôme Hatt et *Kronenbourg* fut d'abord l'une de ses marques. Aux débuts des années 1960, une douzaine de brasseries importantes (Champigneulles, La Meuse, Bières Paillettes, brasserie Nord-Lorraine, Brasserie de Charmes, Brasserie de Xertigny, Compagnie Générale de Brasserie, Brasserie de la Manche, Kronenbourg et Dumesnil) ont fusionné sous l'égide du groupe BSN. Kronenbourg a conservé son indépendance et les autres firmes ont été regroupées sous le nom de Société Européenne de Brasserie (*v. SEB*).

Kronenbourg possède plusieurs brasseries, mais ses deux plus grosses unités de production, K1 et K2, sont situées à Schiltigheim et Obernai, près de Strasbourg. Depuis 1984, un important programme de modernisation les a transformées en brasseries futuristes, entièrement gérées par une informatique de pointe, selon des techniques américaines. L'ancien matériel a été remplacé par des *tanks-out-door*, cuves de fermentation géantes, d'une capacité unitaire de 6 000 hl chacune.

Kronenbourg produit des bières de fermentation basse de type *pils* alsacien sous les marques *Kronenbourg*, *Obernai* et *1664*, la plus fine des trois qu'il faut déguster à la pression, en Alsace, pour en apprécier réellement la saveur. Kronenbourg fabrique également des bières aux fruits sous la marque *Krony* ainsi que des boissons non alcoolisées.

Un dimanche après-midi à l'île de la Grande Jatte, *de Georges Seurat, revu et corrigé par la publicité moderne pour célébrer la bière Kronenbourg. Phot. Young & Rubicam SA.*

Kulmbacher Reichelbräu, brasserie allemande établie à Kulmbach, en Bavière. Créée en 1846 par Johann Wolfgang Reichel, Johann Konrad Scheiding et Johann Martin Hübner, elle devint en 1875 la propriété de la famille Reichel et ne tarda pas à se situer parmi les premières brasseries de Kulmbach, cette « capitale secrète de la bière » dont elle a choisi les armes pour emblème. Aujourd'hui, elle se place au premier rang des brasseries du sud de l'Allemagne.

La Kulmbacher Reichelbräu produit des bières de fermentation basse, parmi lesquelles une *pils* généreuse et subtilement houblonnée, *Edelherb* (d'*edel*, « noble », et *herb*, « amer »), une *premium bier* pétillante et fraîche (*Edelkulm*), des bières de froment (*Kapuziner-Weizen*, etc.) ; et l'*Eisbock Bayrisch G'frorns*, l'une des bières les plus fortes du monde (24 % d'arôme de base).

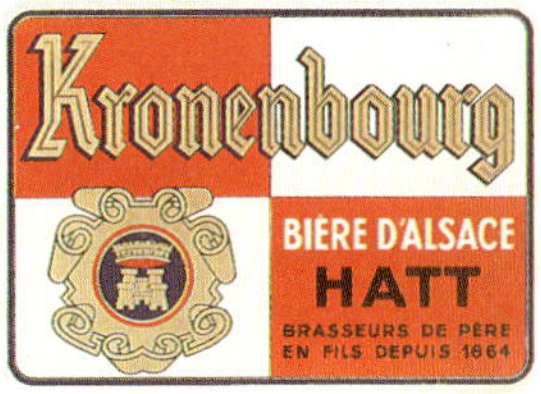

Coll. A. P.-R. Phot. J. Klein/ A. Perrier-Robert.

Küppers, brasserie allemande sise à Cologne depuis une vingtaine d'années et qui est, aujourd'hui le plus gros producteur de *kölsch**. La *Küppers Kölsch*, dorée et limpide, est à la fois fruitée et un peu âpre. À ses côtés, la *Küppers Wiess* (déformation dialectale de *weiss*, soit « blanche ») est une *kölsch* non filtrée.

Dans son musée, l'entreprise a reconstitué une brasserie comme il en existait dans le dernier quart du XIXe siècle. Y sont réunies, en outre, les diverses formes de publicité exploitées depuis cent cinquante ans, de l'affiche à la plaque émaillée, de l'étiquette au dessous de bock, etc.

Labatt, le plus grand groupe brassicole canadien, actuellement contrôlé par une branche des whiskies Seagram's. En 1832, la famille Labatt, d'origine irlandaise, rachetait une petite brasserie ouverte quinze ans plus tôt par John Balkwell, à London, dans l'Ontario. La production prit son essor à partir de 1866, sous la direction de John Labatt. Le groupe distribue la

Quelques grands noms du lambic belge et de ses dérivés.
Phot. J. Klein/ A. Perrier-Robert.

marque Guinness au Canada, possède plusieurs brasseries étrangères (notamment au Brésil, en Zambie et en Israël) et s'est diversifié dans le secteur alimentaire et la confiserie.

La marque la plus populaire est *Labatt's Blue*, une *pils* assez douce et banale, mais l'*ale* appelée *IPA*, quoique moins répandue, possède un remarquable arôme houblonné, que vient tempérer un accent de malt original. Enfin, la *Labatt's Velvet Cream Porter* est un produit intéressant, proche des *sweet stouts* anglaises.

lambic, boisson alcoolisée spécifiquement belge, fabriquée à partir d'un moût sucré, fermentant spontanément grâce à une infection naturelle de levures sauvages, propre à un environnement bien précis. De fait, le lambic est en quelque sorte la bière bue par les hommes avant l'invention du froid industriel et les travaux de Pasteur sur les fermentations. Au début du XXe siècle, on recensait plus de 100 brasseries de lambic dans l'agglomération bruxelloise. Mais l'industrialisation de la fabrication précipita leur disparition et, aujourd'hui, n'en subsistent que deux ou trois qui continuent à brasser à l'ancienne.

Le lambic bénéficie d'une appellation contrôlée depuis l'arrêté royal du 20 mai 1965. Ont ainsi été précisés les critères selon lesquels il doit être fabriqué. Il doit être composé de 70 % de malt, 30 % de froment non malté et du houblon suranné, le malt pouvant être d'orge ou d'escourgeon. Le moût doit titrer au moins 5° avec une tolérance maximale de 5 %. Et contrairement aux autres bières on n'y ajoute pas de levures, les ferments nécessaires à sa maturation étant prélevés naturellement dans l'air ambiant de la région de Bruxelles et de la vallée de la Senne. *V. Gueuze*.

light, terme utilisé en Angleterre pour désigner l'*ale* ordinaire, à faible teneur en alcool, vendue en bouteilles (équivalent du terme français « de luxe »). En Écosse, *light* désigne la faible teneur alcoolique d'une bière ordinaire, servie à la pression et de couleur généralement plus foncée.

Lindener Gilde-Brau, brasserie allemande établie à Hanovre et née en 1968 de la fusion de la Lindener Aktien-Brauerei et de la Gilde Brauerei. Son histoire est liée à celle de la corporation des brasseurs de la ville (*v. Hanovre*). Elle jouit donc d'une tradition extrêmement riche et fait actuellement oeuvre de mécénat dans de nombreux domaines. C'est à elle que revient, à la fin d'octobre, l'organisation de la cérémonie annuelle de dégustation de la bière, à laquelle participent 400 hommes... mais pas une seule femme.

Une eau de source et un houblon des meilleurs crus du Hallertau, Tettnang et Spalt, et de Tchécoslovaquie, entrent dans la composition de ses bières. Celles de fermentation basse sont : la *Gilde Ratskeller Edel-Pils*, claire, légère (taux d'alcool : 4,3 %) et qui compte parmi les meilleures *pils* - elle est surnommée *or frais de Basse-Saxe*- ; la *Gilde Pilsener*, douce et de faible amertume, avec un taux d'alcool de 3,8 % - une bière équilibrée qui se boit en toutes occasions - ; la *Lindener Spezial*, de goût traditionnel, plein et aromatisé (taux d'alcool : 4,2 %) - c'est la bière la plus bue à Hanovre - ; la *Gilde Edel-Export*, au goût harmonieux dû à une longue maturation (taux d'alcool : 4,3 %) ; et la *Gilde Mai-Bock / Ur-Bock*, bière forte (taux d'alcool : 5,3-5,5 %), brassée selon les recettes du terroir - la blonde, *Mai-Bock*, sort au printemps et la brune, *Ur-Bock*, agrémente les soirées d'hiver.

Quant aux bières de fermentation haute, il s'agit de la *Broyhan Alt*, bière aromatisée, brassée selon la tradition, mais adaptée au goût du jour (taux d'alcool : 4,2 %) - cette bière à l'ancienne, de la Leine, a une jolie couleur foncée -, de la *Lüttje Lagen-Bier*, spécialité de Hanovre au taux d'alcool de 2,5 % qui se sert avec un alcool de grain, et de la *Erdinger Weissbier*, bière spéciale, à base de froment, peu amère, avec ou sans levure (taux d'alcool : 4 %).

L'écu en cuivre orné d'un coq (de *broy*, brasser, et *han*, coq) qui est, à l'heure actuelle,

La confrérie de l'ordre du lambic

Cette confrérie est quelque peu l'aspect folklorique du Musée bruxellois de la Gueuze*, qu'abrite la brasserie belge Cantillon*. Tous les deux ans a lieu un chapitre et, à cette occasion, le grand maître et les maîtres de l'ordre intronisent des personnes qui, par leurs activités, ont soutenu ou défendu la véritable gueuze. La confrérie ne sort qu'exceptionnellement. L'une de ses apparitions les plus remarquées a pour objet la fête des Francs-Bourgeois, à la mi-juin, à Bruxelles. Ce jour-là, Manneken-Pis, le plus vieux bourgeois de la ville, débite du *lambic*, qui est, au fur et à mesure, distribué gratuitement à la foule.

L'abbaye de Grimbergen et ses bières

Fondée en 1128 par saint Norbert, cette abbaye de Prémontrés, sise dans un petit village au nord de Bruxelles, connut une histoire tumultueuse. Et ce n'est qu'en 1629, à la faveur de sa reconstruction et de son agrandissement, qu'elle fut dotée d'une brasserie et prit le phénix, oiseau mythique s'il en est, comme symbole de sa vitalité. Mais la Révolution intervint… et s'ensuivit son démantèlement. L'abbaye n'allait retrouver sa destination première qu'un demi-siècle plus tard. Toutefois, sa bière, l'*Optimo Bruno*, fut dès lors produite par des brasseurs extérieurs, respectueux des directives et des goûts des moines pour lesquels ils travaillaient sur commande. C'est dans cet esprit de fidélité à la tradition qu'intervint, en 1958, la décision des Prémontrés de lancer la *Grimbergen* en collaboration avec la brasserie *Maes*.

La *Grimbergen Dubbel* est une bière de fermentation haute, rouge brun, douce et fruitée (6,5 ° alcool). La *Grimbergen Tripel* est une bière forte (8,6 ° alcool), qui ne subit pas moins de trois fermentations. Ces deux bières, riches en bouquet et hautes en goût, se boivent dans un verre « calice » large, à une température de 12-13 °C.

V. Maes

l'emblème de la Lindener Gilde fut créé en 1546 pour la Brauergilde ; il était acquis contre paiement d'un écu ordinaire, avant chaque cycle de brassage.

Linje Pils, bière allemande fabriquée par la brasserie Wicküler, à Wuppertal, au sud du bassin de la Ruhr. Cette *pils minceur*, la première du genre, contient moins de 50 calories par verre, soit 40 % de moins qu'une *pils* classique. Elle présente aussi moins d'alcool et moins d'hydrates de carbone, tout en respectant la réglementation allemande sur la pureté de la bière. Légère, mais pleine de saveur avec son goût sec, elle accompagne parfaitement la cuisine allégée chère à notre époque.

Louwaege, brasserie belge établie à Kortemark, en Flandre occidentale. Créée en 1877 par Placide Louwaege, qui, renonçant à l'agriculture, racheta l'une des cinq brasseries locales, elle sut s'adapter à l'évolution des goûts et répondit à l'apparition des *pils* par l'*Akila* (lat. *aquila*, aigle), bière blonde d'un blond pâle, à la saveur houblonnée. L'*Hapkin*, apparue plus récemment, est une bière de fermentation haute, d'un blond profond, dont la recette aurait été trouvée au XIIe siècle par les moines de l'abbaye Ter Druinen, à l'instigation du comte de Flandre, Hapkin met de Bijl (Hapkin à la Hache). Sa seconde fermentation, en bouteille, lui donne un goût raffiné très apprécié. (Taux d'alcool : 8,5 %.)

Enfin, la toute dernière née, la *Flandrien*, doit son arôme particulier au houblon naturel. Cette bière blonde, de fermentation haute, vient rappeler que la Flandre a toujours été le pays du houblon ; en 1409, Jean Sans Peur n'y fondait-il pas un Ordre du Houblon pour y encourager la culture? (Taux d'alcool : 5 %).

Löwenbräu, célèbre brasserie allemande établie à Munich depuis plus de six siècles et dont les bières, mondialement renommées, sont produites sous licence aux États-Unis, en Grande-Bretagne, en Grèce, à Hong-Kong et au Japon. L'auberge munichoise *Zum Löwen* (« Au Lion »), qui, dès 1383, brassait elle-même sa bière, est l'ancêtre de l'entreprise d'aujourd'hui, forgée par sa fulgurante expansion au siècle dernier, entre 1826 et 1865, et par son ouverture croissante sur l'étranger.

Sa production comporte notamment : la *Münchner Hell* (*Löwenbräu*), bière blonde gouleyante et aromatique ; la *Hefe Weissbier* (*Löwen Weisse*), bière de fermentation haute, fraîche et pétillante ; la *Dunkles Hefe-Weizen* (*Schwarze Weisse*), bière de froment, brun foncé, assez fortement houblonnée, selon une ancienne tradition bavaroise ; et des bières spéciales comme l'*Oktoberfestbier*, brassée de mi-août à mi-octobre à l'occasion de la fameuse fête de la bière munichoise, la *Märzen*, savoureuse bière traditionnelle du printemps, et l'*Alt Münchner Dunkel*, brune à l'ancienne très aromatisée. De ses bières fortes se détache la *Dunkle Doppelbock* (*Triumphator*), brune très alcoolisée fabriquée d'octobre à avril, selon une ancienne recette. Enfin, outre une *Premium Pils*, très claire et sensiblement houblonnée, Löwenbräu brasse également une bière sans alcool à l'arôme très agréable.

Lunebourg, v. *Holsten*.

Maes, brasserie belge de Waarloos, dans la province d'Anvers, qui appartient aujourd'hui au groupe international *Watneys*, dont le siège se trouve en Angleterre. Créée en 1880 par Égide Maes, qui acheta une brasserie locale, *Saint-Michel*, et devenue société anonyme en 1926, cette entreprise n'a cessé de se développer jusqu'à aujourd'hui. Le brassage, en 1932, de la *Prima-Maes* la rendit populaire. Mais sa fierté tient surtout à la *Maes Pils*, bière de fermentation basse, claire, douce et pétillante, qu'elle lança en 1946, au lendemain de la guerre, et dont le succès ne s'est jamais démenti depuis lors. Cette bière, à la mousse blanc-neige bien ferme, se consomme à une température de 5-7 °C.

La brasserie Maes brasse également : des bières de fermentation haute sous le label *Watneys* ; la *Cuvée de l'Ermitage*, bière ambrée, à 100 % de malt, au goût original, qui, après fermentation, subit une garde de dix à douze semaines ; et les bières de l'abbaye de Grimbergen, de tradition séculaire.

maibock, type de bière allemande, forte, très colorée que l'on consomme en mai à Munich.

Maisel, brasserie allemande établie à Bayreuth depuis 1887. Nul n'imaginait, lorsque les frères Hans et Eberhardt Maisel créèrent leur entre-

Plaque émaillée publicitaire de la brasserie bavaroise Löwenbräu. Déjà célèbre au XIXe siècle, cette brasserie produisait en 1865 un quart de la bière brassée à Munich, avant de devenir, en 1872, une des premières entreprises allemandes par actions. Coll. « Bière Magazine », Musée Européen de la Brasserie, Romedenne (Philippeville), Belgique. Phot. J. Klein/ A. Perrier-Robert.

Plaque émaillée de 1925. Phot. Michel Wlassikoff.

prise, que celle-ci serait, un siècle plus tard, l'une des premières brasseries allemandes pour la bière de froment et la bière de régime. L'usine ultra-moderne d'aujourd'hui produit, en effet, trois variétés à base de froment, toutes bières de fermentation haute, contenant plus de gaz carbonique - d'où leur « tempérament » et leur saveur rafraîchissante - et qui étaient déjà brassées en Bavière au cours du siècle dernier. Ce sont : l'*Hefe Weissbier*, dont l'arôme plein de fraîcheur s'allie à la fine levure naturelle pour donner un goût caractéristique, tout en rondeur ; la *Weizen Kristallklar*, limpide et claire, pétillante et perlée, que l'on surnommait autrefois « champagne de froment ». Sa fabrication est coûteuse et peu de brasseries parviennent à cette qualité ; la *Weizen Bock*, bière forte et gouleyante, surtout bue en hiver, durant les veillées et les longues soirées de fêtes.

Ces bières de froment doivent être entreposées debout, à 6 °-8 °C, et servies dans les verres qui leur sont destinés, en ouvrant précautionneusement la bouteille et en faisant couler la bière doucement le long du verre incliné.

Autres productions de la brasserie Maisel : l'*Edelhopfen Diät-Pilsner*, bière de régime qui contient 75 % d'hydrates de carbone de moins qu'une *pils* normale et seulement 32 calories pour 100 ml. Elle est recommandée pour les diabétiques; la *Dampf Bier* (bière à la vapeur), ambrée, au goût rond et aromatisé qui ne peut être comparé à celui d'aucune autre bière. Cette bière subit une fermentation haute avec une levure de culture pure. Le processus de fermentation spéciale et la température plus élevée provoquent une augmentation de pression dans la cuve de stockage. Cette pression tombe en chuintant, comme la vapeur, lorsque l'on ouvre la cuve. Enfin sont aussi brassées des bières du terroir : la *Pilsner*, l'*Original 1887*, etc.

Malines, *v. Anker (Het).*

maltage, stade de la fabrication de la bière consistant à transformer l'orge brut en malt.
V. P. 11 et suiv., p. 19.

À Bayreuth, un siècle de tradition de brassage

La brasserie construite en 1887 par les frères Maisel abrite aujourd'hui un musée de la bière, le *Gebr. Maisel's Brauerei- und Büttnerei Museum*. Celui-ci permet de découvrir les techniques traditionnelles du brassage. Machines à vapeur, chaudières à charbon, condensateurs, bouilloires de cuivre, cuves de fermentation et de stockage, etc. recréent l'univers de la brasserie d'origine. Et pour clore le parcours, l'Alten Abfüllerei, ancien atelier de mise en bouteilles, a été transformé en bar de dégustation de bière.

malzbier, type de bière allemande, brune, de fermentation haute, faiblement alcoolisée (1 %), qu'en Bavière et dans le Bade-Wurtemberg, l'on appelle « boisson maltée ».

Malzmühle, brasserie allemande établie à Cologne depuis sa création, en 1572, et qui produit exclusivement de la *kölsch**. Au Moyen-Âge, les brasseurs colonais fabriquaient leur propre malt et dans l'actuelle rue Malzbüchel (« Montagne de malt ») se tenait un marché libre du malt. Toutefois, la ville tenta d'instituer un monopole dans ce domaine et c'est à la brasserie Malzmühle (« Moulin de malt ») que fut alors confié le droit de maltage.

Manhattan Brewing Company, petite brasserie américaine qui ouvrit ses portes en 1984 à Manhattan, marquant le retour des brasseries à New York. Le lancement publicitaire fut assuré par des voitures attelées de chevaux qui, en assurant les livraisons dans les pubs avoisinants, causèrent certains embarras de circulation entre Broadway et la 6th Avenue. Un pub et un restaurant appartenant à la firme permettent de déguster de remarquables bières de fermentation haute, servies à la pression : *Golden Light Ale*, *Royal Amber* et *Special Porter*.

Maredsous, bière d'abbaye* belge, brassée depuis les années 1960 par la brasserie Moortgat, à Breendonk, dans la province d'Anvers. Créée par le Père Attout, lui-même fils de brasseur, cette bière connut l'inéluctable évolution des bières d'abbaye et, dès l'après-guerre, sa fabrication fut confiée à la Brasserie du Faleau, à Châtelineau, en Wallonie, avant d'être transférée chez le brasseur actuel. Cela n'entama toutefois pas sa qualité, à laquelle les moines continuent de veiller scrupuleusement. Cette bière spéciale, à l'arôme puissant et à la saveur moelleuse, d'une belle couleur grenat, existe en trois versions : 6 % et 9 %, non filtrées ; 8 % filtrée.

mars (bière de), type de bière que l'on trouve encore en Lorraine et en Alsace et qui constitue le dernier vestige des fabrications artisanales du XIXe siècle. Elle correspond à la bière fabriquée avec les nouvelles matières premières (malt et houblon) arrivant à maturité vers le 15-20 décembre. Si l'on tient compte du fait que le brasseur disposait alors d'un froid naturel extérieur, on s'aperçoit que sont réunies toutes les conditions pour brasser la meilleure bière de l'année. Les bières du XIXe siècle, de fermentation haute, étaient vendues en tonneau cinq à six jours après leur brassage. Mais on pouvait aussi les conserver en cave, au frais, pendant deux à trois mois : c'est ce qu'on appelait la « garde »;

elles étaient donc consommées au mois de mars, d'où leur nom de *bière de garde*, puis de *bière de mars*.

Les Allemands produisent aujourd'hui de la *bière de mars* réputée (*märzen*). Il s'agit d'une bière de fermentation basse, brassée à froid en mars, avec un taux d'alcool plus élevé en vue de sa conservation. Cette bière, au goût prononcé de malt, est consommée à l'occasion des fêtes de la bière, au sortir de la période estivale.

Martens, brasserie belge établie à Bocholt, dans la province du Limbourg. Créée en 1757-58 par Adriaan Geerkens, qui, en plus de la bière qu'il produisait pour son café, brassait pour les particuliers qui lui apportaient orge et houblon, cette entreprise prit son nom actuel à la suite du mariage, en 1823, de la petite-fille du fondateur avec Theodorus Martens, lui-même fils de brasseur. Déplacée, puis agrandie et modernisée au fil de plus de deux siècles d'histoire, elle fabrique des bières très appréciées et exporte la moitié de sa production à l'étranger, sa spécialité étant les bières de fermentation basse (*Bocholter Pilsener*, *Cara-pils*, *Kwik Pils « Premium »*, etc.).

F.X. Matt Brewing, brasserie américaine établie à Utica, dans l'état de New York. En 1888, le grand-père de l'actuel président, Francis Xavier Matt, un émigrant allemand qui avait appris son métier dans la brasserie du duc de Bade, racheta la Columbia Brewery, fondée en 1852 par Charles Bierbauer, au nom prédestiné. L'entreprise fut rebaptisée West End Brewing Company et fonctionna pendant presque un siècle sous ce nom. En 1980, elle prit le nom de F.X. Matt, sous lequel elle produit plusieurs *ales*.

La marque *Utica Club* qui lui appartient a été introduite pendant la prohibition, qui obligea la brasserie à se reconvertir dans les boissons non alcoolisées. Elle devint si populaire qu'elle fut conservée par la suite. L'*Utica Club Cream Ale* est une bière de fermentation haute, bien houblonnée, l'*Utica Club Pilsener* une *pils* agréable. Mais il faut aussi citer la *Maximus Super* une *malt liquor* à la teneur élevée en alcool, fabriquée selon les procédés de fermentation basse, mais mise à fermenter naturellement, sans adjonction d'enzymes, à l'encontre de la plupart des *malt liquors* américaines. F.X. Matt produit également de la bière brune et de l'*ale* en petite quantité, pour la consommation locale à la pression, ainsi qu'une bière de Noël, la *Season's Best Amber Beer*.

Météor, brasserie fondée en 1640 à Strasbourg par Jean Klein et rachetée quelques années plus tard par Marin Metzger. Implantée désormais à Hochfelden (Alsace), la firme s'appelle toujours Metzger et Cie et est restée indépendante, bien que devenue société anonyme. Elle fabrique des bières de fermentation basse, de type *pils* alsacien. La *Météor Pils*, faite avec des houblons tchèques, se caractérise par sa saveur très amère et a une teneur en alcool de 5 %. La *Kochuersberg*, à teneur alcoolique similaire, est plus douce. Enfin l'*Ackerland*, plus forte, existe en brune et en blonde.

La bière de mars à Munich

Dans la cité médiévale, une constitution corporative réglementait strictement la fabrication et la vente de la bière. Celle-ci étant brassée à froid, les détenteurs du droit de brassage (52) ne travaillaient que par temps frais. Et il fut décrété que la période de brassage irait d'octobre à avril. Cette bière légère, consommée peu après sa fermentation, était appelée *bière verte* ou *bière d'hiver*. Besoin était toutefois de prévoir une bière qui pourrait attendre l'été. Aussi brassait-on en mars, au plus tard, une bière dans la composition de laquelle entraient 2 % de moût et de houblon en plus. C'est cette bière qu'à l'heure actuelle on surnomme *bière de mars*.

Afin de garantir l'approvisionnement de la ville en bière de mars et une certaine vente à chaque brasseur, les heures de vente furent fixées par tirage au sort. Et, à tour de rôle, deux brasseurs seulement étaient autorisés à la vendre cinq jours durant.

Un musée de la brasserie à Bocholt

Fondé en 1970 par Jean Martens, qui y a mis toute sa passion pour l'activité brassicole, ce musée reconstitue une brasserie des années 1920 avec le matériel de brassage dont disposait l'époque. Du grenier, qui abrite divers appareils alors utilisés dans les malteries, à la cave de garde, où sont réunis foudres en bois, pompes à bière, etc., de la salle de brassage, avec ses cuves de filtration et ses chaudières, à la salle des machines, occupée par une machine à vapeur à deux cylindres, c'est toute une période qui revit à travers les phases successives de la fabrication de la bière. L'« archéologie industrielle » trouve là un fort intéressant témoignage.

mild, terme anglais désignant une *ale* peu houblonnée, de couleur généralement brun foncé, à la teneur en alcool assez faible (3 %), de consommation populaire.

Miller, grande brasserie américaine, fondée au début du XIXe siècle par les frères Best à Milwaukee (Wisconsin) et reprise en 1855 par Frederick Miller. Le produit le plus connu est la *Miller Lite*, *lager* légère dérivée d'une bière plus ancienne, la *Miller High Life*, qui avait constitué pendant plusieurs décennies la seule production de la brasserie. Reprise par le groupe Philip Morris Inc., l'entreprise s'est lancée dans la production de bières diététiques basses-calories, très prisées du public américain mais fort peu des connaisseurs.

Moctezuma, troisième grand brasseur mexicain, qui se distingue par son dynamisme à l'exportation. Utilisant du riz, ainsi que le *kraüsening** dans ses procédés de brassage, ses bières sont généralement douces et pétillantes. Sa marque la plus connue est *Equis*, qui comporte : une *pils* ordinaire vendue sous l'étiquette *Tres Equis* ;

une *lager*, *Dos Equis Lager Especial* ; une bière brune de type viennois mais de couleur ambrée, *Dos Equis* ; et une autre brune plus foncée, plus épaisse et plus lourde en alcool, *Tres Equis Oscura*. Moctezuma brasse une bière de Noël, la *Noche Buena*, pleine de corps, où les accents de malt et de houblon sont heureusement équilibrés (5,4 % d'alcool).

Modelo, principal groupe brassicole du Mexique, propriétaire de la brasserie Yucatan. En dehors de *pils* et de *lagers* classiques, dont la *Victoria*, la bière la plus vendue au Mexique, Modelo produit deux bières brunes de type viennois, de qualité : la *Negra Leon* et, surtout, la *Negra Modelo*, de couleur très sombre, et dont la consistance crémeuse et l'arôme légèrement chocolaté accompagnent parfaitement la cuisine mexicaine.

Molson, l'un des trois grands groupes brassicoles canadiens (*v. Labatt et O'Keefe*), fondé en 1786 par John Molson, un émigrant anglais originaire du Lincolnshire, arrivé au Canada quatre ans plus tôt. John Molson ouvrit sa première brasserie à Montréal, ce qui constituait une sorte de gageure car la population québécoise, d'origine française, préférait le vin. Aidé par sa compagne, il produisit la première année 4000 gallons d'*ale*, production qui laissait mal augurer du développement ultérieur de la brasserie. Sa bière était distribuée en fûts par des charrettes à bras qui circulèrent dans la ville de Montréal pendant près de cinquante ans.

Ce furent les problèmes de distribution qui, très tôt, conduisirent la firme Molson à diversifier ses activités : acquisition du premier bateau à vapeur du Canada, puis construction de la première ligne de chemin de fer du pays en 1836. En 1855, Molson ouvrit la Molson Bank, qui fait aujourd'hui partie de la Banque de Montréal. Actuellement, le groupe possède d'énormes unités de production brassicole répartis dans huit grandes villes canadiennes, de Vancouver à St John's. Son capital est toujours détenu en partie par la famille Molson.

Les produits Molson sont très nombreux et l'évolution du goût au cours des dernières années a amené à réduire le taux de houblon pour donner aux bières une saveur plus douce et fruitée. Parmi les marques les plus courantes, il faut citer la *lager* (*Molson Canadian*) et diverses *ales* (*Molson Golden*, *Export* et *Molson Stock Ale*) ; la *Molson Stock Ale* a un accent malté qui lui donne une saveur intéressante. La Brasserie de Barrie, dans l'Ontario, produit une remarquable *porter*. Enfin, la *Brador* se rapproche des *malt liquors*, mais avec une teneur en alcool de 5 %.

Moortgat, *v. Duvel, Maredsous.*

Moosehead, petite brasserie canadienne implantée en Nouvelle-Écosse et dans le Nouveau-Brunswick, dont les *ales* et les *porters* connaissent un succès grandissant aux États-Unis. Moosehead a été fondée par une famille de bûcherons et d'aventuriers, les Oland, qui ont également exploité des marques sous leur nom, mais les bières Oland ont été cédées au groupe Labatt* tandis que la famille Oland continue de posséder des parts dans les brasseries Moosehead.

Les produits Moosehead se distinguent par leur corps et la subtilité de leur accent houblonné. La *lager* (*Alpine*) qu'on ne trouve qu'au Canada a un caractère plus marqué que la *Moosehead Canadian Lager* fabriquée pour le marché américain. D'autre part, de la gamme d'*ales* la plus intéressante est incontestablement la *Ten Penny Stock Ale*, de couleur plus foncée et plus forte en alcool (5 %) que la *Moosehead Export* ou la *Moosehead Pale Ale*.

Mort Subite, *v. De Keersmaeker.*

Mousel, brasserie luxembourgeoise faisant aujourd'hui partie des Brasseries* Réunies de Luxembourg. Il faut remonter à l'an de grâce 1083, année de la fondation de l'abbaye d'Altmünster (plus tard, abbaye de Münster), pour retrouver trace de la première brasserie à emplacement fixe du Luxembourg, ancêtre de la brasserie Mousel. De fait, les moines cultivaient le houblon, faisaient moudre le grain au moulin de Clausen et brassaient jusqu'à dix fois l'an, améliorant sans cesse la qualité de leur bière. Devenue caduque à la suite des vicissitudes de l'Histoire, la brasserie ne fonctionna à nouveau qu'à partir de 1701. Elle passa successivement entre les mains de plusieurs familles avant d'être reprise, en 1825, par les Mousel, fondateurs d'une véritable dynastie de brasseurs. Dénommée ensuite Brasserie du Luxembourg, elle absorba plusieurs établissements (Pfaffenthal, 1914 ; Eich, 1940 ; Gruber, 1956 ; Esch, 1969) avant sa fusion avec la brasserie Clausen*.

Munich. Ville allemande de grande tradition brassicole. La capitale de la Bavière doit son nom (*München*) à la communauté de moines (*mönchen*) près de laquelle Henri le Lion, duc de Saxe et de Bavière, la fonda en 1158. Comme en d'autres cités, le brassage y fut d'abord pratiqué à des fins domestiques. La cour ducale, les couvents et quelques bourgeois en étaient les seuls destinataires. Puis, avec l'autorisation accordée à l'hospice du Saint-Esprit de vendre le surplus de sa production, s'ouvrit une ère nouvelle, qui vit naître une multitude de petites brasseries. Floraison favorisée également par la situation de la ville sur l'axe sud-nord et l'importance des marchés et des pèlerinages que celui-ci desservait. Des quatre quartiers qui découpaient Munich, celui du sud-ouest, *Haggen*, protégé par une double enceinte, allait devenir le site privilégié des brasseurs, qui y cultivaient des jardins de houblon. En témoigne une maquette de la ville au milieu du XVIe siècle.

Le vin qui, initialement, avait la faveur des Munichois, fut ainsi peu à peu supplanté par la bière, à la consommation de laquelle contribua la « loi de Pureté » (1516), promulguée en Bavière. Et une chronique du premier quart du XVIIe siècle dénombre, pour quarante-deux tavernes de vin, soixante-douze brasseurs « qui font de la bonne bière ». Cette vocation devait s'amplifier au XIXe siècle avec l'évolution prodigieuse des techniques et la suprématie de grands brasseurs, tel Gabriel Seldmayr (*v. Spaten*). Devenue alors l'une des capitales des bières de fermentation basse, avec Prague et Vienne, Munich produisait de la bière brune (*dunkle*) avant que ne fut lancée, en 1928, par la brasserie Paulaner, une « Munich » blonde (*hell*) dont la popularité tend à faire oublier la non moins savoureuse version foncée.

Aujourd'hui, six importantes brasseries dominent l'activité brassicole munichoise : Augustiner, Hacker-Pschörr, Hofbraühaus, Lowenbraü, Paulaner et Spaten, dont les bières sont mondialement réputées.

musées. Depuis quelques années, de nombreux musées consacrés à la bière se sont créés en Europe, dus soit à l'initiative de brasseurs soit à celle de particuliers ou d'associations. Leur intérêt réside dans leur diversité autant que dans la qualité de leurs collections. Et à côté des « géants », allemands ou belges, on peut trouver des dizaines de petits musées rassemblant l'ensemble du matériel traditionnel du brasseur.

La plupart de ces musées sont installés dans des brasseries désaffectées, voire, en Allemagne, dans de vieilles brasseries de couvents baroques ou dans des églises (Abensberg, Aldersbach, Bamberg, Irsee). Les pays nordiques, pour leur part, ont souvent reconstruit d'anciennes brasseries dans des musées de plein-air (Carnehm, Aarhus, Beilngries, Bokrijk, Hagen). Toutes installations attestant bien la « popularité » de la bière à l'heure actuelle.

Au coeur des villes, d'autres musées témoignent de la puissance des brasseurs et de leurs corporations à travers les siècles. Plusieurs lieux en réunissent les souvenirs (Anvers, Armentières, Bruxelles, Lunebourg, Munich).

De la technique à l'art populaire s'étend l'immense domaine concernant un musée brassicole. Aussi rien d'étonnant que l'on y découvre, ici, des machines à vapeur et des locomotives (Burton upon Trent, Rheinfelden) ou des colliers de chevaux (Bocholt) et, là, d'admirables pièces de verrerie d'art (Armentières, Louvain, Lunebourg, Munich, Pilsen, Zurich), des plaques émaillées et des affiches (Cologne, Stenay) ou, non moins intéressantes, des oeuvres de tonnellerie (Bayreuth, Cologne, Louvain). Compte tenu que, presque partout, le magnifique matériel de brassage, en cuivre rutilant, vient s'allier aux teintes plus sombres du chêne et de la fonte.

Les célèbres « enfants de Munich », d'après une carte postale ancienne.
Coll. A. P.-R. Phot. J. Klein / A. Perrier-Robert.

La brasserie au musée

Le *Deutsches Museum* de Munich a consacré l'une de ses salles à l'art du brassage. L'élément essentiel de toute brasserie, le brassin, avec son dôme de cuivre règne sur l'ensemble où l'accent est mis sur le rôle actuel de l'automatisme. Les différentes étapes de la fabrication y sont présentées. Par ailleurs, une projection laisse découvrir une malterie et une brasserie modernes.

Timbre émis pour l'année de la Bière en Belgique (1986). Phot. J. Klein / A. Perrier-Robert.

LES MUSÉES DE LA BIÈRE EN EUROPE*

ALLEMAGNE DE L'OUEST :
- Abensberg, Bavière (brasserie Kuchlbauer) ;
- Aldersbach (Brasserie d'Aldersbach) ;
- Altomünster, Bavière (brasserie Wiedemann) ;
- Bamberg, Bavière (Musée de la Bière de Franconie : installation complète d'une brasserie) ;
- Bayreuth (brasserie Maisel*) ;
- Beilngries (Felsenkeller Labyrinth, musée original installé dans les grottes d'un parc naturel) ;
- Cloppenburg (Museumdorf Cloppenburg) ;
- Cologne (brasserie Küppers*) ;
- Dortmund (brasserie Kronen : collection de machines et outillages, autour du thème « 9 000 ans d'histoire de la bière ») ;
- Einbeck, Basse-Saxe (brasserie Einbecker) ;

Au temps où des brasseries meurent, face au déferlement de l'industrialisation, d'aucunes ressuscitent dans leurs murs restaurés et à travers les musées brassicoles qu'elles sont destinées à abriter. Tel est le cas de celle-ci, au sud de la Belgique, où est créé le Musée Européen de la Brasserie, Phot. « Bière Magazine », Romedenne (Philippeville), Belgique.

Noël a ses bières… et ses étiquettes. Phot. J. Klein/ A. Perrier-Robert.

- Essen (Musée de la brasserie) ;
- Francfort (brasserie Henninger*), ;
- Hagen (Musée de Plein-Air, comportant surtout des ateliers et des usines) ;
- Höhr-Grenzhausen (Musée de la société Rastal : collection de chopes, pichets, verres, etc. anciens) ;
- Irsee (brasserie, auberge et musée : salle de brassage, matériel et outillage à l'intérieur d'un ancien couvent) ;
- Lunebourg (Lüneburger Kronen-Brauerei, *v. Holsten*) ;
- Munich (Deutsches Museum, *v. Munich*; Musée Allemand de la Bière ; brasserie Löwenbraü) ;
- Nesselwang/Allgau (Hotel Post) ;
- Nuremberg (brasserie Altstadthof*) ;
- Ratisbonne (brasserie Kuchlbauer) ;
- Rothaus-Grafenhausen, Bade-Wurtemberg (Badische Staatsbrauerei Rothaus) ;
- Stuttgart (brasserie Robert Leicht) ;
- Tüssling, Bavière (brasserie Eugen Münch : installation complète, avec auberge et « jardin à bière ») ;
- Wolznach (Musée du Houblon) ;

AUTRICHE :
- Laa an der Thaya (petit matériel et documents) ;
- Leoben-Göss (en Styrie, dans une abbaye bénédictine de la Renaissance ; matériel de brasserie).

BELGIQUE :
- Anvers (Maison des Brasseurs, *p. 57*) ;
- Bocholt (brasserie Martens*) ;
- Bokrijk (Musée de Plein-Air, *v. Sterkens*) ;
- Bruxelles (Maison des Brasseurs, *v. Bruxelles* ; Musée bruxellois de la Gueuze*, brasserie Cantillon) ;
- Hoegaerde (Musée d'Histoire locale) ;
- Louvain (Musée municipal : petit matériel, documents) ;
- Philippeville (Musée Européen de la brasserie, Romedenne, en cours de création) ;
- Poperinge (Musée national du Houblon, *p. 16*).

DANEMARK :
- Aarhus (Musée de Plein-Air) ;
- Copenhague (Fondation Carlsberg*).

FRANCE :
- Armentières (Musée des brasseries Sébastien*-Artois) ;
- Stenay (premier Musée de la Bière en France, *p. 54*).

GRANDE-BRETAGNE :
- Breamore, Hampshire (Countryside Museum, installé dans un manoir élisabéthain : reconstitution d'une brasserie artisanale de village du siècle dernier, matériel autrefois utilisé par Watney Mann) ;
- Burton upon Trent (brasserie Bass*) ;
- Leicester (Hoskins Working Brewery Museum : la plus petite brasserie en activité, avant l'ouverture des micro-brasseries; techniques traditionnelles de brassage) ;
- Stamford, Lincolnshire (All Saints Brewery Museum, ouvert par la brasserie Samuel Smith, de Tadcaster, dans l'ancienne brasserie d'All Saints, qui a cessé son activité en 1971 : techniques de brassage et matériel utilisé à l'époque victorienne) ;
- Traquair, Écosse (Traquair House : dans le plus ancien château historique d'Écosse - XIIe-XVIe s.- , installations de brassage datant de 1739 et remises en activité depuis 1965 par le Lord de Traquair pour la production d'*ales* typiquement écossaises) ;

IRLANDE :
- Dublin (Guinness* Museum).

PAYS-BAS :
- Alkmaar (Musée de la Bière « De Boson ») ;
- Arnhern (Musée de Plein-Air).
- Leyde (Stedelijk Museum de Lakenhal, Chambre des Brasseurs, *p. 59*) ;

SUÈDE :
- Bromma (brasserie Pripps*).

SUISSE :
- Rheinfelden (brasserie Feldschlösschen*) ;
- Wädenswil (brasserie Cardinal*) ;
- Winterthur (Musée suisse des Techniques) ;
- Zurich (brasserie Hürlimann*).

TCHÉCOSLOVAQUIE :
- Pilsen (Musée de la Bière, *p. 71*).
- Mützig, *v. Française de Brasserie.*

Neptun, brasserie danoise établie à Silkeborg, au coeur du Jutland, depuis sa création, en 1883. Son principal produit, la *Pilsner*, est hautement apprécié à l'étranger où il a remporté des médailles d'or de la Sélection Internationale de la Qualité Bière.

Obin, brasserie familiale française établie depuis plusieurs générations à Dohem (Pas-de-Calais). Elle brasse une excellente bière de garde de

Orval : un long passé cistercien

Telle qu'elle apparaît aujourd'hui, nichée dans la verdure d'un vallon solitaire, l'abbaye Notre-Dame d'Orval est l'oeuvre des années 1930-1940, époque où elle renaquit de ses ruines sous l'impulsion de Dom-Marie-Albert Van der Cruyssen, un Gantois, moine de l'abbaye de la Trappe. Toutefois subsistent quelques vestiges du prestigieux passé cistercien auquel la Révolution porta un coup fatal, transformant les lieux en une carrière de pierres à la merci des intempéries. Pans de murs et baies en plein cintre, fenêtres ogivales et colonnettes à chapiteaux évoquent encore le monastère médiéval, élevé à partir de 1070 par des moines venus de Calabre sur des terres données par le comte Arnould de Chiny et rattaché, au XIIe siècle, à l'ordre de Cîteaux, sous l'autorité de l'abbaye de Troisfontaines en Champagne. Monastère cistercien que n'épargnèrent ni les incendies ni les guerres, mais qui, par delà ces tumultes, s'illustra tant par sa ferveur que par sa prospérité matérielle.

Créée en 1931, la brasserie d'Orval produisit la première bière de type actuel dès l'année suivante. Les années 1950 virent son évolution vers une structure plus moderne, tout en restant artisanale. Et aujourd'hui sortent de son enceinte 25 000 hectolitres par an.

Coll. A. P.-R.
Phot. J. Klein/
A. Perrier-Robert.

fermentation haute, ambrée, à saveur assez amère, d'une teneur en alcool peu élevée (3 %), vendue en bouteilles d'un litre dans la région, sous la marque *Super Bock*.

Oktoberfest, célèbre fête de la bière munichoise, qui, chaque année, se déroule au début du mois d'octobre. Créée en 1810, année ou fut célébré le mariage du prince héritier de Bavière, futur roi Louis Ier de Wittelbach, avec la princesse Thérèse de Sachsen-Hildburghausen, l'*Oktoberfest* est l'une des plus grandes fêtes populaires du monde, avec ses millions de visiteurs (sept en 1984) et une consommation de bière qui laisse rêveur puisqu'elle chiffre aussi par millions de litres. Cortèges d'attelages, manifestations folkloriques, feux d'artifice, etc. animent ces quinze jours tout entiers consacrés à la « fête » et, par là, à la bière de Munich. Bière fournie directement par les brasseries de la ville et qui requiert, comme accompagnement, des milliers de saucisses, quelque 30 000 jarrets de porc, des douzaines de boeufs, des dizaines de milliers de poissons... un « coupe-faim » à la mesure de ces festivités !

old ale, terme désignant en Angleterre une *ale** brune, assez forte en alcool (6 %). En Australie, les bières de ce type sont simplement appelées *old*.

Old New York Beer Company, micro-brasserie américaine de New York. Sa marque *New Amsterdam Amber Beer*, créée en 1982, fut d'abord brassée par F. X. Matt Brewing, mais, depuis 1985, elle est fabriquée devant les consommateurs par la brasserie ouverte dans le quartier de Chelsea. C'est une bière de style viennois, qui possède, par ailleurs, le fruité d'une *ale*. La *New Amsterdam Ale*, lancée plus récemment, est une *ale* de facture classique et de qualité.

Orval, bière trappiste belge brassée et soutirée en l'abbaye d'Orval, à quelques kilomètres de la frontière française. Cette bière de fermentation haute est entièrement naturelle, puisqu'elle se compose uniquement de malt, de houblon, de sucre candi et d'eau de source. Aussi lui a été attribué le label *Quality Control*, réservé aux bières exemptes d'additifs chimiques. La levure, ajoutée lors de la mise en bouteilles, lui confère un léger dépôt riche en vitamine B, car l'Orval subit une seconde fermentation pendant une période minimale de deux mois.

D'une belle couleur ambrée et flavescente, cette trappiste se caractérise par son bouquet houblonné et sa saveur plutôt amère. Sa teneur en alcool est de 5,2 % par volume. Elle se consomme aussi bien en apéritif ou en rafraîchissement qu'en boisson de repas, à une température de 12 à 15 °C. Il est recommandé de la servir claire, en ayant soin de décapsuler la bouteille avec précaution et de la tenir horizontalement pour remplir le verre (incliné) d'une seule traite, en veillant toutefois à y laisser un fond d'environ 1 cm.

Ottakringer Brauerei Harmer, brasserie autrichienne établie à Vienne depuis 1837. Créée par la famille Kuffner, elle fut reprise en 1938 par la famille Harmer. Tradition et qualité sont les objectifs constants de cette brasserie qui produit annuellement quelque 320 000 hl, dont 25 000 sont exportés, et qui est à la fois la quatrième brasserie d'Autriche et la plus importante de Vienne.

La *Gold Fassl* (« Tonnelet d'or ») est la plus raffinée des bières brassées par Ottakringer, bière blonde viennoise qu'un jury d'experts classa au huitième rang lors d'une dégustation mondiale. Elle existe en *pils* (taux d'alcool : 3,5 %) et, en *spezialbier* (taux d'alcool : 4,5 %). Autres productions Ottakringer : une *Bock* (taux d'alcool : 5,8 %), une *Helles bier* (taux d'alcool : 3,2 %). À l'occasion de son cent-cinquantième anniversaire, en 1987, la brasserie a sorti une véritable bière viennoise, classique, de couleur dorée, moyennement houblonnée et au goût plein de rondeur.

Oud Beersel, brasserie belge exploitée par la famille Vandervelden depuis sa création, en 1882. Cette entreprise artisanale et traditionnelle est la seule qui ait résisté, au sud de Bruxelles, au raz de marée industriel de l'après-guerre. Elle

Une bière qui coule à flots dans l'Allemagne en fête : celle de l'Oktoberfest.
Phot. J. Klein/
A. Perrier-Robert.

Phot. J. Klein/ A. Perrier-Robert.

Des cuves de fermentation d'une capacité totale de 5 millions de litres, 600 réservoirs de garde pouvant contenir 20 millions de litres en tout et une unité d'embouteillage accueillant 224 000 bouteilles à l'heure... telle se présente aujourd'hui la brasserie munichoise Paulaner, l'une des plus modernes d'Allemagne. Phot. Paulaner-Salvator-Thomasbräu AG.

produit une *gueuze** moelleuse, dont l'authenticité a fait la réputation.

Un musée est installé autour de l'activité même des lieux. Ainsi peut-on y voir les outils utilisés encore aujourd'hui par le brassage. Mais on y découvre aussi de vieux instruments de tonneliers, une collection de densimètres ainsi que d'autres souvenirs des débuts de la brasserie. Et un orgue à tuyaux de 1932 accompagne la dégustation qui clôt le « circuit »...

Palm, brasserie belge sise à Steenhuffel-Londerzeel dans le Brabant. Les archives signalent l'existence, en 1747, d'une brasserie De Hoorn dans cette commune. Propriété de la famille De Mesmaecker à partir du début du XIXe siècle, elle fut prise en mains, en 1908, par Arthur Van Roy, époux d'Henriette de Mesmaeker et lui-même fils de brasseurs. Dès lors, son évolution fut fulgurante, dûe à la volonté d'Arthur Van Roy de se consacrer au brassage à fermentation haute et cela, en dépit de la vogue des *pils*, récemment apparues sur le marché. Sa bière *Spéciale Palm* (5,2 % d'alcool) connut un tel succès qu'elle donna, en 1975, son nom à la brasserie.

Aujourd'hui, celle-ci produit annuellement 400 000 hl de bière et se place au sixième rang des brasseries belges. Elle brasse aussi la *Spéciale Aerts* et l'*Aerts 1900*, toutes deux bières de fermentation haute, produites jusqu'en 1981 par la brasserie du même nom, établie à St. Josse-ten-Node, dans la région bruxelloise. Alors que la *Spéciale Aerts* offre 4,8 % d'alcool, l'*Aerts 1900* est fortement alcoolisée (7 %) : elle subit trois fermentations et deux houblonnages, dont un « dry-hopping » avec des cônes frais qui lui confère un goût prononcé de houblon.

pasteurisation, opération permettant d'assurer à la bière une parfaite stabilité après sa sortie de la brasserie. *V. P. 28-29, 49-50.*

Paulaner-Salvator-Thomasbräu, la plus importante brasserie allemande de Munich. Elle doit son nom aux Paulaner, les moines de Saint François de Paule, venus s'établir en 1627 au couvent de Neudeck ob der Au et dont elle reprit, en 1806, sous la férule de Franz Xaver Zacherl, la tradition brassicole de grande réputation qu'ils avaient su implanter dès 1634. C'est, d'ailleurs, sur l'enceinte du monastère originel que s'élève la brasserie actuelle. Celle-ci était déjà au siècle dernier l'une des plus modernes de son temps, ayant été l'une des premières à employer la technique de la commande à vapeur et s'étant très tôt dotée de vastes caves de garde et de l'infrastructure de réfrigération naturelle qu'exigeait la qualité de sa production. En 1928, elle fusionna avec la brasserie *Thomasbräu*, célèbre pour avoir introduit à Munich la bière blonde spéciale appelée *Hell*.

Exportées à l'heure actuelle dans le monde entier, les bières de spécialité *Paulaner* sont notamment : l'*Alt Münchner Dunkel*, vieille brune de Munich, douce et somptueuse ; l'*Hefe-Weissbier*, bière de froment rafraîchissante, corsée et légèrement épicée ; l'*Ur-Bock*, bière ambrée, toute en rondeur, dans la tradition du *bock* munichois ; l'*Oktoberfest*, classique bière de fête, d'un bel or foncé, au goût très malté ; et la *Salvator*, la plus ancienne des spécialités, *double bock* dont la mise en perce est l'annonce des grandes fêtes d'octobre.

Pearl Brewing, brasserie américaine établie à San Antonio (Texas) et fondée en 1881. Elle produit, sous la marque *Pearl*, une gamme de bières rafraîchissantes, *ales* et *malt liquors*, ainsi qu'une bière sans alcool, et possède également les marques *Jax Beer* et *General's Lucky Lager*.

Pêcheur (Brasseries du), important groupe brassicole français. Fondée en 1821 à Strasbourg par Jean Fisher, la brasserie déménagea, en 1854, pour s'installer à Schiltigheim et devint société anonyme en 1900. Elle a depuis lors absorbé six petites brasseries et acquis des participations majoritaires dans trois brasseries régionales : Adelshoffen, Saint-Louis et Holderer. Elle contrôle actuellement seize sociétés et se caractérise par son dynamisme et sa créativité.

Les Brasseries du Pêcheur produisent des *pils* de type alsacien sous la marque *Fisher*, et, pour l'exportation, sous la marque *La Belle Strasbourgeoise*. La *Gold* est une bière blonde pétillante, qui titre 6,5 % d'alcool, et l'*Export*, une version un peu moins forte (4,9 %). La *Bitter* est une bière très houblonnée, assez amère (4,9 % d'alccol). Enfin, la *Primeur*, bière de mars, a une saveur fruitée et légère. Mais cette entreprise a surtout innové avec l'*Adelscott*, fabriquée à partir de malt à whisky ; cette bière au goût légèrement fumé et peu mousseuse est d'une teneur en alcool de 6,6 %. En 1986 ont été lancées une bière à la cerise, la *Krieker*, et une bière casher, la *Peter'Pils*, cette dernière étant vendue uniquement à l'étranger.

L'*Améro*, produit également par ce groupe alsacien, est, en fait, un apéritif fabriqué à partir de bière et d'amer, l'*Améro*.

Pelforth, *v. Française de Brasserie.*

Pélican, *Française de Brasserie.*

Piedboeuf, *v. Jupiler.*

petite bière, appellation donnée en France à une bière provenant d'un moût dont la densité est inférieure à 2 degrés (décret du 28 juillet 1908, art. 2).

La bière du Saint Père

Coutume était jadis dans le couvent de Neudeck ob der Au de célébrer, chaque année, le 2 avril, le saint patron de l'ordre et, à cette occasion, était brassée une bière qui, par son arôme et sa saveur, surpassait toutes les autres : la *bière du Saint Père*. En ce domaine devait s'illustrer le frère Barnabas dont le savoir-faire engendrait une bière qui « dévalait dans la gorge à la manière d'une sainte huile ».

Aussi, en l'an de grâce 1780, lorsque le prince-électeur Karl Theodor, qui , le 26 février de cette même année, avait octroyé aux moines de Saint François de Paule la patente les autorisant au débit de bière, se rendit au couvent pour la célébration de la fête de l'Ordre, le frère brasseur Barnabas lui offrit une chope de *bière du Saint Père*, en prononçant la phrase : « Salve pater patriae ! Bibas, princeps optime ! ». L'histoire n'en retint que les termes « Salve pater » et la dénomination de la bière Paulaner les « repensa » en « Salvator ».

Pilsen. Cette ville tchèque est réputée pour la bière qu'elle lança en 1842 et qui, depuis lors, a fait école (*v. pilsener*). Le brassage est implanté à Pilsen depuis l'an 1295. Mais ce n'est qu'à la fin du XVe siècle que la cité fut dotée d'une brasserie municipale ; première mention de sa fondation est faite en 1501. Et rien ne laissait supposer que l'art du brassage lui conférerait une telle aura dans le monde. De fait, la fabrication végéta longtemps, la qualité de la bière n'était pas des meilleures. Et sans doute est-ce parce que la situation alla s'aggravant, avec un produit trop fermenté et qui, donc, se conservait mal, qu'une volonté de changement put se manifester. Sous l'impulsion d'un bourgeois de Pilsen, Vaclav Mirwald, appel fut lancé « aux bourgeois ayant le droit de brasser pour fabriquer, sur place, une bière bonne et à bon marché pour concurrencer la vogue des bières étrangères » (2 janvier 1839). De là naquit le complexe brassicole de *Pilsner* Urquell* qui concentre, à l'heure actuelle, la majeure partie de l'activité brassicole de la ville.

pilsener, bière blonde qui trouve son origine dans la brasserie de Pilsen*, en Tchécoslovaquie, où l'eau, pauvre en sels minéraux, confère à la bière une douceur inégalée et permet de la houblonner très fort avec du houblon de Saaz, considéré comme le plus fin du monde, sans qu'en résulte pour autant un goût âcre et désagréable. Presque toutes les *pils* existant en Europe sont dérivées, avec plus ou moins de bonheur, de ce type de bière.

Il est à noter que le terme *pilsener* est le seul autorisé pour toute bière brassée hors de Pilsen, mais suivant le mode de fabrication de la bière de Pilsen.

Pilsner Urquell, la plus importante brasserie tchèque, qui est la brasserie de la ville de Pilsen*, créée en 1842. Bénéficiant de matières premières de qualité, d'une tradition de brassage séculaire et du savoir-faire des brasseurs tchèques, sa bière, de fermentation basse, connut un succès immédiat dès son lancement. En 1856, on la trouvait à Vienne et en 1859 à Paris, tandis qu'en 1865 les trois quarts de la production étaient exportés. Aujourd'hui, quelque 2 300 000 hl partent à l'étranger chaque année et il n'est de pays qui ne s'en soit inspiré.

D'une belle couleur dorée, d'une saveur légèrement amère, cette *pivo* (« bière » en tchèque) est d'une rare qualité. Et sans doute est-ce cela qui la rend inimitable.

Pittsburgh Brewing Company, brasserie américaine établie depuis le milieu du XIXe siècle à Pittsburgh, en Pennsylvanie, et surtout connue pour la marque *Iron City*, sous laquelle elle fabrique plusieurs bières. *Iron City Dark Beer* est actuellement le produit le plus intéressant et se présente comme une interprétation américaine, très réussie, du style munichois.

porter, bière fortement houblonnée, proche de la *stout* mais avec moins de corps. D'origine londonienne, elle disparut longtemps dans sa version en fermentation haute et connaît aujourd'hui une renouveau sous l'impulsion de microbrasseries américaines et canadiennes. Le type *porter* en fermentation basse est fabriqué tant en Europe de l'Est, au Danemark et en France qu'en Chine. Sa teneur en alcool varie de 5 à 7 %.

Pripps, le plus important groupe brassicole suédois. La brasserie fondée à Göteborg, en 1828, par Johan Albrecht Pripp, ne s'implanta sur la côte orientale du pays qu'en 1964, à la suite de sa fusion avec la Stockholm Bryggerier. Fusion à laquelle vint se joindre la brasserie Falken, en 1977. Ce groupe, qui appartient à l'État, a participé, au cours de la dernière décennie, à la renaissance de la bière en Suède par le biais d'une politique « pro-consommateurs ».

Pripps, dont les quatre grandes brasseries sont établies à Göteborg, Stockholm, Malmö et Sundsvall, produit une quinzaine de bières ainsi que la Tuborg (sous licence). La *Three Towns*, souvent appelée *TT* et dont le nom évoque les trois grandes villes suédoises (Stockholm, Göteborg, Malmö), est l'un des plus grands succès du groupe. C'est une blonde, un peu sèche, de type *pils* ; elle existe dans les trois catégories de bières suédoises (*v. p. 72*). La *Pripps Blå*, quant à elle, est la bière la plus vendue en Suède. Plus sucrée que la précédente, elle se présente en « légère » et en « populaire », tandis que la *Pripps Export* est la bière « forte » correspondante.

Il faut aussi mentionner : la *Royal Export*, bière « forte », sèche mais avec beaucoup de corps, fabriquée avec le houblon très aromatique de Hallertau ; la *Lyckholms*, bière « légère », très claire, en quelque sorte la « bière de tous les jours » pour beaucoup de Suédois ; la *Black & Brown*, *lager* très foncée au goût de malt brûlé, qui se trouve en versions « populaire » et

Phot. J. Klein/ A. Perrier-Robert.

« forte » ; et la *Carnegie Porter*, la plus ancienne appellation connue et la seule bière suédoise à double fermentation. Cette dernière tire son nom de celui de l'Écossais émigré à Göteborg, fondateur d'une brasserie. Une mousse dense, une couleur très foncée, une saveur partagée entre l'amer et sucré, un arôme de caramel... c'est là une vraie *porter*, en deux formules (2,8 % et 4,5 % d'alcool).

Pschorr, *v. Hacker-Pschorr.*

Rainier, brasserie américaine fondée en 1878 à Seattle et aujourd'hui contrôlée par Heileman. Sa renommée est surtout assurée par la *Rainer Ale*, bière de fermentation basse effectuée, toutefois, à assez haute température, et dont la teneur en alcool est assez élevée pour une *ale* américaine (5,8 %). Son arôme de noix et son goût légèrement fumé sont très appréciés par les amateurs de bière. La brasserie produit également d'autres *ales*, plus classiques, et une *lager* de bonne qualité, la *Rainier Beer*.

Rauchenfels Steinbier, bière « à pierres » allemande fabriquée à Neustadt, en Bavière, par la brasserie du même nom. Sa fabrication a recours à l'ancienne manière germanique de brasser la bière : au moyen de pierres brûlantes. Les pierres utilisées, à l'instar de celles de Grauwache jadis employées, résistent parfaitement au traitement qui leur est imposé. Elles sont, en effet, d'abord chauffées dans un immense foyer (il faut 6 m^3 de bois de hêtre séché et exempt de résine pour 400 kg de pierres), puis immergées dans la chaudière de brassage, munie d'une ouverture à cet effet. Quelques secondes après, le sucre de malt se caramélise et se dépose sur les pierres. Douze heures plus tard, la température des pierres est tombée à 100 °C environ. Celles-ci sont alors transportées vers la cave de garde où elles sont conservées, cent jours durant, dans les tanks où « mûrit » la bière jeune, venue du bac refroidissoir. Au cours de la fermentation secondaire, de l'acide carbonique s'échappe et retire le sucre caramélisé des pierres. Ainsi naît le goût fumé, de cette bière de fermentation haute.

La *Rauchenfels Steinbier* existe aussi en bière blanche de froment.

Rimaux, brasserie artisanale française dirigée par la famille Rimaux et installée dans l'abbaye de Crespin (Nord). Les moines y brassaient depuis 1032 et en furent chassés par la Révolution. La famille Rimaux racheta l'abbaye en 1800 et produit, depuis huit générations, de la bière de garde de fermentation haute. La *Réserve de Saint-Landelin* est une bière ambrée, à la saveur fruitée, d'une teneur en alcool de 5,9 %. Elle est conditionnée en bouteilles de 50 cl, fermées par une capsule aux armes de l'abbaye. La *Rimaux luxe* est une bière blonde titrant 5,2 % d'alcool, distribuée localement.

Rochefort, bière trappiste belge brassée par les pères de l'abbaye St-Rémy à Rochefort, dans la province de Namur. Cette bière brune, de fermentation haute, dans la composition de laquelle entrent du malt d'orge de France et d'Angleterre ainsi que des houblons provenant de Yougoslavie et de Bavière, subit une nouvelle fermentation en bouteille. Son arôme est doux, sa saveur également, mais sa teneur en alcool est assez élevée (7 ou 9° alcool).

Des documents de 1595 attestent l'existence d'une petite brasserie au sein de l'abbaye. Aujourd'hui, par delà les siècles et les progrès techniques dont elle a bénéficié, cette brasserie a su préserver sa dimension artisanale. Sa production est de quelque 200 hl par semaine.

Rodenbach, brasserie belge établie à Roulers, au coeur de la Flandre occidentale, et dont la notoriété repose sur le produit du même nom, la *Rodenbach*, bière brune de fermentation haute titrant 4,6° alcool, à la saveur aigre-douce inimitable. Cette bière doit son caractère au fait qu'une partie de la bière brassée est mise en garde dans des foudres de chêne où elle mûrit lentement, durant 18 à 36 mois, avant d'être mélangée à de la bière jeune (5-6 semaines de garde) dans des proportions qui restent le secret de sa « personnalité ».

C'est en 1820 qu'Alexandre Rodenbach, petit-fils de Ferdinand - chirurgien originaire d'Andernach (Allemagne) venu s'implanter en Flandre au milieu du XVIIIe siècle -, racheta une petite brasserie, laquelle fut transformée en société et le resta jusqu'en 1836. Reprise alors par un membre de la famille, cette entreprise artisanale, propriétaire de son eau de source et forte de son expérience, allait peu à peu devenir la brasserie réputée d'aujourd'hui, dont la capacité annuelle est d'environ 200 000 hl.

La brasserie produit aussi la *Grand Cru*, naturellement mûrie en foudres de chêne pendant deux ans (5,1° alcool), et l'*Alexander*, bière de luxe créée en 1986, année anniversaire. Cette dernière, également de fermentation haute, est d'une chaude couleur rouge doré ; son bouquet est fruité et moelleux, sa saveur aigre-douce à souhait.

Saint Landelin est un ancien bandit de grand chemin repenti, né vers 613. Devenu bénédictin, il reçut du pape la mission d'évangéliser la région où il avait commis ses méfaits. Fondateur de l'abbaye de Crespin, il fit jaillir une source en ce lieu en 646. C'est avec l'eau de cette source, qui coule sous les fondations de l'abbaye, qu'est fabriquée la *Réserve de Saint-Landelin*.

Saint-Amant (Brasserie de), brasserie artisanale française, fondée en 1986 à Saint-Amant-Tallende (Puy-de-Dôme). Elle produit des bières de fermentation haute sous la marque *Korma*, vendues en fûts, en bouteilles champenoises à bouchon de liège et en bouteilles individuelles. La version blonde, douce et légère, a une teneur en alcool de 4,8 % ; la version ambrée est plus onctueuse, plus typée et titre 5,8 % d'alcool. La brasserie fait également une bière de Noël brune, à l'accent de malt prononcé et assez forte en alcool (6,8 %). Elle projette la création de nouvelles bières plus fortes et très caractérisées, dans des conditionnements originaux rappelant son origine auvergnate (appellation *Cervoise*, bouteille en grès) pour répondre à la demande d'un public amateur de produits fortement typés.

Saint-Feuillien, bière d'abbaye belge brassée par la brasserie Friart, établie au Roeulx dans le Hainaut. Blonde ou brune, cette bière de fermentation haute mûrit lentement en cave avant de refermenter en bouteille.

Elle doit son nom à l'abbaye de Prémontrés fondée, en 1125, par l'évêque de Cambrai, au Roeulx, à l'emplacement de la chapelle de Sénophe, elle-même élevée à la mémoire de saint Feuillien qui, venu d'Irlande au début du VIIe siècle pour évangéliser le pays, avait été martyrisé et décapité en ce lieu (657). Des siècles durant, jusqu'à la Révolution, l'abbaye fabriqua de la bière. Cette tradition devait être reprise en 1850 par la famille des brasseurs actuels.

Saint-Gall, abbaye bénédictine fondée vers 720 au sud du lac de Constance et autour de laquelle se bâtit la ville du même nom, aujourd'hui chef-lieu d'un canton suisse. Ce fut, au IXe siècle, le premier couvent de moines-brasseurs germaniques, qui allait servir de modèle à toutes les brasseries de monastères. Un document de l'époque nous rapporte que chaque occupant de ce lieu de recueillement avait droit, chaque jour, à sept repas, avec pain à profusion et cinq cruches de bière. *V. P. 35.*

Des poètes proches de la brasserie

Le célèbre poète flamand Albrecht Rodenbach, pionnier du Mouvement Flamand, n'était autre que le petit-fils de Ferdinand Grégoire Rodenbach, frère aîné d'Alexandre, fondateur de la brasserie. Quant au poète de langue française Georges Rodenbach (Tournai 1855 - Paris 1898), dont le lyrisme puise son inspiration dans les paysages brumeux, les canaux assoupis et les béguinages de son enfance, il était tout aussi lié à Alexandre puisque son grand-père, Constantin François, était un jeune frère du brasseur.

En haut à gauche : « ... *Tis Wijn...* » *(« Du Vin »), affiche publicitaire témoignant de la période 1930-1940, au cours de laquelle la célèbre bière* Rodenbach *connut une progression importante, son apogée ne devant intervenir qu'au cours des années 1960. Coll. A. P.-R. Phot. J. Klein/ A. Perrier-Robert.*

St-Guibert, brasserie belge établie à Mont-St-Guibert, dans la province de Brabant, et qui fait aujourd'hui partie du groupe *Artois**. En 1858, Pierre Joseph Grade créa une brasserie en ce lieu où un moine de l'abbaye de Gembloux avait, en l'an de grâce 1040, implanté une activité brassicole. Sous l'impulsion du fondateur et de ses descendants, la petite entreprise artisanale s'agrandit d'une malterie et se modernisa, contribuant par là à la renommée grandissante de ses bières spéciales. C'est toutefois en 1930 que naquit la bière de fermentation haute qui devait assurer sa notoriété et sa prospérité : la *Vieux-Temps*. Cette bière vieil or, légère et digeste, au parfum délicat de malt et de houblon, titre 4,7 ° alcool et se consomme à une température de 12-15 °C.

Depuis 1954, la brasserie *St-Guibert* brasse aussi les cinq crus de fermentation haute de l'abbaye de Leffe, dont les pères lui ont confié les secrets de fabrication : la *Vieille Cuvée* (8 °

Sise dans un vallon verdoyant aux portes de Dinant, l'abbaye Notre-Dame de Leffe, de l'ordre de Prémontré, fut fondée en 1152. Elle avait, de par le passé, sa propre brasserie. Mais aux périodes de prospérité succédèrent les turbulences de l'histoire et les guerres, qui entraînèrent sa complète disparition au début du XIXe siècle. Et il fallut attendre son rachat, en 1902, par les Prémontrés de Saint-Michel de Frigolet, près de Tarascon, pour la voir renaître à sa vocation. Sa tradition brassicole est désormais poursuivie par la brasserie St-Guibert, sous son contrôle.

Phot. Brasserie St-Guibert. Belgique

BIÈRE ET SANTÉ

Apparentée aux décoctions par sa fabrication, la bière a longtemps été utilisée dans les pharmacopées traditionnelles, additionnée de plantes ou d'ingrédients variés, pour lutter contre les maux les plus divers, des maladies de peau aux « dérangements d'entrailles », en passant par l'insomnie et les fièvres malignes. Si, aujourd'hui, le développement de la thérapeutique chimique et la lutte anti-alcoolique ont fait disparaître les bières médicinales des pharmacies, il n'en demeure pas moins que la bière possède d'indéniables propriétés diététiques, diurétiques et sédatives, bien que toutes ses variétés n'aient pas le même profil chimique.

La bière a la réputation de faire grossir, mais son apport calorique (environ 450 calories par litre pour une bière spéciale très riche) est inférieur à celui du jus de pomme (500 calories) ou à celui du vin rouge (770 calories). Dans le cas d'une cure d'amaigrissement, il suffit de ne pas oublier ces calories fournies par la bière dans le décompte journalier. En revanche, par son apport en acides aminés, en vitames B et en fer, la bière est une boisson reconstituante, recommandée aux anémiques, aux personnes ayant subi une forte perte de poids et aux convalescents. Les collations servies aux donneurs de sang comportent régulièrement une bière légère.

L'action diurétique de la bière est due aux résines du houblon, qui stimulent le fonctionnement des reins. L'excrétion urinaire est donc supérieure au volume absorbé, ce qui entraîne l'élimination de l'excédent d'eau retenu par le corps, mais aussi des déchets et des toxines... si toutefois abus n'est pas fait de ce « médicament » alcoolisé.

L'action sédative du houblon et l'effet calorique de l'alcool conjugués font de la bière un somnifère léger et agréable : un verre de bière forte et bien houblonnée, absorbé avant le coucher, favorise l'endormissement.

En outre, la bière a une action prouvée sur la lactation et est, à ce titre, conseillée aux accouchées qui veulent allaiter. Les diététiciens leur prescrivent généralement une bière faiblement alcoolisée, voire sans alcool. Enfin, la bière peut être un remède contre elle-même. De fait, le souvenir désagréablement nauséeux d'une soirée trop arrosée s'efface avec l'absorption d'un verre de bière blonde, de type *pils*, très fraîche, à condition de n'avoir pas connu le même excès la veille ! Mais il est plus simple de prévenir cela en évitant de mélanger des bières différentes et de se borner à un ou deux types lorsqu'on s'aperçoit que les limites d'une consommation modérée sont enfreintes.

alcool), bière ambrée, très dense, brassée avec un malt caramélisé; la *Triple*, bière sur lie, refermentée en bouteille (7° alcool), au parfum particulier; la *Brune*, bière au goût généreux (6,2° alcool), brassée avec un malt légèrement torréfié; la *Blonde*, ronde et moelleuse, au délicat parfum (6,2° alcool) ; la *Radieuse*, la plus forte des bières de l'abbaye de Leffe (8,6 ° alcool), bière brune où malts spéciaux et fermentation haute se conjuquent en un tout équilibré et plein de saveur.

St-Josef, brasserie belge sise à Opitter, dans la province du Limbourg. Cette entreprise familiale s'est imposée sur la marché belge, en 1937, avec la *Pax-Pils* et l'*Ops-Ale*, deux blondes légères. Plus récente, la *Kriekenbier* développe un agréable arôme de cerise et une saveur douce. Enfin, la dernière-née, la *Bokkereyer*, est une bière brune, plus forte (6 ° alcool), au goût tout en douceur.

Saint-Omer (Brasserie de), brasserie française fondée en 1866 à Saint-Omer (Pas-de-Calais) et rachetée en 1985 par le groupe des Caves de Saint-Arnould. Elle produit des bières de fermentation basse, dont une bière de table assez douce (*Saint-Omer Bock*), une pils plus corsée (*Saint-Omer Luxe*), d'une teneur en alcool de 4,6 %, dont il existe une version brune, et une bière pur malt à belle mousse (*Spéciale Saint-Omer*), vendue en fûts.

Saint-Sylvestre (Brasserie de), brasserie artisanale française créée en 1502 à Saint-Sylvestre-Cappel (Nord) et reprise en 1920 par la famille Ricour. Elle produit, selon des techniques traditionnelles, des bières de fermentations haute et basse, d'une excellente tenue. La *Grande Table* est une bière de table légère, de fermentation haute et très aromatique. La *Bock du Moulin* et la *Hoppeland Bier*, de fermentation basse, ont une note maltée plus marquée et sont d'une teneur en alcool de 4,5 %. La *Luxe du Moulin* est une bière blonde également de fermentation basse, à la saveur fruitée, titrant 5,2 % d'alcool. L'*Ophélia* est une *pils* (5,5 % d'alcool), à la saveur assez douce et aromatique. La *Trois Monts*, de fermentation haute, est une bière de garde spéciale ambrée, assez forte en alcool (8 %), à la saveur riche et au corps velouté. La Brasserie de Saint-Sylvestre fabrique aussi une *Bière de Mars*, de fermentation haute, légèrement ambrée, qui refermente en bouteille et se caractérise par un goût fruité relevé par une pointe d'amertume ; elle titre 8 % d'alcool. Toutes ces bières sont conditionnées en bouteilles de grande contenance, mais on trouve aussi la *Bock du Moulin*, la *Trois Monts* et la *Bière de Mars* en bouteilles individuelles capsulées.

Saverne (Brasserie de), petite brasserie française, fondée à Saverne (Alsace) en 1845. À l'époque, l'entreprise se doublait comme beaucoup d'autres d'une exploitation agricole qui récupérait les drêches pour l'élevage des chèvres et possédait une importante écurie pour les livraisons. En 1900, elle sortit du stade artisanal et se modernisa. Seule survivante des douze brasseries qui existaient à Saverne au moment de sa création, elle produit aujourd'hui une agréable *pils* de type alsacien sous la marque *Bière Fritz-Bräu*; cette bière, de couleur dorée, possède un arôme sec relevé d'une légère amertume et présente un taux d'alcool de 4,9 %. Elle fabrique un panaché à partir de la même bière, sous la marque *Panaché de l'Ami Fritz*.

Schlösser Alt, bière allemande de type *altbier**, fabriquée par la brasserie Schlösser à Düsseldorf. C'est le 5 juillet 1873 que la famille

Le musée d'Armentières

Créé en 1983 dans l'enceinte de la brasserie Sébastien-Artois (ancienne malterie-brasserie Motte-Cordonnier) à l'initiative de son président, M. Motte, ce musée privé présente l'historique de la brasserie depuis 1650, mais aussi des collections de chopes, verres et bouteilles, ainsi que du matériel de brassage et de transport ancien de toutes provenances, la reconstitution d'un laboratoire et d'un bar 1900. Il comporte également une importante bibliothèque consacrée à l'histoire et aux techniques de la brasserie. La visite peut être complétée par une visite des installations actuelles de la brasserie Sébastien-Artois.

Schlösser ouvrit, dans cette ville, une brasserie à son nom. Toutefois, la tradition orale veut que ses débuts brassicoles remontent au XVIIe siècle. Quoi qu'il en soit, elle s'est toujours attachée à produire une bière de qualité. La *Schlösser Alt*, au malt brun et au fort houblonnage (auquel elle doit son amertume particulière), est d'une belle couleur ambrée, presque cuivrée, et d'une transparence cristalline. Avec sa mousse compacte et fine, elle se sert dans des verres droits de 10,5 cm de haut. Son brassage dure environ quatre semaines et son taux d'alcool est de 3,8 %.

Schmidt and Son (C.), la plus grande brasserie américaine de Pennsylvanie, implantée depuis 1859 à Philadelphie. Très réputée parmi les amateurs de bière, elle produit quelques spécialités d'un fruité et d'un corps agréables, sous le nom de *Schmidt* ou sous la marque *Rheingold*, qui appartenait à un petit brasseur absorbé en 1954.

Schneider, brasserie française fondée à Puyoo (Pyrénées-Atlantiques) dans les années 1880 par un émigré lorrain, Hans Schneider, qui, comme beaucoup de brasseurs d'Alsace-Lorraine, avait fui les territoires occupés par les Allemands. Elle produit des *pils* de type alsacien sous les marques *B.S.*, *Schneider* et *Hans Pils*, d'une teneur en alcool variant entre 4,5 et 5 %. Ces bières, non pasteurisées, sont distribuées localement dans le Sud-Ouest, jusqu'à Bordeaux. La majeure partie de la production de la brasserie est conditionnée en fûts et destinée aux cafés et restaurants. Schneider brasse également une bière brune, sous la marque *Ten Stout*. Récemment rachetée, la brasserie envisage de développer des bières spéciales.

Schutzenberger, brasserie française de Schiltigheim (Alsace), fondée en 1740 par Jean Schutzenberger. Sous la Révolution, elle s'est appelée « Brasserie de la Patrie » et a repris le nom de ses propriétaires sous l'Empire. Elle brasse des bières de fermentation basse de type *pils* alsacien sous la marque *Schutz*, qui titrent respectivement 4,6 % d'alcool pour la bière courante et 6 % pour la *Schutz Jubilator*. La *Schutz Patriator* est une bière brune, ambrée, à l'accent malté, d'une teneur en alcool de 5,5 %. Schutzenberger s'est orienté récemment vers les bières spéciales et produit une bière de Noël, qui a pour particularité d'être une *pils* brune légèrement ambrée, ainsi qu'une bière de mars également ambrée. Elle fabrique, en outre, des bières aux fruits, dont une à la cerise et une au citron vert, des bières sans alcool, un panaché, de la limonade et des sodas.

scotch ale, *ale* au goût malté, fabriquée en Écosse, pays réputé pour la force de ses bières. Les catégories *light*, *heavy*, *export* et *strong* expriment un taux d'alcool croissant : 3, 4, 4,5 et 7 %. En Écosse, on exprime encore la teneur alcoolique par l'ancienne taxation en shillings par tonneau, qui s'écrit alors 60/-, 70/-, 80/- et 90/-. Le terme *scotch ale* est aussi utilisé dans d'autres pays pour désigner des bières de type écossais (couleur brune, accent malté, forte teneur en alcool).

Scottish and Newcastle, le plus petit des *Big Six* britanniques, principalement établi en Écosse. Le groupe possède quatre brasseries, une chaîne hôtelière et contrôle directement 1500 pubs, écossais pour la plupart. À Newcastle, une brasserie du groupe produit deux bières intéressantes : la *Newcastle Brown*, de couleur brun rouge, assez amère et forte en alcool, et l'*Amber Ale*, claire et agréable. Mais les marques les plus connues de Scottish and Newcastle sont Younger et McEwan, dont il faut citer une bière brune à la saveur riche, légèrement caramélisée, la *McEwan's Scotch Ale*.

SEB (Société Européenne de Brasseries), seconde branche du plus important groupe brassicole français, celui de B.S.N., l'autre branche étant constituée par Kronenbourg*. La SEB possède plusieurs unités de production en région parisienne et dans l'Est. Elle fabrique des bières de table et de luxe de fermentation basse, sous les marques *Valstar* et *Kanterbrau* pour les blondes et *Vilfort* pour une bière brune.

Sébastien-Artois, troisième groupe brassicole français, installé à Armentières (Nord) et né, en 1982, de la réunion des brasseries Motte-Cordonnier et des Brasseries Lorraines, filiale du groupe belge Stella Artois.

Sébastien-Artois produit des bières de fermentation basse de divers types. La *Vézelize* et la *Véga* sont des *pils* blondes, désaltérantes, sans amertume. La *Club de Stella*, un peu forte en alcool, titre 5,9 % et se caractérise par un agréable équilibre des notes houblonnées et maltées. La *Palten* est une bière brune 100 % malt, à saveur douce et crémeuse, d'une teneur en alcool de 6,5 %. Enfin, la *Bière de Minuit*, bière 100 % malt, titre 6,8 % d'alcool et a un agréable parfum de houblon fin.

Sébastien-Artois produit, en outre, dans ses

Des étiquettes décoratives pour l'une des plus grandes marques de bières japonaises. Phot. J. Klein/ A. Perrier-Robert.

filiales belges l'*Abbaye de Leffe*, ainsi qu'une *gueuze* et une *kriek*, sous la marque *La Bécasse*.

Semeuse (brasserie de la), brasserie française fondée en 1866 à Lille (Nord) et faisant actuellement partie du groupe J.F.B.. Elle brasse des bières de fermentation basse dont des blondes de type *pils*, sous les marques *Prima* et *Stella de Semeuse*, une *lager* assez corsée titrant 5,8 % d'alcool, la *Nordik Extra Lager*, et une spéciale peu amère de même teneur alcoolique, la *Spéciale 1886*. La *Seiler* est un bière brune assez forte, titrant 6,2 % d'alcool. Enfin, la *Réserve du Brasseur* est une bière ambrée légèrement plus forte (6,4 % d'alcool).

Shepherd Neame, brasserie anglaise, la seule indépendante du comté de Kent, où sont produits les meilleurs houblons britanniques. Établie à Faversham, elle possède 250 pubs où sont servis à la pression ses meilleurs produits : la *Master Brew Bitter*, *ale* ambrée, la *Stock Ale*, brune assez typée, et l'*Invicta Best Bitter*, à la saveur harmonieusement équilibrée entre les accents de houblon et de malt. La *Borough Ale*, l'*Abbey Ale*, la *Bishop's Finger* et la *Christmas Ale*, vendues en bouteilles, sont également remarquables.

Sibra Holding, le plus important groupe suisse de boissons. Créé en 1970, avec siège à Fribourg, il a regroupé notamment trois brasseries romandes: Cardinal et Beauregard à Fribourg et Fertig Frères à Orbe, puis la brasserie Wädenswil Weber à Wädenswil et, en 1971, la Salmenbräu à Rheinfelden. Il détient, depuis 1981, une participation majoritaire chez SINALCO (R.F.A.).

Sa production de bière est concentrée sur trois unités de production : les brasseries Cardinal* à Fribourg, Rheinfelden et Wädenswil. Il figure au premier rang dans la vente nationale et dans l'exportation mondiale de bières sans alcool.

Soleilmont, bière artisanale belge créée en 1987 à Gilly, pour ressusciter le passé brassicole de cette petite cité, et qui est brassée par la brasserie Lefebvre, de Quenast, pour la Brasserie de Soleilmont. Elle tire son nom de l'abbaye de Soleilmont, dont on trouve mention à la fin du XIe siècle et qui jadis était surnommée « abbaye du Soleil », parce qu'avant notre ère, on adorait le soleil sur une montagne voisine.

Cette bière se présente en deux versions. La *Double Soleilmont* est une bière de fermentation haute, qui résulte d'un coupage entre deux brassins différents. La fabrication de cette bière ambrée, à la légère amertume, s'attache fidèlement aux procédés ancestraux, soit l'ébullition à feu nu, le houblonnage à cru (la bière mûrit en cave sur une mince couche de houblon) et la refermentation en bouteille, en chambre chaude, de la bière non filtrée. Son taux d'alcool est de 6,2 %. Elle se consomme, à une température de 5 à 10 °C, dans un verre de type « bacchus ».

La *Triple Soleilmont* est aussi une bière de fermentation haute, spéciale brune de haute densité (8,5 % d'alcool), à la saveur à la fois douce et légèrement amère due à l'emploi de malt aromatique et caramélisé ainsi que de houblon du Kent. Cette bière sur lie (présence de levure dans la bouteille) se boit, à une température de 10 à 12 °C, dans un verre ballon.

Solesmes (Brasserie de), brasserie française de Denain (Nord), née en 1984 de la réunion de deux brasseries de coopérateurs, celle de Solesmes-Saint-Python et celle de Denain, et qui fait actuellement partie du groupe J.F.B. Elle brasse une excellente blonde de type *pils*, d'une teneur en alcool de 5 %, la *J.F.B.*, faite à partir de levures sélectionnées, qui a obtenu la médaille d'or de sa catégorie en 1987 au Concours Mondial des Bières de Bruxelles. La *H.F.* est, comme l'indiquent les initiales qui forment son nom, une bière de fermentation haute, de couleur ambrée, à la saveur relativement douce et d'une teneur en alcool de 5,2 %. La brasserie de Solesmes fabrique, en outre, sous licence, une bière d'origine portugaise, la *Sagres*.

South Australian Brewing Company, brasserie australienne établie à Adélaïde, dans les quartiers de Southwark et de West End, qui ont donné leurs noms à certaines bières. La *Southwark Praemium* est une bière de grande consommation, parfumée, avec un accent de malt prononcé. L' *Old Southwark Stout* se caractérise par un corps moelleux et une saveur douce. La *West End Draught*, au contraire, possède une note sèche qui la rend désaltérante. Il faut aussi citer la *Broken Hill*, *lager* assez foncée et pétillante.

Spaten-Franziskaner, célèbre brasserie allemande née en 1922 de la fusion de deux brasseries munichoises fort anciennes. La brasserie *Spaten*, fondée en 1397, tire son nom de celui de la famille Spaeth qui la géra, sur sept générations, de 1622 à 1807. Elle doit son essor à Gabriel Sedlmayr I qui la dirigea à partir de 1807, puis à Gabriel Sedlmayr II qui assura la succession de son père, alors que son frère, Joseph Sedlmayr, choisissait en 1861 d'acheter la brasserie *Franziskaner* qui était la plus ancienne brasserie civile de Munich (1363).

L'évolution du brassage de l'ère artisanale à l'âge industriel est indissociable des pionniers que furent les Sedlmayr. Ainsi la première utilisation de la machine à vapeur dans la brasserie se fit-elle chez Spaten en 1844. Plus tard, l'ingénieur Carl von Linde devait développer à leur demande la première machine frigorifique qui fut installée à la brasserie Spaten (1873). Leur revient également la commercialisation à Munich, dans la seconde moitié du siècle dernier, de nouveaux types de bières, appelés à un grand succès : *Ur-Märzen* (1872), bière spéciale pour la fête de la bière en octobre, et une bière blonde de garde (1894).

Parmi les bières *Spaten-Franziskaner*, aujourd'hui universellement réputées, retenons : la *Spaten Pils*, blonde au bouquet aromatique, délicatement âpre et légère ; la *Spaten Club-Weisse*, bière de blé traditionnelle, à fermentation haute, pétillante et rafraîchissante ; la *Spaten Gold*, blonde bavaroise par excellence, finement houblonnée ; la *Dunkel export*, brune de tradition munichoise, au fin arôme de malt ; la *Franziskaner-Hefe-Weissbier*, bière blanche que la levure rend légèrement trouble, pétillante et fraîche ; et la *Franziskus Heller Bock*, bière forte de type *double bock*, au bouquet bien équilibré.

Spendrups, la plus grande brasserie privée de Suède, sise à l'est de Stockholm. Devant la croissance menaçante de la brasserie Pripps*, la brasserie Grängesberg, rebaptisée *Spendrup* du nom de la famille qui la gère depuis trois générations, entreprit une politique de développement efficace, qui aboutit à l'absorption des brasseries Risingsbo et Kopparberg. Elle produit une *Premium Beer*, bière blonde très ronde, sèche, avec un goût marqué de houblon, dans les versions « populaire » et « forte » (*v. p.72*), ainsi qu'une *Old Gold*, *super premium* de type *pils*, à la mousse durable, à l'arôme fleuri, à la saveur fraîche et assez amère (taux d'alcool : 4,5 %).

Coll. « Bière Magazine », Musée Européen de la Brasserie, Romedenne (Philippeville), Belgique. Phot. J. Klein / A. Perrier-Robert.

Une brasserie dans un musée de plein-air

À quelques kilomètres à l'est de Hasselt, dans la province du Limbourg belge, le domaine de Bokrijk offre au visiteur, sur ses quelque 540 hectares de superficie, les innombrables centres d'intérêt d'un immense parc de divertissement. Et bien évidemment, en un pays où « bière oblige », une brasserie y a été reconstituée au sein du musée de plein air (*Provincie Limburg Openluchtmuseum*), inauguré en 1958. Comme les autres bâtiments, cette brasserie s'insère dans le contexte rural de la Flandre d'autrefois. Installée dans une construction de style mosan, probablement du XVIIe siècle, qui s'élevait à Diepenbeek, entre Campine et Hesbaye, elle doit son aménagement intérieur à une ancienne brasserie de Hoegaarden. Cuves et brassin authentiques y évoquent une tradition aujourd'hui encore indissociable du mode de vie de la région.
V. Sterkens.

spontanée, se dit de la fermentation qui s'effectue au contact de « levures sauvages » (micro-organismes flottant dans l'air). Ce type de fermentation donne la *gueuze**.

steam beer, type de bière spécifique de l'Ouest américain et, plus particulièrement, de la baie de San Francisco. Mis au point dans la seconde moitié du XIXe siècle, le brassage « à la vapeur » est, en réalité, une fermentation basse, mais effectuée à température relativement élevée et avec de la levure de fermentation haute, dans de larges cuves basses nommées *clarifiers*. Après fermentation, la bière est *krausened* (*v. krausening*). Le nom de *steam beer* provient, en fait, des gaz très denses qui s'échappent lors de la mise en perce des fûts et qui ressemblent à de la vapeur. Cette formule de brassage est actuellement pratiquée par l'Anchor* Steam Brewery.

Steinbeer, brasserie artisanale française, fondée en 1883 à Evin-Malmaison, près de Douai (Nord) et reprise en 1980 par la famille Forest. Elle produit une bière blonde de table légère sous la marque *Bock Malmaison*, une *pils* blonde et douce, d'une teneur en alcool de 5,2 %, la *Steinbeer*, bière blonde légèrement abrée, plus corsée, la *Spéciale 1883*, qui titre 6,8 % d'alcool, ainsi qu'une bière de Noël ambrée, de même teneur alcoolique.

Sterkens, brasserie familiale belge installée au nord de la Campine depuis sa création en 1731. Sa spécialité est la *Bokrijks Kruikenbier*, bière forte, blond foncé, présentée dans une cruche d'argile qui la protège contre la lumière et les changements brusques de température, tout en lui assurant une longue conservation. Cette bière tire son nom du domaine de Bokrijk, aujourd'hui connu comme parc de divertissement et où « revivent » les vieux métiers d'antan.

Depuis 1985, année où fut célébré le 775e anniversaire de l'accession de la communauté de Hoogstraten au statut de « Cité et Liberté » (accordé par Henri Ier, duc de Brabant), la brasserie brasse aussi la *Poorterbier*, bière forte, de couleur sombre, au goût velouté, évoquant la bière brune fabriquée autrefois pour les serfs qui, parvenant à échapper à leur seigneur, réussissaient à vivre un an et un jour à l'intérieur des murs de la ville et devenaient ainsi des citoyens - cette bière différait par sa couleur de celle réservée aux serfs.

Stern-Brauerei Carl Funke AG, brasserie allemande établie à Essen. L'entreprise brassicole créée en 1872 par cinq industriels et commerçants importants parmi lesquels Friedrich Funke, propriétaire d'une mine, racheta en 1922 la Stern-Brauerei. Et à partir de là, la bière fut brassée sous la marque Stern. Un certain nombre de brasseries devaient ensuite rejoindre la Stern-Brauerei, dont la brasserie Böllert, de Duisbourg, et la brasserie Meinighaus, d'Oberhausen. À la suite de ces regroupements, la brasserie atteint un débit annuel d'un million d'hectolitres. Sa *Stern Pils* est réputée et a contribué à la rendre compétitive sur le marché régional de la Ruhr.

stout, bière de fermentation haute, contenant du malt grillé, de couleur très foncée, presque noire et de saveur amère. L'exemple le plus célèbre est la *Guinness* Extra Stout*, dont il existe de nombreuses imitations non seulement en Irlande, son pays d'origine, mais aussi aux Caraïbes et en Afrique. En Irlande et en Grande-Bretagne, l'*Extra Stout* a une teneur en alcool de 4 ou 5 %, mais dans les pays tropicaux, où elle est consommée glacée, cette teneur atteint 7 ou 8 %. La *sweet Stout* ou *milk Stout* est une *stout* au goût moins caramélisé, contenant des lactoses et à faible teneur en alcool (3,75 %).

Enfin, la *russian stout* ou *imperial stout* est une *stout* au goût fruité et à forte teneur alcoolique (10,75 %), originellement vendue à Saint-Pétersbourg et encore fabriquée aujourd'hui par le groupe Courage*. On appelle également ce type de bière *barley wine*, c'est-à-dire « vin d'orge ».

Swan, importante brasserie de l'ouest de l'Australie, fondée au siècle dernier et qui s'est diversifiée dans l'industrie hôtelière, les chaînes de pubs, ainsi que dans l'audio-visuel. Ses marques les plus connues sont *Swan Draught*, *Swan Lager*, *Swan Special Bond Praemium*, *Emu Export Lager* et une *stout*, *Hannan's Lager*. Cette brasserie possède des filiales, notamment en Nouvelle-Guinée, où elle est associée avec San Miguel dans une brasserie de Port-Moresby.

Till, groupe brassicole suédois réunissant quatre brasseries du nord du pays (Östersundsbryggeriet, Bocken Bryggeri à Gävle, Tillbrygerrier à Unmeå et Nyckelbryggeriet à Luleå). Ce groupe produit, entre autres, quelques « curiosités » dans la tradition nordique. Ainsi la *Röde Orm*, du nom d'un viking légendaire, n'est pas vraiment une bière, mais une version moderne du *mjöd*, sorte d'hydromel de jadis (*v. p.72*) ; elle est très claire, avec un goût marqué de miel. Quant à la *Spetsat*, épicée au genièvre comme certains akvavites, elle est de couleur assez foncée, avec un arôme de genièvre et une légère saveur de résine.

Timmermans, brasserie belge établie à Itterbeek, dans la province du Brabant. Acquise en 1887 par Paul Walravens, la *Brasserie de La Taupe*, au coeur du Pajottenland, devint en 1911 la propriété de son gendre, Franz-Gérard Timmermans. Ses descendants continuent à assurer l'exploitation de l'entreprise, aujourd'hui industrielle, qui exporte ses bières, renommées pour leur qualité, en Europe et aux États-Unis.

La production, de fermentation spontanée, comporte : le *lambic*, « fondement » de ses bières ; la *gueuze*, qui allie environ un tiers de vieux lambic pour deux tiers de jeune, avec ou sans refermentation en bouteille ; la *kriek*, née du mariage du lambic et de la cerise ; la *framboise*, au fin arôme et au goût délicat de framboise ; et le *cassis*, à la saveur quelque peu insolite. Toutes bières titrant 5,5 % d'alcool.

Enfin, en 1980 est apparue la *Sirius*, bière brune à base de lambic, qui ne manque pas de saveur.

touraillage, opération de séchage de l'orge germée. *V. p. 14 et 20.*

touraille, étuve utilisée pour le touraillage*.

Trappe (La), bière trappiste* néerlandaise brassée par les moines de l'abbaye de Koningshoeven, près de Tilburg, dans le nord du Brabant. Lancée en 1980, dans le respect le plus strict de la tradition, et embouteillée par John Martin à Anvers, cette bière, de fermentation haute, à la chaude couleur cuivre brun et au goût richement corsé, est l'une des six véritables trappistes existant encore dans le monde. Taux d'alcool : 8 %.

Établie dans la région depuis 1881, l'abbaye commença à brasser quelques années plus tard. La brasserie suivit ensuite l'évolution imposée par les progrès de la technique. Mais, en 1969, elle fut absorbée par le groupe Artois de Louvain. Lequel, en 1980, cessa l'activité, que reprirent les moines. Aujourd'hui, outre *La Trappe*, le monastère produit la *De Schaapskooi* (« La Bergerie »), trappiste également, conditionnée en fûts et vendue aux Pays-Bas.

trappiste, bière de fermentation haute brassée par des pères trappistes en Belgique et aux Pays-Bas. Séparés des Cisterciens à la suite de la réforme effectuée par l'abbé de Rancé dans son monastère de La Trappe (Normandie), en 1664, les moines trappistes durent fuir leurs monastères au moment de la Révolution Française et se réfugièrent alors hors des frontières du pays, en Belgique et aux Pays-Bas notamment, où les suivit leur tradition séculaire de brassage. De cette implantation subsistent, aujourd'hui, cinq abbayes-brasseries en Belgique (Chimay, Orval, Rochefort, Westmalle et Westvleteren) et une aux Pays-Bas (Koningshoeven).

Phot. J. Klein/ A. Perrier-Robert.

Savoir-consommer une « Trappiste »

- Veiller à ce que la bière ait au moins huit jours d'âge, afin que la levure ait eu le temps de se déposer complètement.
- La conserver à une température constante, mais jamais au réfrigérateur.
- La faire chambrer progressivement.
- La servir à la température ambiante, car la teneur en levure est élevée.
- Éviter d'ouvrir la bouteille brutalement, afin d'empêcher une trop grande perte en gaz carbonique.
- La verser sans secouer la bouteille.
- Ne pas vider la bouteille entièrement, du fait du dépôt de levure.

D'où vient « Tuborg »?

À la fin du XIXe siècle, *Thuesborg* était un grand manoir élégant, sis à Ryvangen. Il tire son nom de celui de son propriétaire, le riche commerçant Jonas Thue, qui, ayant détourné l'argent qui lui avait été confié, dut quitter le pays. Et le manoir fut vendu... Une bière perpétue aujourd'hui son souvenir.

'T Steedje, brasserie belge établie depuis 1986 à Ettelgem (Oudenburg), en Flandre occidentale, et qui s'attache à une production authentique, sans additifs, ni pasteurisation, ni filtration. Production certes artisanale (13 hl par semaine), mais qui a le mérite d'innover quant aux « ingrédients » employés (assortiments de malts et de cônes de houblon, épices, miel, etc.). Il s'agit là de bières de fermentation haute avec refermentation en bouteille. La *Tripel*, dans la composition de laquelle entrent coriandre moulu, miel et sucre cristallisé, est très fruitée, sucrée et légèrement amère à la fois ; taux d'alcool : 7,9 %. La *Special*, additionnée de sucre candi, développe une délicate amertume ; taux d'alcool : 7,9 %. L'*Oudenburgse Bruine* (taux d'alcool : 7,5 %) est une brune à l'arôme accentué de malt et à la saveur amère. Quant à la *Polder Bier* (taux d'alcool : 8,5 %), elle doit aux épices utilisées son goût spécifique.

Il est recommandé de consommer ces bières dans des verres « tulipe », à une température de 18 °C.

Tuborg, importante brasserie danoise de Copenhague, réunie, depuis 1970, à Carlsberg* au sein du groupe *United Breweries Ltd.*. C'est Philip W. Heyman, négociant et propriétaire d'abattoirs, qui, soutenu par un groupe d'hommes d'affaires rassemblés autour de C. F. Tietgen, directeur de la banque Privatbanken, fut à l'origine de cette entreprise, d'abord brasserie d'exportation inscrite dans l'ample réalisation du port de Tuborg. Hans Bekkevold, premier maître-brasseur de Tuborg, mit en place la production de la brasserie ; et fut ainsi conçue, au retour d'un voyage en Allemagne, une bière nouvelle, de fermentation basse, plus légère et plus claire, mais adaptée aux matières premières et au goût danois : la *Pilsen Tuborg*, brassée, pour la première fois, en 1880.

L'impôt sur la bière, introduit au Danemark en 1891, incita C. F. Tietgen à fusionner onze

L'arrivée du nouveau tonneau à la brasserie royale de Munich. Composition de W. Grœgler dans la Gartenlaube. (Raphaël et Gambrinus. *John Grand-Carteret, 1886.) Phot. B.N., Paris.*

petites brasseries à Copenhague, regroupement au sein duquel Tuborg fut chargée de la fabrication de bière de fermentation basse et de sodas. Puis, les divers accords passés entre les brasseries de Copenhague devaient aboutir à la réunion Carlsberg-Tuborg d'aujourd'hui.

La bière Tuborg est actuellement vendue dans plus de 120 pays, mais elle est aussi brassée, sous licence, en France, Grande-Bretagne, Hongrie, Italie, Norvège, Portugal, Suède et Yougoslavie, le marché le plus important étant les États-Unis où elle est brassée par le groupe Heileman.

Créée en 1931, la *Fondation Tuborg* s'est fixé pour objectif de soutenir des activités d'intérêt social, en particulier en faveur de l'industrie et du commerce danois. Les domaines sportif et musical bénéficient aussi de son soutien.

United Breweries Ltd., le plus important groupe brassicole danois, qui, depuis 1970, réunit les deux grandes brasseries Carlsberg* et Tuborg*. Son siège est à Copenhague.

Vander Linden, brasserie belge établie à Halle, dans le Brabant. Fondée en 1895, elle est la seule brasserie à avoir survécu à la Seconde Guerre mondiale. Ses produits les plus connus sont la *gueuze* et la *kriek* portant le nom de *Vieux Foudre* (taux : 6 %), qui doivent cette appellation aux foudres de chêne de 5 000 litres dans lesquels elles mûrissent. La *bière du Diable* (Duivels bier) est une *spéciale*, brune, acide et sucrée à la fois, à base de lambic (taux d'alcool : 6 %). Quant à la *framboise* (taux d'alcool : 7 %), c'est une bière de fermentation haute, au fin arôme et très désaltérante.

Vieux-Temps, *v. St-Guibert.*

Wårby Källa, la troisième des grandes brasseries suédoises, établie dans la banlieue sud de Stockholm. Cette entreprise, fort ancienne, n'a une activité brassicole que depuis 1963. Ses bières ont une certaine « corpulence ». La *Dauer* porte le nom de la maison, à Stockholm, où naquit, au XVIIIe siècle, le poète Carl Michael Bellman, dont l'oeuvre décrit les heurs et malheurs des buveurs de bière. Avec sa saveur légèrement sucrée et sa touche de miel, elle s'inscrit dans la lignée des bières suédoises blondes et fraîches.

À la suite de l'absorption de la brasserie Sollefteå (1966), Warby reprit la fabrication de la *Norrlands Export*, produit très apprécié dont le nom évoque la moitié septentrionale du pays. Cette bière blonde, sèche mais très fraîche, est « forte » (*v. p.72*). Elle existe aussi dans une version plus sèche encore, voire un peu rêche, avec un bouquet d'herbes (*Norrland Guld*).

Warsteiner, brasserie allemande établie depuis 1753 à Warstein im Sauerland, dans la région la plus montagneuse du massif schisteux rhénan. Créée par la famille Cramer, cette entreprise est située en bordure d'un parc naturel protégé, ce qui lui permet de puiser à une source dont l'eau est l'une des plus douces du monde. Sa spécialité est la *pils* : elle produit une *Premium Verum*, bière blonde au goût aromatique, agréable et très digeste.

La maison-mère, dans le style du Sauerland (crépi blanc et colombages noirs), fait office de restaurant. On peut y admirer une collection d'objets datant de sa fondation en 1803.

Watney Mann and Truman Brewers, grand producteur brassicole britannique, faisant partie, depuis 1972, du trust Grand Metropolitan, lequel possède des chaînes hôtelières en Grande-Bretagne et aux États-Unis ainsi que diverses activités dans ce dernier pays, dont des sociétés d'optique, de produits alimentaires et de boissons non alcoolisées. Watney possède sept brasseries et un réseau de 4700 pubs. Le groupe a été la principale cible des attaques de la CAMRA dans les années 1970.

Sous la marque Watney, deux produits méritent pourtant mention : la *Brown Ale*, brune assez plate et peu alcoolisée, dans la tradition des *ales* du sud de l'Angleterrre, et la *Stingo*, *barley wine* corsé, à la saveur relativement amère et caramélisée. Sous la marque Truman, l'une des plus vieilles brasseries britanniques, fondée en 1666, on trouve aussi un excellent *barley wine*, plus fort en alcool que le précédent et plus doux, ainsi qu'une série d'*ales* d'excellente tenue, dont la *Best Bitter*, vendue uniquement à la pression, et la *Brewers Gold*, qu'on trouve en bouteilles. Watney fabrique sous licence des *lagers*, dont la *Foster's*, la *Budweiser* et la *Carlsberg*.

Weihenstephan, *v. Bayerische Staatsbrauerei Weihenstephan.*

weizenbier, bière de froment originaire de Bavière (R.F.A.) où son succès ne s'est jamais démenti puisque, aujourd'hui encore, il n'est de débit ou de restaurant bavarois qui ne présentent au moins une bière de ce type. Et cela bien que cette bière de fermentation haute déroge à la célèbre loi de Pureté de 1516. La *weizenbier* (« bière blanche »), qui doit son nom au fait que la présence de levures entraîne un trouble blanchâtre lorsqu'on agite la bouteille, est plus riche en froment que la *weissbier* berlinoise. Sa teneur en alcool est généralement modérée.

Parmi ses principaux producteurs : *Paulaner*, *Hofbräuhaus München* et, au premier rang, *Erdinger Weissbräu*.

Westmalle, bière trappiste* belge produite par l'abbaye du même nom, dans la province d'Anvers. Si le brassage à Westmalle remonte à 1836, ce n'est qu'en 1872 que débuta la vente aux particuliers et qu'en 1920 que fut entreprise la véritable commercialisation. Cette bière existe en deux versions : la *Dubbel* (« double »), très foncée mais assez douce (6,3 % d'alcool), et la *Tripel*, de couleur dorée, à la mousse crémeuse et plus forte que la précédente (8,5 % d'alcool).

Phot. J. Klein/ A. Perrier-Robert.

Whitbread, troisième groupe brassicole britannique, fondé en 1742 à Londres par Samuel Whitbread. C'est à la *porter*, qui venait d'être créée que la brasserie familiale dut sa rapide extension. Vers 1834, elle commença à fabriquer de l'*ale* avec le même succès. Aujourd'hui, elle possède huit brasseries et est encore gérée par les descendants de son fondateur. Outre un important réseau de 6800 pubs, le groupe a étendu ses activités à la restauration, l'hôtellerie, le négoce de vins et spiritueux et possède des intérêts dans de nombreuses brasseries indépendantes.

Parmi la quarantaine de bières diverses produites par Whitbread, il faut citer l'excellente *milk stout* sous la marque *Maeckeson*, à la saveur particulièrement douce et au corps onctueux, ainsi qu'un remarquable *barley wine*, de couleur dorée, non pasteurisé, vendu en bouteilles non capsulées sous la marque *Gold Label*. Il produit aussi, sous licence, des *lagers* étrangères, dont Heineken et Stella Artois.

Wicküler, *v. Linje pils.*

Wielemans, *v. Wiel's.*

Wiel's, pils belge brassée à Bruxelles par la brasserie Wielemans-Ceuppens qui, après avoir débuté, en 1862, avec la production de bières spécifiquement bruxelloises (*gueuze*, *lambic*, *faro*), se lança dès 1886, avec un plein succès, dans la fabrication d'une bière blonde de fermentation basse, type de produit alors tout nouveau pour le consommateur belge. Claire et limpide, légèrement houblonnée, la *Wiel's* résulte d'une garde de deux mois à 0 °C. La brasserie en produit annuellemnt 50 millions de litres.

La brasserie Wielmans brasse également une *export* (*Forst*), une *scotch* corsée (*Scotch C.T.S.*) et assure la commercialisation des bières de l'abbaye de Tongerlo.

Phot. J. Klein/ A. Perrier-Robert.

Young, brasserie indépendante installée à Londres, qui revendique fièrement ses méthodes artisanales de production et utilise toujours des attelages de chevaux pour livrer les pubs qu'elle posède dans les quartiers sud et ouest de la ville, ainsi que dans le centre (ainsi, le très typique *Guinea* près de Berkeley Square). Elle brasse plusieurs *bitters*, conditionnées en fûts et débi-

tées à la pression, à l'accent sec et bien malté, d'une remarquable qualité, qu'il s'agisse de la bière ordinaire ou de la *Special*, un peu plus forte en alcool (1046). Les *ales* conditionnées en bouteilles, *Young's Export Special London Ale* ou *Ramrod*, sont légèrement amères et agréablement parfumées. *Old Nick* est un *barley wine* de couleur foncée, au goût fruité et liquoreux, qui n'est pas sans rappeler l'armagnac.

Yuengling and Son, la plus ancienne brasserie des États-Unis, fondée en 1829 à Pottsville (Pennsylvanie) par David G. Yuengling, un émigrant allemand, et aujourd'hui encore dirigée par ses descendants. Son produit le plus réputé est la *Celebrated Pottsville Porter*, de fermentation basse, de saveur onctueuse et douce. La *Lord Chesterfield Ale* est également remarquable par son arôme bouqueté et sa saveur légèrement sucrée. Les autres produits sont d'une facture américaine plus banale, en dépit de leurs noms : *Bavarian Premium Beer*, *Old German Beer*.

Zywiec (Brasserie de), brasserie polonaise établie dans la ville du même nom, au sud du pays et au coeur de la chaîne des Beskides. Riche d'une tradition brassicole régionale qui remonte au XIVe siècle, elle fut créée en 1856 et ses premiers propriétaires furent l'archiduc Charles Olbracht de Habsbourg et ses héritiers. À l'heure actuelle, sa production annuelle est d'environ 660 000 hl et elle couvre plus de 40 % des exportations de bières polonaises. Si son activité débuta par une bière de type *porter*, aujourd'hui abandonnée, puis se poursuivit, dès 1881, par une *ale*, sa fabrication est désormais consacrée aux bières blondes telles que *Piast*, *Tatra Zywiec Lager*, *Zywiec Pils*, *Tatra Pils* ou la célèbre *Zywiec Beer* (12,5 ° Blg), demeurée inégalée. Depuis les années 1970, la *Krakus* (11,7 ° Blg), d'une belle couleur jaune paille, rencontre un grand succès, de même que l'*Euro-Special* (13,7 ° Blg), bière blonde à l'amertume délicate, lancée en 1978.

La Brasserie de Zywiec exporte notamment en U.R.S.S. et dans les autres pays de l'Est.

Photogravure : VERNON – Montrouge.
Impression et reliure : GRAFICA EDITORIALE, Bologne.
Dépôt légal : mai 1988. N° de série éditeur : 14621.
Imprimé en Italie *(Printed in Italy)*. – 506306 mai 1988.